本书编委会

主　　任：李绍美

副 主 任：蓝　青

成　　员：（按姓氏笔画为序）

叶灵珑　白荣敏　刘元乐　李永通

林成峰　郑　坚　高燕君

主　　编：朱国库

编　　委：（按姓氏笔画为序）

吴吉烛　张　鸿　张忠盟

陈岩埘　卓可庚

管阳

政协福建省福鼎市委员会文化文史和学习委◎编

海峡出版发行集团 | 海峡文艺出版社

图书在版编目(CIP)数据

管阳/政协福建省福鼎市委员会文化文史和学习委编. 一福州:海峡文艺出版社,2024.5
(福鼎文史.乡镇专辑)
ISBN 978-7-5550-3597-8

Ⅰ.①管… Ⅱ.①政… Ⅲ.①乡镇—文化史—福鼎 Ⅳ.①K295.75

中国版本图书馆 CIP 数据核字(2023)第 252590 号

管阳

政协福建省福鼎市委员会文化文史和学习委　编

出 版 人　林　滨
责任编辑　邱戊琴
出版发行　海峡文艺出版社
经　　销　福建新华发行(集团)有限责任公司
社　　址　福州市东水路 76 号 14 层
发 行 部　0591－87536797
印　　刷　福建新华联合印务集团有限公司
厂　　址　福州市晋安区福兴大道 42 号
开　　本　787 毫米×1092 毫米　1/16
字　　数　300 千字
印　　张　17.25　　　　　　　　　　插页　2
版　　次　2024 年 5 月第 1 版
印　　次　2024 年 5 月第 1 次印刷
书　　号　ISBN 978-7-5550-3597-8
定　　价　76.00 元

如发现印装质量问题,请寄承印厂调换

总　序

李绍美

　　福鼎古属扬州，晋属温麻县，隋开皇九年（589）废温麻县改原丰县，唐武德六年（623）置长溪县，清雍正十二年（1734）为霞浦县辖地，归福宁府。清乾隆四年（1739）由霞浦县划出劝儒乡的望海、育仁、遥香、廉江四里设福鼎县，县治桐山。1995年10月，福鼎撤县设市，现辖10个镇、3个街道、3个乡（其中2个畲族乡）、1个开发区。

　　福鼎建县虽不足300年，但人文历史悠久，早在新石器时代就有先民在这块土地上繁衍生息，并因山海兼备的地理特征创造出丰厚和多元的文化，如滨海名山太姥山孕育了太姥文化，依海而生的马栏山先民则开辟了海洋文化。随着时代的发展，福鼎的文化愈发精彩和独特：与浙江交界的叠石、贯岭、前岐等乡镇，接受瓯越文化较为明显，其方言与温州的腔调接近；与长期作为闽东文化中心的霞浦县相近的硖门乡和太姥山镇，受儒家文化影响较深，文风盛于其他乡镇；地处山区的管阳、磻溪等镇和地处滨海的沙埕、店下等镇，在生产方式与生活习惯上均有很大的不同……新中国成立以来，特别是改革开放后，福鼎各乡镇立足各自的区位特点和地方传统，抓住历史机遇，走出了各具特色的发展之路，在经济建设、社会治理、文化繁荣等方面都取得了长足的进步，变化可谓翻天覆地。

　　基于市情，我们改变常规文史工作立足县市层面，把视角下移，提出为辖下的13个乡镇、3个街道、1个开发区编纂文史资料并合出一套丛书的思路，使得政协文史工作更细致入微、更接地气。这一思路得到了福鼎文史界和各乡镇（街道、开发区）的积极支持和大力配合。为了做好这项工作，市政协总体协调，聘请文史研究员跟踪、指导、参与丛书具体编纂事宜，努力推进这项工程量巨大的工作。各个乡镇（街道、开发区）成立工作小组具体落实，有的乡镇与高校合作，借助高校的科研力量；有的乡镇聘请当地文史工作者，借助当地"活地图""活字典"的力量……可谓"八仙过海，各显神通"，使得丛书的编纂进展顺利。

本次系统挖掘整理各乡镇的文史资料，是文史工作的一次创新，而且以乡镇为单位编纂成书，使每个乡镇零散的资料归于系统化，实乃为每一个乡镇写史纂志，对各乡镇的文化建设意义重大。在工作中，很多史料的价值以文史的眼光审视得到重新"发现"，更有不少内容属于抢救性的挖掘整理，十分难能可贵。也因此，这项工作具有开拓性，也更具挑战性。自工作开展以来，镇里、村里的老干部、老"秀才"和"古董"们，市里各个领域的文史爱好者，以及高校研究人员，纷纷热情参与其中，为完成这项浩大的文化工程付出了艰辛的劳动。大家既科学分工，又团结协作，怀抱对乡土的热爱、对家乡的厚谊及对文史的关怀，兢兢业业，埋头苦干，无私奉献，终于使煌煌几百万字的"福鼎文史·乡镇专辑"丛书与大家见面了。该丛书的出版，拓展了福鼎文史工作的广度和深度，使福鼎文史工作有了新的突破、质的提升。

文史工作是政协工作的重要组成部分，是一项有益当代、惠及后世的文化事业，在传播优秀文化遗产、繁荣发展文化事业、推进建设和谐社会等方面都具有十分重要的意义。市政协历届领导班子有重视文史工作的优良传统，以对历史负责的求实态度，尊重社会各界的意见、建议，注重文史人才的培养并发挥他们的积极作用，守正创新，破立并举，推进福鼎政协文史工作长足发展，为福鼎地方文化建设做出了积极贡献。在此，谨向所有关心和支持这项工作的各界人士表示诚挚的谢意！

读史可以明智。历史是昨天的客观存在，是我们认识现实、走向未来的前提和出发点。迈入新时代的福鼎，正孕育着新的希望，让我们紧密团结在党的领导下，一如既往地秉承"肝胆相照，荣辱与共"的方针，与全市人民一道，团结拼搏，鼎力争先，不忘初心，接续奋斗，为加快建设宁德大湾区沙埕湾生态临港产业城市发挥我们应有的作用，做出我们应有的贡献。

是为序。

（本文作者为福鼎市政协党组书记、主席）

序：漫话管阳

陈维新

　　管阳镇位于福鼎西北部，距市区 28 千米。东邻桐城街道，东南邻点头镇，东北邻叠石乡，北界浙江省泰顺县，西南界柘荣县，面积为 197.22 平方千米。

　　相传，古时有许多鹳鸟栖息于此地，故名鹳洋，因"鹳""管"谐音，后被称为"管洋"，民国时把"洋"改为"阳"，是为"管阳"。

　　清初属福宁州劝儒乡遥香里二十三都，福鼎置县后为福鼎县十六都。民国初为管阳区。1949 年 6 月后属点头区，1950 年 6 月设管阳区，1958 年 8 月成立管阳人民公社，1961 年 6 月复为管阳区，1968 年 8 月复成立管阳人民公社，1983 年再为管阳区，1987 年改为管阳乡，1993 年 2 月改管阳镇。全镇现辖 27 个行政村（居）。

　　管阳区位独特，与浙江交界，历来为温州往来福州之要道。管阳北端与浙江省泰顺县交界处的葫芦门（今秀贝村），"明正统戊辰（1448）邓茂七之乱，官军屯此"。清道光咸丰年间，说管阳"海宇多故，官路洋，时有寇警，前明于沈青筑堡，设汛以防之，诚要地也"。管阳是闽浙边界革命根据地的重要组成部分，在这片红色的土地上，有天竹、乾头、溪头、沿岭、后溪、南贝、钰阳等 24 个老区村。1936 年 12 月，刘英、粟裕派出的一支 120 多人的游击队伏击来犯的国民党某师，击毙敌连长数人，俘敌 40 余人，缴获轻机枪 1 挺，长短枪 40 余支。

　　管阳历史悠久。据考古发现，管阳域内有渔池、大街、石墩岗、桥头山、陈前墩等 5 处商周时期的新石器时代文化遗址，可见，早在 4000 年前，就有古人在这块土地上劳作生息。据清嘉庆《福鼎县志》载，早在隋开皇二年（582），管阳的广化村就建有广化寺。又据清光绪《福鼎县乡土志》载，南宋后期，便有人到管阳溪左岸定居。人们沿官道两侧兴建两层古式瓦顶木质楼房，自成一条街道，俗称"管街"，形成管阳最早的街道。迁入管阳域内的氏族主要有宋朝年间的"沿岭郑""碧峰张""金溪朱""溪头陈""楮楼马""章峰李"，元朝年间的"缙阳董"，明朝年间的"西阳吴""茶阳汪"，清朝年间的"西昆孔""大山李"等。

　　管阳文化深厚。管阳文物古迹众多，有广化寺遗址、古官道、陈楠墓、老人桥、孔家庙、明清古祠等。管阳宗教文化发达，广化寺是福鼎乡村最早的寺庙之一，天竺寺据传是因印度僧伽东渡、寻山问水至此搭篷修寺得名，象山寺、兴福寺、观世庵等清代以前兴建的寺观不下10座，出了道由和尚、智水和尚、笃山法师等高僧大德。由于管阳地处闽浙边界，两省的文化在这里交融，民间文化亦十分丰富，主要有斗牛、舞线狮、玩龙灯、牵引提线木偶、唱布袋戏、吊九台、坐刀轿等民俗活动，它们是当地民众长期以来休闲娱乐的主要形式。

管阳山清水秀。管阳地处山区，很少见到平坦之处，《福鼎县乡土志》载："沿南十五里为十六都。群山纠纷，地势高下悬绝"，"峰最高曰驴驼（在金溪，今名犁头峄），直插霄汉，盘亘都一十一区，登绝顶俯视一切"，"正北吴社一峰峻绝万仞，为诸山祖"。全域有大小山峰144座，其中千米以上山峰有王府山、犁头峄山、东山、吴社尖4座，以王府山最高，海拔为1113.6米；大部分村庄处在海拔600米左右地区，"山高早寒，五六月间，雨过辄如凉秋天气"。管阳山麓众多，溪流遍布，主要有管溪、西阳溪、金钗溪、唐阳溪。管溪，其源有四：一出柘荣乍洋，一出南山云谷，一出西昆岭，一出后塔。四水合流，溪流潺潺，美景万千。其他如元潭溪，清代文士曾这样描述："水汇神宫别有情，波澜壮阔庆秋清。全无一点尘遮面，惟见游鳞此候明。"对于天顶山溪谷，先人亦钟爱有加，因为它"井有龙，每春雷发声，电闪雷鸣，天雨辄至，神物也"。流经域内约7千米的雁溪不但景美而且游鱼众多，"多鲲鲤，大两三斤，亦有溪鳗，尝取作羹，味甚美"。

管阳民风淳朴。这里的人民崇儒尚文，心地质朴，孝敬父母，邻里不欺。著名人物有乐于助人的邱阜、杀寇有功的朱岁、急公好义的孔继照和李邦秀、至孝感人的吴居童和陈周椿等。

管阳人勤劳聪慧。早在清代，属于十六都的管溪畔有小市集，"山果酿杂然前陈"，"金溪、唐洋……荒坡曲坂杂种棉花"。十七都的"茶洋、晏溪居丛竹中，土人善制纸；西洋有小市，缙洋妇女尚织；乾头茶业特盛；果实以西昆、楮楼之梨为佳"。由此可见，古时的管阳山村已经能够做到"一村一品"。虽然当年"土瘠薄"，但当时的人们亦能够"五谷外，间种麻、豆、口、粟"。20世纪80年代，管阳人积极发展种植业和养殖业，主要种植水稻、甘薯、小麦，辅以种植太子参、油菜、茶、黄豆、烟草等，养殖牛、猪、长毛兔、家禽、淡水鱼等。如今，有些产业已逐渐淡出人们的视线，但管阳人民的勤劳品质代代相传，众人正在为更美好的明天努力奋斗！

（本文作者为福鼎市嵛山镇党委副书记、二级主任科员）

目　录

🐌 文物古迹

🐌 文教卫生

🐌 民俗风情

🐌 物华吟赏

山川故里

管阳之最

✍ 陈岩坰

最早兴建的寺庙——广化寺。清嘉庆《福鼎县志》载："隋开皇二年建。"

最早有人迁居的村庄——溪头村。清光绪《福鼎县乡土志》载："南宋时，迁本境十七都溪头。"《陈氏族谱》载："淳熙四年（1177）始祖追雁而徙居，故称'雁溪'。"

最大宗祠——管阳碧峰张氏宗祠。规模大，占地面积2053平方米，建筑面积1500平方米，构造设计大方、匀称。

住宅最集中的村庄——金钗溪村。全村拥有大小民房99座，梯形分布，鳞次栉比，秩序井然。

最大古宅——西昆村孔氏旗杆里古宅。占地面积2500平方米，建筑面积2028平方米，造型别致，构建宏伟，雕梁画栋，有多处飞檐斗拱，据传由温州名匠设计承建。

最大最多古树的村庄——楮楼村。有香樟树3棵，最大树围692厘米；枫香树14棵，最大树围446厘米；鹅掌楸1棵，树围471厘米。

最多贡生旗杆的村庄——溪头村。祠前6副，房前2副。

最早办学的村庄——金钗溪村。清光绪三十三年（1907），始办初等小学。

最早建立的石板桥——长桥。《福鼎县乡土志》载："二桥在广化。道光间孔继肃、

管阳新颜（张晋 摄）

陈镛倡建。"

最早办纸厂的村庄——茶阳村。《福鼎县乡土志》载："茶洋、晏溪居丛竹中，土人善制纸（粗纸）。"

最早开设小集市的村庄——西阳村。《福鼎县乡土志》载："西阳有小市。"

拥有最多姓氏的村庄——西昆村。全村有孔、陶、张、雷、兰、郭、季、连、唐等 22 个姓氏。

最长的古碇步——楮楼村碇步。共 103 齿。

主峰海拔最高的山脉——管阳王府山。海拔 1113.6 米。

行政村概略

管阳村

　　管阳村位于集镇所在地，距福鼎市区 26 千米，东邻金溪村，南界点头镇后井村，西连章边村，北与章边村、金溪村相连。地处高山地带，平均海拔 560 米。104 国道、沈海高速复线贯穿境内，高速管阳互通口在管阳村新庄自然村，距离集镇 1.5 千米。

　　管阳村辖有 32 个村民小组，共 1650 户、5765 人，划分为 6 个片区——碧山片、鱼池片、管街片、西岐片、杨厝片、料山片，主村在碧山片与管街片。全村共有耕地面积 3850 亩，其中水田面积 2800 亩；林地面积 12233 亩，其中生态林面积 3857 亩，茶园面积 4200 亩，毛竹面积 800 亩。域内有 2 个农业灌溉水库：一为鱼池水库，库容 16 万立方米；二为水口水库，库容 24 万立方米。域内自然景观有凤凰山，人文景观有象岩寺、观世庵、极乐寺、石门寺、马仙宫、杨府圣王庙及西山里 2 座清代古建筑等。域内共有私营企业 52 家：化油器厂瑞钦机车部件有限公司 1 家，茶叶公司及加工厂 42 家，服装加工及绣花厂 5 家，钢筋加工厂 1 家，水泥排污管厂 1 家，木材加工厂 1 家，佛像雕塑厂 1 家。

章边村

　　章边村位于集镇所在地，地处闽浙边界，距柘荣县城 14 千米，距福鼎市区 28 千米，与西昆村、广化村、管阳村相邻，平均海拔 560 米。

　　章边村下辖 28 个自然村，共 1170 多户、4000 人。全村土地总面积 19.3 平方千米，其中耕地面积 2500 亩（水田面积 2100 亩），山地面积 25650 亩，森林覆盖率达 90%。全村共有生态公益林面积 5000 多亩，茶园面积 2500 多亩，杉树、松树、竹林等杂用材林面积 21650 亩，经济林面积 3000 亩。碧峰宗祠前有 2 棵树围 6.6 米的雌雄银杏，还有一棵树龄超过 860 年的古树。

西昆村

西昆村地处太姥山西麓山间盆地，位于福鼎、柘荣两市县交界处，距离福鼎市区30千米，距离柘荣县城区20千米，距离管阳镇区7千米，平均海拔580米。

西昆村下辖14个自然村，共468户、2169人。居民有汉、畲、回3族，共26个姓氏，以孔、陶、张姓为主，其中孔姓人口有860多人。西昆村是孔子后裔聚居地，被称为"江南孔裔第一村"。村内有各类古建筑51座，总建筑面积34000多平方米，有保存完好的明清古厝和始建于清顺治年间的福建十大名祠之一的"孔氏家庙"。西昆村于2007年被列入第三批省级历史文化名村，于2012年被列入第一批中国传统村落名录，于2019年1月被列入第七批中国历史文化名村。该村还被评为福建省第五批省级生态村、福建省级乡村振兴试点村、福鼎市新农村建设示范村、福鼎市乡村振兴重点示范村、福鼎市绿色防治（专业化）示范村。

西昆村创办有德成传统文化学院、孝行之家、六艺体验馆、儒家文化中心、西昆环保站，积极开展国学文化教学、茶旅研学、关爱老人、垃圾分类、六艺体验等活动，传播中华优秀传统文化。其中，德成传统文化学院还被全国少工委授予"传统文化教育基地"称号。

广化村

广化村距集镇3.5千米，辖区内有管沈线穿境而过，交通方便。广化村下辖24个自然村，共627户、2218人。

广化村主要经济产业为农林种植业。全村辖区面积共6.1平方千米，其中耕地面积922亩，茶园面积1520亩，毛竹面积880亩，生态林面积635亩。广化村历史悠久，文化底蕴深厚，村内广化寺建于隋开皇二年（582），宋礼部侍郎陈楠墓1984年被列为第一批县级文物保护单位，河山鼎清寺建于唐大顺元年（890），广化马仙宫建于元泰定元年（1324）。

茶阳村

茶阳村位于犁头岬山北麓，地处闽浙交界，与泰顺县雅阳镇接壤，距福鼎市区35千米，距集镇7千米，平均海拔600多米，是革命老区基点村。

茶阳村辖10个自然村，共456户、1642人，村民大多姓汪。村经济以农业为主，茶叶、天然有机笋等是主要经济作物。全村共有耕地面积1500多亩，其中水田面积958亩，农地面积628亩，林地面积3500亩，茶园面积170亩，毛竹面积1350亩，属典型的山区农业村。2023 年引进阿财农牧业有限公司，建设福鼎市最大的肉羊养殖基地，打造了"青饲料利用—山羊养殖—羊粪肥茶"的绿色循环立体农业模式。

钰阳村

钰阳村位于管阳镇北部，东邻叠石里湾村，西界西阳村，南连茶阳村，北接浙江泰顺雅中镇，距集镇 12 千米，距福鼎市区 40 千米，是革命老区基点村。

钰阳村辖 14 个自然村，共 330 户、1260 人。全村共有耕地面积 1178 多亩，林地面积 7650 亩，茶园面积 600 多亩。域内水资源丰富，位于南溪水库辐射范围内，与茶阳村共有水电站 1 所。村民主要经济来源以农业种植和外出务工为主。

七蒲村

七蒲村距福鼎市区 36 千米，距集镇 8 千米，辖区内有管沈线穿境而过。

七蒲村辖 19 个自然村，共 425 户、1295 人，其中常住人口 465 人。全村土地总面积 6.25 平方千米，耕地、水田面积 1356 亩，林地面积 11727 亩，其中生态林面积 1717 亩，茶园面积 1200 多亩，毛竹面积 500 多亩。村民以水稻、茶叶、马铃薯为主要农作物，也有村民种植西瓜、太子参等。

元潭村

元潭村位于管阳镇西南部，管阳溪、西阳溪、西昆溪交汇于行政村中心，形成一个深潭。传说潭下深处有一个洞穴，穴内有只大鳖即"鼋"，故称"鼋潭"，后改为"元潭"。

元潭村辖 11 个自然村，共 436 户、1689 人，村内人口较多的姓氏为陈姓、曹姓、郑姓、蓝姓。全村共有土地面积 6 平方千米，耕地面积 1325 亩、林地面积 6700 亩，其中生态林面积 3760 亩。全村以茶叶、地瓜、太子参、土鸡等为主要产业，青壮年多外出务工。

溪头村

溪头村地处两省三县（市）交汇之地，地理位置相对偏僻，优美的村落、人文环境及众多古建筑保存完整，是闽东北山地型传统古村落的典型代表。全村平均海拔 520 米以上，四面崇山夹峙。溪头溪（雁溪）发源于交溪（浙江泰顺域内），汇流山涧，穿村而过，呈"S"形倒流（往西）。

溪头村辖 17 个自然村，划分为上、中、下 3 个片区，中心村在上汾自然村。全村共有 13 个村民小组，共 565 户、2236 人。全村土地总面积 8.02 平方千米，耕地、水田面积 1176 亩，林地面积 11727 亩，其中生态林面积 2213 亩，毛竹面积 350 亩，果园面积 500 亩，村民以种植黑李和东魁杨梅为主。

乾头村

乾头村位于管阳镇北部，地处闽浙两省福鼎、柘荣、泰顺三县（市）交界处，距集镇 10 千米，东邻徐陈村，南界七蒲村，西连元潭村，北隔西阳村。地处高山地带，平均海拔高度 520 米。管沈公路穿境而过，距离沈海高速复线管阳镇互通口 12 千米，交通较为便利。

乾头村辖 7 个自然村，共 486 户、1685 人。全村土地总面积 2.96 平方千米，其中耕地面积 1438 亩，山地面积 2100 亩，村民主要种植槟榔芋、苗木、花卉等农作物，村内办有 3 家小规模茶厂，生产白茶、红茶、绿茶等多种茶叶。2022 年引进总投资 3000 万元的馨鼎生态农业发展有限公司。

缙阳村

缙阳村位于管阳镇南部，距集镇 12 千米，与徐陈村、西阳村相连。

缙阳村辖 11 个自然村，共 304 户、1145 人。全村共有耕地面积 590 多亩，林地面积 820 多亩，茶园面积约 982 亩。缙阳村村民大多姓董，开基祖于元大德三年（1299）自浙江入闽，定居缙阳至今已有 700 多年历史。村民以种粮为主，种植高山云雾茶为辅，经济作物品种少，无其他特色产业。境内有地主宫等人文景观。

徐陈村

徐陈村位于管阳镇西北部，东邻钰阳村，西界乾头村，南至七蒲村，北连缙阳村，平均海拔 660 米。

徐陈村辖有 9 个自然村、19 个村民小组，共 519 户、1830 人。全村共有耕地面积 970 亩，茶园面积 2000 多亩，林地面积 7596 亩，主要产业为茶叶、红薯、太子参等特色种植业和苗木产业。

西阳村

西阳村位于管阳镇西北部，距福鼎市区 40 千米，距集镇 11 千米。东邻缙阳村，西连楮楼村，南与乾头村接壤，北接天竹村，是管阳镇里片 12 个行政村的中心村。地处闽浙边界的山区地带，村内多丘陵、山地，平均海拔 500 米，有跨省管沈公路穿村而过，是管沈公路的中心点和中转站。

西阳村共有 19 个村民小组，共 1056 户、3644 人，其中常住人口 7000 多人。全村土地总面积 7.4 平方千米，其中耕地面积 2200 亩（水田面积 1746.36 亩），林地面积 8811 亩，是省级生态村。域内有始建于明正德年间的木拱廊桥，俗称"老人桥"，为福建省文物保护单位；有马营鼓楼、月半井、吴氏宗祠、五圣宫、地主宫等古建筑，狮山、天顶山峡谷、"福建树王"罗汉松等自然景观；有非遗项目太平线狮、净明道翻九楼。西阳村传统产业为白茶、甘薯、太子参等。西阳村曾先后获得福鼎市第十届文明村、福鼎市第十三届文明村、宁德市第十届文明村、宁德市第十一届文明村、宁德市第十三届文明村、福建省级生态村等荣誉称号。

楮楼村

楮楼村地处闽浙交界，距离管阳集镇 15 千米。

楮楼村辖 7 个自然村，共 485 户、1782 人。村民以马姓为主，其他有陈姓、苏姓、蓝姓、谢姓。全村共有土地面积 5.6 平方千米，拥有耕地面积 1383 亩、森林面积 8000 多亩，其中生态林面积 3000 多亩。村民以种植茶叶、地瓜、太子参等为主要产业，青壮年大多外出务工。楮楼村是革命老区基点村，也是福建省第五轮省级扶贫开发重点村，红色文化和旅游资源丰富，现有古建筑 4 座、红色遗址 1 处、各类古迹 5 处。2020 年被评为省级传统古村落。

天竹村

天竹村距福鼎市区 43 千米，位于管阳镇西北部，距集镇 13 千米。东与西阳村毗邻，南与楮楼村接壤，西与浙江省泰顺县万排乡交界，北与小洋、秀贝村相依。

天竹村辖 11 个自然村、21 个村民小组，共 735 户、3458 人。全村共有耕地面积 3756 亩，其中水田面积 2721 亩，旱地面积 979 亩，森林覆盖面积 19898 亩，经济产业以茶叶、地瓜和水稻种植为主。

小洋村

小洋村与浙江省泰顺县柳峰乡毗邻，距集镇 20 千米，东邻秀贝村，南界天竹村，北与沈青村相连。乡道 807 贯穿村境。地处高山地带，平均海拔高度 730 米。

小洋村辖 10 个自然村，共 305 户、1186 人，村内人口较多的姓氏有潘姓、沈姓、蓝姓。全村土地总面积 2.2 平方千米，其中耕地面积 900 亩（水田面积 800 亩），山地面积 5777 亩，生态林面积 1777 亩，有 2 条辉绿岩矿脉。小洋村野猪山及加培头自然村生产制作的红釉，广销浙江丽水一带。村民以种植茶叶为主，种植甘薯为辅。

秀贝村

秀贝村距集镇 22 千米，东与浙江省泰顺县雅阳镇雅阳溪村交界，南连西阳村，西连小洋村，北连沈青村，地处高山丘陵地带，平均海拔高度 700 米，距管沈公路 2 千米。

秀贝村辖有 10 个自然村，共 315 户、1188 人，村内人口较多的姓氏有黄姓、曾姓、蓝姓。全村土地总面积 8.6 平方千米，耕地面积约 1296 亩，其中水田面积 1215 亩，山地面积 12205 亩，森林覆盖率达 90.2%，其中生态公益林面积 5789 亩，杂用材林面积 4000 亩，经济林面积 800 亩，竹林面积 350 亩。村民主要经济来源为种植白茶、太子参、水稻、毛竹、番薯、马铃薯等农作物。境内有天顶山峡谷、青山下辉绿岩矿山、华佗仙宫等自然、人文景观。

沈青村

沈青村位于管阳镇东北部，与浙江省泰顺县柳峰乡毗邻，距管阳集镇 21 千米，距福鼎市区 50 千米，地理位置较偏僻，是革命老区基点村。

沈青村辖有 11 个自然村，共 418 户、1483 人。全村土地总面积 4 平方千米，耕地面积 860 多亩，其中水田面积 580 亩，山地面积 7322 亩，森林覆盖率达 90%，其中生态公益林面积 3211 亩，杂用材林面积 1556 亩，经济林面积 600 亩，竹林面积 210 亩。村民主要经济来源为种植白茶、太子参、中稻、毛竹、番薯、马铃薯等农作物。境内有马仙宫、明代城墙、清代地主厝等人文景观。斗牛祈福和沈青百家宴是沈青村特色民俗。2018 年省级无邪教示范村，2020 年被评为宁德市级文明村。

金钗溪村

金钗溪村位于管阳镇北部，北距福鼎市区 20 千米，南距管阳集镇 5 千米，104 国道及沈海高速公路复线穿村而过，交通便利。

金钗溪村辖有 3 个自然村、7 个村民小组，共 286 户、1000 多人。全村共有土地面积 9.1 平方千米，林地面积 7457 亩，水田面积 688 亩，旱地面积 91 亩，茶园面积 1000 多亩。村民主要经济来源为种植茶叶。村内存古书院 1 座，宗教古建筑 5 座，明清古民居 11 处。村内有红豆杉、栲树、三角枫树等古树，有多处自然景观。现有市级重点文物保护单位金珠桥和朱氏宗祠。金钗溪村于 2013 年被列入第二批中国传统村落名录。

花亭村

花亭村位于 104 国道旁，距福鼎市区 18 千米，集镇 7 千米，距离沈海高速管阳互通口 6 千米，平均海拔 402 米。

花亭村辖 4 个自然村，共 201 户、767 人，全村土地总面积 2.2 平方千米，其中耕地面积 725 亩，林地面积 10358 亩，毛竹面积 1340 亩，茶园面积 770 亩。村民以种植茶叶为主。

唐阳村

唐阳村位于管阳镇东北部，距集镇 8 千米，距福鼎市区 18 千米，104 国道穿村而过，交通便利。全村平均海拔 400 多米，雨量充沛，年降雨量约 2200 毫米。

唐阳村辖 8 个自然村，共 434 户、1607 人，其中少数民族（主要为畲族）共 204 户、738 人。1999 年，唐阳村被确定为畲族村。全村共有耕地面积 1339 亩，其中水田面积 1140 亩，农地面积 299 亩；茶园面积 1968 亩；林地面积 12297 亩，其中竹林面积约 3000 亩。曾被评为福建省森林村庄，2016 年被评为美丽乡村。

亭边村

亭边村位于集镇东侧，东与点头镇果阳村交界，南邻点头镇后梁村，西接管阳镇唐阳村，北通大山、后溪，章峰等村，国道 104 线贯穿全境，交通便利。

亭边村辖 5 个自然村，共 238 户、876 人，其中畲族共 66 户、282 人，占全村人口的 32%。亭边村为少数民族聚居村。村内人口较多的姓氏有池姓、陈姓、钟姓、雷姓。村里有茶叶生产加工公司 5 家，小型水电站 2 座，伍福建材有限公司 1 家。

沿屿村

沿屿村位于管阳镇东北方，距集镇所在地 13 千米，距浙江省雅阳镇 10 千米。

沿屿村辖 15 个自然村，全村共 215 户、716 人。全村共有土地面积 8.6 平方千米，耕地面积 600 多亩，其中农田面积 517 亩，旱地面积 83 亩，目前茶园面积 520 亩。村民以种植茶叶为主。村中有清代古民居、己下溪瀑布、龙井、济廉洞、石洞溪、金尖下水库等景点，村内唱民谣、唱山歌、赶庙会等民俗活动传承至今。沿屿村为革命老区基点村。

章峰村

章峰村位于管阳镇东北角，东邻南贝村，西至沿屿村，南与大山村、唐阳村毗邻，北接叠石乡里湾村。

章峰村辖 11 个自然村，共 283 户、986 人。全村共有土地总面积 6113 亩（其中耕地面积 721 亩，水田面积 492 亩，旱地面积 229 亩，林地面积 4228 亩），水域面积 200 亩。村民主要经济来源是依靠种植茶叶和水稻。村里建有一座装机容量为 5000 千瓦的水库电站。村内人文景观有古井、古树、古鱼池、古桥、古碇步，自然景观有"六山"（金尖、文笔尖、高场、提干、金鼓、美人尖）和"八景"（金尖映日、文笔凌霄、高粱积雪、提干留云、鳞鱼跳漈、金鼓迎风、仙岩遗迹、蜂桶标奇）。章峰村是福鼎市区饮用水源保护区。

大山村

大山村东与后溪村接壤，西同唐阳村交界，北和章峰村相接，南邻亭边村，距104 国道 1.5 千米，距离集镇和市区皆 15 千米。

大山村辖 4 个自然村，共 131 户、596 人，人口较多的姓氏是李姓。土地总面积 2.88 平方千米，耕地面积 500 多亩，其中水田面积 360 亩，山地面积 220 亩。生态公益林面积 700 多亩，经济林面积 160 亩，竹林面积 800 多亩，森林覆盖率达 90%。村里有自然景观"云上梯田"。

南贝村

南贝村与叠石乡、南溪水库和桐山街道岔门村交界，距管阳集镇 21 千米，地理位置偏僻。

南贝村辖 11 个自然村，共 291 户、1059 人。南贝村无工业企业，系典型的纯农业村，村民以农业种植和外出务工为主要经济来源。

后溪村

后溪村位于管阳镇最东部，东与桐城街道接壤，西与大山村接壤，北与南贝村相邻，距集镇 22 千米，距福鼎市区 12 千米。后溪村地域偏远，交通不便。

后溪村辖 16 个自然村（其中 1 个为少数民族自然村），共 457 户、1509 人。全村共有土地面积约 6.6 平方千米，耕地面积 286 亩，林地面积 7776 亩。村民以种植茶叶为主。

中国传统村落——金钗溪村

朱国库

历史沿革

金钗溪村因溪得名。据《福鼎地名志》载，传此地有贵夫人乘轿过溪，探首外望，不慎头上所插之金钗掉落于溪中，该溪因而得名"金钗溪"。

据《沛国郡金钗溪朱氏族谱》记载：朱梦环，南宋咸淳十年（1274）进士，授宗正丞。以金人日逼，同陆秀夫护驾泛海，未几而宋亡。公发愤感泣，誓不仕元，于1280年至1285年间由浙江平阳三桥（今苍南县迳头）迁隐于金钗溪，是为朱氏之肇基祖。迁居金钗溪后，辟农田，安陇亩，营客栈，勤攻读，世守厥业，历代增美，历年800余载，人口繁衍，现后裔有1万多人。

1952年设金溪乡，1958年改金溪大队，1987年改金钗溪行政村，现村委会驻金钗溪中心村。

地方文化与民俗风情

金钗溪村有许多独特的风俗传承至今，以下略述两例。

祭祖典礼

金钗溪村朱氏祭祖活动世代相承，隆重严肃，有严格的程序和规范，体现了村民对祖先和乡土的热爱、敬畏，是当地民间信俗文化的重要组成部分。

金钗溪村朱氏宗祠一年有3次祭祖，农历正月十五、七月十五由宗族理事会举行宗族公祭，亦称春秋祭；农历三月三由各家自行祭祖。

祭祖要先任命礼仪人员，如通赞、引赞、大祝、执事、纠仪、终献官、亚献官、正献官、陪献官。正献官、终献官、亚献官由族中长辈担任，通赞、引赞由族中文化人士等担任。

祭祖时应首先敬告天地、恭请祖先香火，然后举行祭祖献礼——进香、进酒、进爵、进禄，每道行初献礼、亚献礼、终献礼。献礼播鼓三通，鸣金三品，奏大乐、小乐等。祭祖过程中要恭读《敬告天地文》《请祖香火文》《祭文》《祝文》。

三献礼是祭祖的中心环节，主祭人通赞、引赞、终献官、亚献官、正献官、陪献官都要先整衣冠（通赞、正献官还要穿专用祭祖服装），洗手后才能到祖宗香案前上香鞠躬、跪、叩首、平身复位，每一步都有严格的程序和规范。初献帛爵为猪肉、鱼肉、米食、面食、炙肉、炙肝、脯醢。正献官将帛爵供奉到香案后，由主祭人宣读并供奉祭文，而后全体参祭人员对祖宗香位三叩首，献后焚《祭文》。亚献和终献都是献香献酒，程序和初献相当。

信俗文化

信俗文化，主要体现在土地爹宫、清隐宝殿、地主宫等信俗活动场所的供奉祈福活动上。金钗溪村信仰土地爹习俗历代沿袭，凡生育、病痛、外出做生意、考试、建设重大项目时村民都要到这里敬上一炷香、点上一盏灯，祀求神灵保佑一方风调雨顺、平安如意。

土地爹宫供奉白衣土地和灵相公爹，是金钗溪朱氏族人对浙江迳头朱氏先祖的神化。清隐宝殿从左到右祀奉土地公、土地婆、通天圣母、朱仙姑、妈祖娘娘、郑二相公、看牛大王，朱仙姑位于最中间。水尾地主宫祀奉朱头陀。

这些信俗活动常年进行，尤以农历春节和七月十五最为隆重，此时福鼎及周边福安、霞浦、宁德、苍南、泰顺、平阳的人们纷纷前来，香火鼎盛，热闹非凡。

村落布局与结构

金钗溪村两山夹一水，村落四面环山。民居主要分布在金钗溪左岸，村民傍山筑屋，山上千门重叠。其地翠山阡陌，深林密箐，人与山水共谐，不负农家桃园之名。

村内现存有 7 条古道，分别为凤起洋上厝古道、凤起洋西古道、金钗溪左岸古道、凤起洋溪坝、王都后门山田古道、凤起洋南古道、凤起洋东南古道，均为卵石路面。

村落自然环境优美，生态保持良好，历代建筑保存较为完好，处处展现和谐之美。

古建筑

朱氏宗祠　　朱氏宗祠由朱癸二始建于 1359 年，是福鼎市为数不多的元末明初古祠宇之一，是福鼎市文物保护单位。

金朱桥　　金朱桥是福鼎市文物保护单位，地处闽浙南来北往的交通干道上，至今仍保持古朴之貌。

水尾地主宫　　水尾地主宫内祀奉朱头陀，建筑面积为 39.5 平方米。

众厅　　众厅创自明代，迄今已有 500 多年。《金钗溪大厅记》记载："斯厅建自明代，迄今数百余载，历时久远。未免有栋折榱崩之虞。道光癸未（1823）阖族商议，重新修建……额之曰'崇本堂'。"众厅呈二厅二厢二层"四面交井"砖木结构，内设云霄宝殿，前厅筑戏台，后厅塑3位圣人像，供奉孔子、孟子、朱子。众厅下有瑶池。出众厅大门，上七星，转八斗，过二十八宿，出南天门，下六十三级台阶，台阶转九转（称"九曲"），形成一个完整的古建筑群。众厅又称"圣贤堂"，原为族中训议公事、聚首办宴之所，逢年过节聘请剧团来此演戏，适时举行祭祀活动，十分热闹。附近有多家客栈，专为往来客商服务。金钗溪朱氏族人历来十分重视教育。文献记载，清光绪年间，金钗溪朱氏家族以宗祠公租为经费，设立族塾，延聘西昆村岁贡生孔广敷为塾师，教授朱姓子弟，专攻《四书》《五经》及诗词歌赋，习"八股文"，以朱熹家训和朱柏庐治家格言作为朱姓家族子弟的言行准则。当时首届就塾子弟有朱腾芬、朱少徐、朱承斐、朱泽敷等10人，其中先后有7人考中秀才。金钗溪族塾人才辈出，成为福鼎家塾、族塾的楷模。

古老厝古民居　古老厝古民居为7榴结构。明朝时朱文绂建造，清乾隆二十五年（1760）武进士顾麟曾住在这里，朱文绂收顾麟为养子，供其读书习武。路边嵌有"凤凰到此"的石碑，现保存较好。古老厝前还发现有八卦图形，亦保存完好。古老厝古民居为一排7开间同式厢房，进深7柱，坐北朝南，采光条件良好，房前视野开阔，屋后绿树成荫，安静舒适。每厢为两层屋檐式木构房，外留一走廊，廊柱、横梁雕刻精美，上镶蓝宝石。屋高约7米，建筑面积484.5平方米。古民居的木柱子柱为四方柱，柱头呈四方形，有别于大多数民居的圆柱，是福鼎现存古民居中唯一采用四方柱和四方木柱头的明代古建筑。

新厝下古民居　新厝下古民居建于清代，为一排5开间同式厢房，进深7柱，每厢为两层屋檐式木构房，外留一走廊，廊柱、横梁雕刻精美，上镶蓝宝石，屋高约7米，建筑面积398.9平方米，层层叠叠，层次分明，气势恢宏。二楼为竹草混合石灰砌成的隔间，配以格子窗，古色古韵。

众厅边古民居　众厅边古民居于清嘉庆年间建造，现为一明五暗的民居，背靠背组合而成，三面出廊，西面紧挨新建筑。明间为厅堂，以厅堂为中心，厅堂左侧为3个房间，厅堂右侧为2个房间，均自成相对独立的单元。进深方向分为前后间，底层前间为小厅，后间为厨房，前后间直接对外开门，二层为卧室。每个单元内设有独立的楼梯，位于前后间当中。民居以木构架承重，以木板与毛竹夹板围合，为二层穿斗式土木结构建筑。厅堂地板现已经过水泥硬化，一层卧室用木板架空铺地。房前庭院空地视野开阔，背靠田地，十分适宜居住。廊柱、横梁雕刻精美，廊柱牛腿上有麒麟、蝙蝠、仙鹤、鱼等吉祥图案，屋高约7米，占地面积439.9平方米，建筑面积437.6平方米。

坑下古民居　　坑下古民居院落宽敞，外为土墙，为一排11开间同式厢房，进深7柱，每厢为两层屋檐式木构房，外留一走廊，廊柱、横梁雕刻精美，上镶蓝宝石，屋高约7米，建筑面积973平方米。二楼为竹草混合石灰砌成的隔间，配以格子窗。有良好采光条件，房前视野开阔，屋后绿树成荫，显得安静舒适。

大路里古民居　　大路里古民居为朱士鸣建造，为一明八暗的民居，背靠背组合而成，四面出廊。明间为厅堂，两侧对称的房间自成相对独立的数个小单元。进深方向分为前后间，底层前间为小厅，后间为厨房，前后间直接对外开门，二层为卧室。每个单元内设有独立的楼梯，位于前后间当中。民居以木构架承重，木板与毛竹夹板围合，二层穿斗式土木结构建筑。厅堂地板现已经过水泥硬化，一层卧室木板架空铺地。廊柱、横梁雕刻精美，上镶蓝宝石，屋高约7米，建筑面积737.7平方米。

十三榴古民居　　十三榴古民居为朱奇诗于清嘉庆二十五年（1820）建造，因该民居为十三榴而得名，现保存完好。古民居院落宽敞，为矩形，外为青砖墙，内部为一排13开间同式厢房，进深7柱，为两层屋檐式木构房，外留一走廊，廊柱、横梁雕刻精美，上镶蓝宝石，屋高约7米，建筑面积871.7平方米。从走廊一头仰望屋顶，层层叠叠，层次分明，气势恢宏。二楼为竹草混合石灰砌成的隔间，配以格子窗，古色古韵。

金钗溪十三榴古民居（朱国库 摄）

小园里古民居　　小园里古民居为一明七暗的民居，背靠背组合而成，三面出廊，西面搭盖附属建筑。明间为厅堂，以厅堂为中心，左侧3个房间，右侧4个房间，均自成相对独立的单元。分前后间，底层前间为小厅，后间为厨房，前后间直接对外开门，二层为卧室。每个单元内设有独立的楼梯，位于前后间当中。民居以木构架承重，以木板与毛竹夹板围合，为二层穿斗式土木结构建筑。厅堂地板现已经水泥硬化，一层卧室木板架空铺地。屋高约 7 米，建筑面积 512 平方米。

水碓面古民居　　水碓面古民居为一明八暗的民居，背靠背组合而成，四面出廊。明间为厅堂，两侧对称的房间自成相对独立的数个小单元。分前后间，底层前间为小厅，后间为厨房，前后间直接对外开门，二层为卧室。每个单元内设有独立的楼梯，位于前后间当中。民居以木构架承重，木板与毛竹夹板围合，二层穿斗式土木结构建筑。厅堂地板现已经水泥硬化，一层卧室木板架空铺地。屋高约 7 米，建筑面积 774 平方米。

凤起洋清泉滩面古民居　　凤起洋清泉滩面古民居由朱可珽建造于清光绪五年（1879），为清庭院式木构建筑风格，建筑面积 676.5 平方米，现保存完好。房前视野开阔，屋后绿树成荫。大厅前厅原挂有多块匾额：光绪壬辰岁（1892）福宁府知事严良勋赠朱可珽匾曰"香山驻景"，光绪甲辰年（1904）福鼎县令丁芳赠朱亦澯匾曰"仁者寿光"，光绪乙巳年（1905）福宁府知事曹恒赠朱亦澯妻郑氏六秩匾曰"训同陶孟"，1915 年礼部太常司郎中林栋赠郑氏七旬匾曰"训识聪明"，1927 年蒙时任福建省教育厅厅长郑贞文赠朱学潮匾曰"承先启后"。1942 年福鼎县长邓宗海呈请福建省政府主席刘建绪准予赠匾额曰"敬老尊贤"。另有"文魁""武魁"匾。朱奇坤，清咸丰八年（1858）戊午岁贡生，赠"文魁"；朱可檍，武生，清道光二十四年（1844）李宗师（军队）嘉端取进县学第四名，赠"武魁"。两边柱上原有 4 对木制对联，前排大柱上各有一对精细的鹿雕刻，均已被盗，仅存柱上一对麒麟雕刻彰显昔日荣光。

凤起洋下厝古民居　　凤起洋下厝古民居由朱士银于清嘉庆十八年（1813）建造，坐北朝南，现保存较好。凤起洋下厝为两进加厢房的回字形四合院式砖木结构，分前进屋、后进屋、左右厢房、前后两道砖石门牌坊及天井。大门前有 2 对笔架山旗杆碣和八卦图。民居占地面积 2206.4 平方米，建筑面积 2004.8 平方米，是金钗溪村现存占地面积最大的古民居，也是建筑面积最大的古民居。

（本文参考了金钗溪村提供的资料）

中国传统村落——西昆村

🍃 朱国库

历史沿革

西昆村隋唐以前就有人居住，宋、元、明、清时为闽浙两省交通要道。清初属福宁州劝儒乡管辖，福鼎建县后为十七都。因村东有 3 座山岗形似狮子，旧称"狮坑"，又名"西坑"，后改为"西昆"。有孔、张、陶、蓝、雷、陈等 22 个姓氏居住。西昆村是孔子后裔在江南最大的聚居村落。孔子第五十五世孙名克伴，号本五，为江苏镇江丹徒人，16 岁报壮丁，官至右卫总旗，明洪武元年（1368）征战福建阵亡，录军功世袭右卫总旗。洪武十三年（1380），兵部召其侄希顺袭补福建建宁右卫总旗。洪武二十一年（1388）十月诏屯田，永乐二年（1404）改屯长溪柘洋里（今柘荣县），军户改民户，家于东峰（俗名东山头），成为柘洋东峰的孔氏始祖。延至清同治年间，孔闻毅等分三批从柘洋迁入福鼎十七都西昆村，迅速发展成为当地望族。

村落布局与结构

西昆村位于太姥山西麓，海拔 500 多米，周边群山连绵起伏，层峦叠嶂，晏溪由南到北、由东到西绕村而过。背后有主山为靠，两侧有山势较低的护龙，前有溪水环绕，远处又有一些不高的小山包，恰好成为朝案，山环水抱，负阴背阳。

西昆村民居布局疏朗，主要由张厝下、上新厝、下新厝、后章、新厝基、新厝、旗杆里、陶厝等自然村组成，各村民居依山就势，因地制宜，或分布于山麓，或分布于田间，点缀于农田山地之间，高高低低，错落有致。村内鸡犬相闻，充满了田园野趣。这些自然村由一条从北到南的主干道串联起来，这条主干道又以不同的角度分出若干条次干道，分别通往各个自然村，次干道再开枝散叶到名建筑单体，形成了错综复杂、类似树形结构的道路体系。这些道路因地形展开，高低起伏，宽窄不一，充满变化。现存较完整的古村道主要有陶厝路（200 米）、圣裔路（400 米）、横路洋路（500 米），均为清代建成，路面以鹅卵石铺设。

西昆村有张、陶、孔、蓝、雷、赖、汪、陈、谢、林、连、苏、郭、唐、王、黄、李、董、吴、叶、卓、魏等22个姓氏，除蓝、雷二姓为畲族外，其余均为汉族，人数最多的依次是孔、陶、张三姓。这几大姓的民居布局相对集中，比如旗杆里、上新厝、下新厝基本是孔姓的聚居地，而张厝、陶厝则是张、陶二姓的聚居地，后章是畲族的聚居地。聚族而居，为的是族亲间便于互相关照，人多势众，不易受外姓人歧视、欺压，这是西昆村浓厚的宗法血缘关系的折射。

古建筑

西昆村建筑类型较丰富，主要有民居、宫庙、宗祠、墓葬、桥梁等几类。现存古建筑30多座，其中保存完好的有20座，被列为文物保护单位的有2座，它们凝聚着先人的智慧和结晶，是西昆村古建筑技艺精华的体现。

祠堂（孔庙）

孔氏家庙始建于清顺治甲午年（1653），主体坐西北朝东南，"三狮"迎面，峰峦拱翠。中轴建筑由门楼、雨坪、门厅、天井、大厅构成，每进步步高升。门厅面阔3开间，中设屏门，两侧开门进出，原有戏台，天井两侧为二层的看台；大厅高大宽敞，中设神桌，供奉孔子圣像。

门楼石构为火焰门造型，带有西方建筑的特点，为民国年间重建；门楼前立有旗杆石与石狮子。门厅屋顶曲线柔美，由三跳斗拱承托出檐，转角斗拱上的角梁头部被雕刻成龙头，活灵活现，悬鱼的木雕也很精细。门厅顶部中间有一个八角形藻井，由六跳斗拱承托，六角形的藻井由三跳斗拱承托；两侧各有一个扁六角形的藻井。斗拱造型形似象鼻，很有特色。大厅明间七架抬梁，前后出廊，次间穿斗构架。抬梁构架

西昆孔庙（朱国库 摄）

的柱底木雕为云墩，穿斗构架柱底木雕为卷草，穿枋雕刻成卷曲的草龙状，较为精美。大厅前廊做卷棚轩顶，卷棚下的双步梁、坐斗、穿枋木雕烦琐细密，有蝙蝠、瑞草、花卉、人物典故等题材，十分生动。门厅与大厅檐下的牛腿木雕尤其精美，综合运用浮雕、透雕与镂雕等手法，题材有草龙、狮子戏球、历史典故等，是当地木雕艺术精华之体现。

1983 年 3 月，孔氏家庙被评为福建省十大名祠之一，并于 1989 年被列入福鼎市第一批文物保护单位。

民居

西昆村现存的古建筑中民居数量较多，绝大部分是清朝的建筑，小部分是民国时期的。民居布局主要为合院楼阁式与单体楼阁式，还有部分是商铺。

在平面布局上，合院楼阁式的民居的中轴建筑一般由门楼、天井、门厅、天井、大厅组成，门厅一般为一层，大厅与两厢一般为二层，形成四合院式的布局，前低后高。有一些民居则是在门楼之后直接经由天井进入大厅，大厅往往也是二层，形成三合院式的布局。还有一些规模较大的民居会在此基础上发展出三进甚至四进的多进合院式布局。无论是三合院还是四合院，西昆民居有一个共同的特点——宽面阔，一般的民居面阔都在 5 开间以上，有的甚至达到 9 开间，这估计与民居因山布局，无法向进深方向展开有一定的关系。

在宽面阔的基础上，西昆民居还发展出了两种形式。一种是以旗杆里为代表，主体坐南朝北，中轴建筑由门、半月塘、门楼、天井、门厅、天井、大厅、天井、

西昆古宅（朱国库 摄）

后厅组成，每进步步高升。门厅中设屏门，两侧开门，中间设有3开间一层，其余两层；大厅面阔7开间，两层，中间3间为厅堂，高大宽敞，并做假屋顶，两侧的房间两层，较为低矮；后厅中间为一层，其余为两层。面阔很大，大厅前天井在大厅中间3开间相对应的位置，两边各设置一道落地廊，该廊为双面廊，廊的外侧又各设一个小天井，小天井的外侧才是两层厢房。后厅前天井的做法与此相同。这种布局既有利于采光通风，同时也遵从礼制。中国古代礼制规定"民间茅舍不过三间五架"，旗杆里的布局明显逾矩，但采用上述布局，让人乍一看还以为厅堂只有3开间，可以打一个掩护。

而面阔稍小一点的民居则直接在大厅前天井两侧设厢房。比如下新厝，主体坐东南朝西北，有3道门楼，沿山而建，入口空间大；一门楼朝西北，前书"走必循墙"，后书"迪惟前光"，二道门楼朝北，前书"世笃二南"；三道门楼朝东，门楼之间以台阶相连。其中轴建筑依次由围墙、菜园、围墙、雨坪、门厅、天井、大厅、围墙组成。大厅高大宽敞，做假屋顶；天井中设走道，两侧铺青条石，中间铺三合土；天井两侧直接建二层厢房。

另外还有一种民居，不设院落，直接以二层楼阁式建筑示人。比如陶厝，主体坐西朝东，面阔7开间，建筑主体体量与屋顶都很大。大厅以太师壁分隔成前后堂，前堂高大宽敞，做假屋顶，并在廊道中心开窗，加强大厅采光；大厅太师壁两侧甬门上设神龛，供奉祖先，二层比较低矮。主体建筑四周出廊，做披檐处理。主体前面设雨坪，但不做外门楼与围墙，是一种比较简单的民居布局形式。

古墓

西昆村现存不少清代古墓，比较著名的有孔兴圭墓、孔毓曦墓、孔衍闻墓、孔兰轩墓，以孔兴圭墓最有代表性。

孔兴圭墓建于清乾隆二十年（1755），占地面积884平方米，坐南向北，呈"风"字形，为青石结构。墓前有一对石望柱，造型别致。墓由栏杆、挡风墙、登台、墓碑、封土堆、围领组成，墓碑上刻"赠显考邑庠征斋孔公之墓"。墓四周雕有花瓶、果盘、树、竹、鹰、狮等石雕，较为精美。其栏杆上由外至内依次书字"封循马悲""世守无荒""山环水绕""聊仲情事"等。现为福鼎市第三批文物保护单位。

宫庙

西昆村内有兴福寺、马仙宫、西源庵、戴柳宫等宫庙建筑，最有名的为兴福寺。

兴福寺位于西昆村莲花峰，始建于唐大顺元年（890），时建有堂、院、僧寮数十座，常住僧众300余人。至宋代，玉林长老圆寂后，建墓塔于寺水尾佛塔岭，迄今塔址犹存。该寺几经废兴，"文革"中又遭拆毁，直到1979年，经诸方善众资助，并以农养禅，于 1983 年至 1986 年重建大雄宝殿等建筑，面积达到 3500 平方米，重现昔日"铁昆仑"的风采。

民俗文化风情

西昆村作为"江南孔裔第一村"，遗留下许多与孔子有关的风俗习惯。

江南孔裔第一村

西昆村处处可见孔姓后人对孔子思想的传承。在一座古厝的院门上，已经斑驳的楹联上写有"走必循墙"。循墙而走是孔子的一种生活哲学，是自律的体现。一座庭院的院门上则题书"世笃二南"。《诗经》中的《周南》《召南》来自周公、召公统治下的南方地域，意在传扬周公、召公的教化德行，周、召二公是孔子推崇的圣人，"二南"被孔子认为是治理社会的正道。孔子说："郁郁乎文哉，吾从周！"西昆村孔子后裔以"世笃二南"颜其门楣，自是寓其深意。类似这样的例子不胜枚举，整个西昆村洋溢着浓郁的孔学文化。现今西昆孔氏家族已有 800 多人，从孔子起传承至 74 代，在文教、信仰、习俗等方面保留着浓郁的儒家文化特点，使西昆村成为名副其实的"江南孔裔第一村"。

重视文教

传统社会，读书是获取功名的重要途径，作为孔子的后裔，西昆孔氏家族更是以读书仕进作为最大的人生理想。他们建书厅，在祠堂办学，延师授课，还设立书灯田，以家族的形式在族田中置办一块田产，将田产收入专门用于兴办私塾，资助后辈读书。在浓厚的学习氛围下，西昆村孔氏族人乐读好读，人才辈出。自清乾隆至宣统年间，有庠生 21 名、国学生 7 名、太学生 1 名、廪生 4 名、贡元 2 名、文魁 1 名、进士 1 名。其中才德较著者，为孔广敷与孔昭淦。

2008 年，孔庆平、孔旭章等孔氏族人决定在本村创办一所传统文化学校。他们的想法得到众多村民和村两委的支持。该年 3 月，由村两委组织发动，创办德成传统文化学校。德成传统文化学校以童蒙养正为办学定位，意在为幼儿、小学生创设一个接受国学启蒙的教育平台。除西昆村外，该校还有来自闽东其他地方乃至浙江、湖南等地的孩子。学校每年举办夏令营，每次参加人数达 200 多人。学校教师由来自全国各地的义工担任，除教授传统文化、养成教育外，还开设书法、剪纸、太极等课程。

崇宗敬祖

西昆孔姓族人于清顺治十年（1653），以孔尚策为首共建孔氏家庙。孔氏家庙坐西北向东南，为砖木石结构，穿斗式，硬山顶，占地面积 877 平方米，建筑面积 706 平方米，奉祀自孔子以下的孔氏家族历代祖先。每年阴历八月二十七日（孔子诞辰日），孔氏族人要举行大祭，按照三献礼的议程进行。

信仰文化

西昆村民信仰佛道皆有，以佛教为主。早在隋代大业年间，天然和尚曾在西昆莲花峰结茅。唐代大顺年间，建有兴福寺，兴盛时寺院常住僧人达 300 人。清初，西昆陶氏家族在马仙宫后建有西源庵。西昆人对道教的信仰主要体现在请道士主持"过关"仪式，以及信仰马仙、戴柳二公，村中建有祀奉马仙的马仙宫和祀奉戴柳二公的戴柳宫。

祭孔典礼

祭孔，是华夏民族为了尊崇与怀念至圣先师孔子而举行的隆重祀典。祭孔活动可追溯到公元前 478 年，即孔子卒后第二年，两千多年来从未间断，是世界祭祀史、人类文化史上的一个奇迹。祭祀孔子的典礼，称为"释奠礼"。"释""奠"都有陈设、显献的意思，指的是在祭典中，陈设音乐、舞蹈，并且呈献牲、酒等祭品，对孔子表示崇敬。最初祭孔每年只有秋季一次，后增为春秋两次。后来，人们又在阴历八月二十七日（孔子诞辰）举行大祭。2006 年是孔子诞辰 2557 年，海峡两岸首次携手祭孔。福鼎市西昆村也加入其中。祭孔的最重要议程是三献礼，主祭人要先整理衣冠，洗手后到孔子香案前上香鞠躬，鞠躬作揖时男的要左手在前右手在后，女的要右手在前左手在后。所谓三献，分初献、亚献和终献。初献帛爵，由正献官将帛爵供奉到香案后，主祭人宣读并供奉祭文，而后全体参祭人员对孔子像五鞠躬，齐诵《孔子赞》。亚献和终献都是献香献酒，程序和初献相当。

祭孔仪典开始，参加祭孔的西昆后生们穿戴红、黄、蓝、绿、橙等各色明代服饰，每 9 人一排共 9 排（寓"九九归一"）组成"孔子巡游"方阵，整齐地站在孔庙殿前，不少人的手中还持着道具。其中，最为特别的道具要数一组橙色袍服的学生们所持的仪仗，其中包括了刀、枪、剑、戟、斧、钺、钩、叉等十八般兵器（都是木制品）。

11 时 11 分，众人按照辈分排序入庙，卑者在前、尊者在后，年老在前、年幼在后，各有路灯前引，至孔子像前分班东西序立，生员族众十代人按世代排列，昭穆有序。西昆祭孔仪式的舞乐设计根据山东曲阜祭孔书中的舞谱进行加工，仪式与山东曲阜的祭孔传统完全一致。

圣人殡仪式

圣人殡仪式是孔子后代流传下来的重要仪式，在孔氏家庙内举行。老人去世后，孝子女们会选个吉日在家中搭建孝堂，孝堂当中有一个大"奠"字，两边的门框上贴有用白字写的"入悌""出孝"两黑纸横联。孝子女们手执长达二尺一的丧杖守灵。

大约两个钟头后，孝子孝女孝媳孝孙和其他亲戚依次对逝者行祭拜礼。之后是绕棺，即通常说的遗体告别，此时每人手持一根香，按顺三圈、逆三圈对逝者行"三报恩"，孝子女要行三跪二十四拜礼。

在这之后，行圣人殡主体仪式。该仪式据传系孔子制定的丧礼模式，用猪头、猪肝、松晶糕、鳞鱼、鸡、鸭和其他珍贵菜肴等为牲礼，主要包含了报父恩（一报承先继后恩，二报三年怀抱恩，三报教育成人恩）、报母恩（一报十月怀胎恩，二报三年乳哺恩，三报抚养成人恩）以及同念圣人经（《大学》中的一些文句）等。

接北斗

农历八月初四这天夜里，当北斗星在夜空出现之际，要举行"接北斗、祭魁星"仪式，简称"接北斗"。"接北斗"就是祭祀天上的北斗星。祭祀须排好供品，献上五果，敬酒、上茶、点灯火、进香，族人跪拜行礼之后，主祭要恭恭敬敬地将所带五彩丝线按照黄、绿、红、黑、白的顺序依次接好，悬挂在圣像之前。"接北斗"的时候，供品的放置、明灯的悬挂都有一定规矩，如明灯必须摆成北斗形，供品必须准备5碗等。整个仪式中，族人毕恭毕敬跪拜，等待顺利接上北斗。传说，接上北斗，祭拜了魁星爷，就可以确保孔府"与国咸休，安富尊荣公府第；同天并老，文章道德圣人家"——这是孔府大门上的一副楹联，其中的"富"字，缺少上边一点，以示孔府富贵无穷无尽，没有头；而"章"字，底部的十字通过"曰"部中间，直顶立部，意味着孔府的文章通天，水平最高。

谒祖先

每年的农历三月初三、七月十五和大年三十，是西昆村最热闹的日子，这三个节日里孔姓村民都要举行隆重的仪式祭奠自己的祖先，进行谒祖仪式。正厅右前方竖有一黑底红字供牌，小房里供的是孔氏不同支系的祖宗。祭祖时，村内孔姓人家属哪支系，就在自己支系的小房祭拜。正厅是族内重大活动的主要场所，厅三面开有15个类似窗门的小房，小房上以"平房""伯房""仲房"区别，每间小房前都有一两张供桌，摆满祭品，香火缭绕。前来祭祖的村民在供桌间穿梭，焚香、拜祖、上香，履行百年不变的礼仪。

畲族祭祖仪式与三月三歌会

西昆村还有不少畲族人口，保存有特有的风俗习惯。西昆畲族有其自身的生产、生活习惯和文化传统，其中最为著名的是祭祖仪式与三月三歌会。

每年二、七、八月的十五日为西昆畲族村民的祭祖日，祭祖仪式甚为隆重。祭祖时，全族人须集中于祖祠内，紧闭大门并派人看守，不让别族人前来窥视，更不让外人闯入。据传，畲族祖先狩猎时曾不慎被野兽所害，后人为了纪念祖先，祭祖时便装扮成师公，以歌舞的形式纪念祖先。祭祖舞的动作是模仿当年亲人拿着各种工具保护祖先遗体，边哭边赶野兽。后来，亦当作丧葬仪式上功德道场。表演时多则十几人，

管阳

少则两三人，表演内容有《告神退兵》《正月正歌》《造井》《造水洗坛》《造老君殿》《楼鹤》等10节。舞蹈时念、唱都用畲族语言，内容着重驱邪赶鬼、祈求平安吉庆，祈愿亡灵早升天界。

三月三是畲族人民的传统节日。据传唐总章二年至开元三年（669—715），畲族首领雷万兴与同族人蓝奉高在领导闽南、粤东的畲族人民反抗统治阶级的40余年斗争中，于景龙元年（707）被朝廷军队围困在山上，经过艰苦奋战，于第二年三月三日冲出包围，取得了胜利。为了纪念这次胜利，他们便把三月三作为节日，每到这一天，畲民就自发聚集一处办歌会，对唱山歌，通宵达旦。

（本文参考了西昆村提供的资料）

福建省传统村落——楮楼村

🍃 朱国库

历史沿革

楮楼马氏始祖马景华于宋咸淳六年（1270）迁浙闽边界之马竹园（茂竹园）下担，居住数年后由马竹园东行10余里，得地长溪县二十四都雁溪半山章地坪（今楮楼村），见四面青山环绿水，便搭竹楼居住，多年后改用木质坚硬、耐腐性好、能避免虫蛀的楮木建起了"楮楼"。楮楼地名源于此。

楮楼行政村由楮楼、面前山、飞阳、仙坪、溪尾、大园、王郑坑、坑下等8个自然村组成。自1950年管阳设区以来，楮楼属管阳管辖。

习俗文化

烟花节 自1909年始，楮楼村就有每隔10年在春节期间放烟花的习俗，至今已传承100多年，从未间断。

楮楼烟花节燃放烟花

楮楼龙灯　　楮楼龙灯历史悠久，制作工艺巧妙，表演形式活泼多样，深受人们喜欢，至今仍焕发着生命力。

拜祭樟树神　　楮楼古称"樟地坪"，有棵9人才能合围的大樟树。据传，楮楼村大樟树曾化身为樟先生，在江浙一带私塾教书育人。其中有位学生赴京赶考，高中后回乡感谢恩师，不料樟先生已告老还乡。学生按樟先生留下的地址找到楮楼村，当地却无姓樟者。当晚，恩师托梦于学生，言明自己便是楮楼村大樟树化身。樟树神话一直为乡民所津津乐道，许多外地信客闻名而至，虔诚拜祭，久而久之楮楼就有了"樟树神地"之美誉。人们祭拜樟树神，表达了对安定和谐、平安幸福生活的向往。

楮楼龙灯

楮楼古樟树（马征 摄）

古建筑

古街　　村落中心的楮楼里古街，建于清朝，距今已有200多年的历史，是当时福鼎往泰顺、柘荣的必经之路，总长200米左右，总占地面积6000多平方米。古街依山傍水而建，与溪流平行，街道原用鹅卵石铺就，后铺设水泥道。历史上古街商贾云集，两边商铺、旅社密集。

楮楼古街

碉楼与碇步桥　　碉楼建于20世纪初期，原址在100多米高的"寨岗"山上。这个碉楼扼守着碇步桥（过去进出村子的唯一通道），保护村民不受侵扰。桥头碉楼下方有一座建于清代的碇步桥，采用双碇式结构，共102齿的花岗岩石

碉楼与碇步桥

马氏四合院

墩一字排列，每齿长 0.85 米，宽 0.25 米至 0.3 米，高 0.35 米至 0.5 米，齿间距 0.35 米，连通两岸。碇步桥南 3 米处有花岗岩石块砌成的防汛溪滩，长 25 米，宽 22.5 米。2013 年，碇步桥被定为福鼎市第四批文物保护单位。

马氏炮楼　　马氏炮楼建于 1864 年，距今已有 160 年。它具有结构坚固、设计巧妙和寓意深远的特点，显示出马氏祖上建造者的智慧，让后人为之惊叹。

马氏四合院　　清乾隆年间，楮楼一户马姓人家在此地行医，先后在飞洋建有 3 座老宅，目前有 2 座保存完好，内部牡丹花、喜鹊等木件雕刻均得到妥善保存。马氏四合院建于清乾隆三年（1738），距今已近 300 年。四合院背靠大山，面向溪流。院墙三面包围，围墙上部用耐火砖砌成空心墙，下部用鹅卵石精心砌成，院落梁栋稍做雕饰，古朴而不失典雅，雄壮而不失秀美。整个四合院南北宽 50 米，东西深 52 米，占地面积 2600 平方米，总建筑面积 2100 平方米。院子坐东朝西，前有门楼，中有天井、大厅，后有后厅、花台，左右两边各建 3 榴厢房。门楼两侧原建有 2 座岗楼，不仅美观，而且还能对外侦察、防匪防盗，后因岗楼站岗放哨功能丧失及年久失修，已被拆除。不计 3 楼阁楼，整个院子共有房间 36 间，厨房 16 个，大小天井 7 个，主房正中建有前后 2 厅。最兴盛时期，整个大院最少居住过 99 人。

（本文参考了楮楼村提供的资料）

管阳镇古树保护概况

🍃 陈岩圳

　　管阳镇位于山高水冷地带，耐寒古树较多，现福鼎市政府予以挂牌保护的共 18 种，计 101 棵。古树分布在 19 个行政村，其中有阔叶枫香 31 棵，香樟 3 棵，银杏（白果）3 棵，南方红豆杉 11 棵，柳杉 22 棵，江南油杉 4 棵，罗汉松 3 棵，竹柏 1 棵，苦槠 5 棵，马尾松 2 棵（2017 年死于虫害），三尖杉 1 棵，椤木石楠 2 棵，云山青冈 3 棵，红楠 1 棵，蚊母树 3 棵，鹅掌楸 1 棵，米槠 4 棵，刨花润楠 1 棵。附表如下：

管阳镇珍稀古树一览表

名称	估计龄（年）	胸围（厘米）	地围（厘米）	树高（米）	所在海拔（米）	现状态	行政村	自然村	管理单位	权属	分布
银杏（白果）	300	323	336	13	575	正常	章边	尾墩	张氏宗族	集体	散生
	300	285	347	11	575	正常	章边	尾墩	张氏宗族	集体	散生
	620	550	595	20	545	正常	西阳	马洋	张氏宗族	集体	散生
南方红豆杉	500	297	329	13	570	正常	章边	晏溪	张氏宗族	集体	散生
	300	228	246	17	560	正常	章边	晏溪	张氏宗族	集体	散生
	300	342	353	13	690	正常	沈青	张太公	陈氏宗族	集体	散生
	300	276	301	17	415	正常	亭边	厝后门	村委会	集体	散生
	300	291	304	18	630	正常	茶阳	茶阳里	汪氏宗族	集体	散生
	200	262	288	13	470	正常	金钗溪	坑里洋	朱氏宗族	集体	散生
	200	185	223	13	590	正常	广化	梭罗地	章氏宗族	集体	散生
	100	182	206	11	580	正常	广化	梭罗地	章氏宗族	集体	散生
南方红豆杉	100	189	210	12	610	正常	钰阳	小洋桥	汪氏宗族	集体	散生
	100	170	320	12	515	正常	西阳	中村	陈氏宗族	集体	散生
		290				正常	溪头	外马	陈氏	集体	散生
罗汉松	620	529	578	12	540	正常	西阳	马洋	张氏宗族	集体	散生
	620	332	381	19	545	正常	西阳	马洋	张氏宗族	集体	散生
	500	389	405	11	530	正常	徐陈	山柴岗	林氏宗族	集体	散生

名称	估计龄（年）	胸围（厘米）	地围（厘米）	树高（米）	所在海拔（米）	现状态	行政村	自然村	管理单位	权属	分布
香樟	600	692	967	19	400	正常	楮楼	大桥头	村委会	集体	群状
	200	357	377	17	400	正常	楮楼	公路下	村委会	集体	散生
	100	234	248	14	316	正常	章峰	章峰里	村委会	集体	散生
鹅掌楸	200	471	592	16	400	正常	楮楼	大桥头	村委会	集体	群状
江南油杉	500	431	461	23	540	正常	天竹	后湾	吴氏宗族	集体	群状
	500	325	344	22	540	正常	天竹	后湾	吴氏宗族	集体	群状
	300	222	261	16	540	正常	天竹	洪湾	吴氏宗族	集体	散生
	300	316	328	19	690	正常	沈青	水尾宫	陈氏宗族	集体	散生
柳杉	500	466	586	18	600	正常	管阳	后塔	林氏宗族	集体	散生
	500	456	582	19	710	正常	管阳	料山	陈氏宗族	集体	散生
	380	478	500	16	585	正常	管阳	大坵头	蔡氏宗族	集体	散生
	380	478	500	16	585	正常	管阳	大坵头	蔡氏宗族	集体	散生
	600	538	660	13	575	正常	章边	宗祠门口	张氏宗族	集体	散生
	200	327	385	20	600	正常	章边	坑口垅	张氏宗族	集体	散生
	300	316	342	15	680	正常	沈青	水尾宫	陈氏宗族	集体	散生
	320	380	399	16	730	正常	小洋	公路边	村委会	集体	散生
	300	290	325	19	530	正常	天竹	后湾	吴氏宗族	集体	散生
	300	364	363	18	710	正常	钰阳	南山	林氏宗族	集体	散生
	300	308	338	19	720	正常	钰阳	南山	林氏宗族	集体	群状
	300	361	394	20	700	正常	钰阳	北山	林氏宗族	集体	散生
	250	336	395	26	640	正常	钰阳	月郎羊	吴氏宗族	集体	散生
	200	261	265	18	715	正常	钰阳	南山	林氏宗族	集体	群状
	150	188	201	16	720	正常	钰阳	南山	林氏宗族	集体	群状
	120	164	170	8	515	正常	西阳	中村	孙氏宗族	集体	散生
	100	173	216	17	520	正常	缙阳	旧老厝	董氏宗族	集体	散生
	180	226	248	22	540	正常	徐陈	地主宫	范氏宗族	集体	散生
	120	179	190	16	540	正常	徐陈	地主宫	范氏宗族	集体	散生
	100	205	234	17	420	正常	楮楼	福圣宫	村委会	集体	散生
	100	184	205	12	400	正常	楮楼	福圣宫	村委会	集体	散生
	200	279	313	17	580	正常	广化	七栏墓	村委会	集体	散生
竹柏	300	264	296	18	165	正常	后溪	外后溪	村委会	集体	散生
三尖杉	120	121	206	7	570	正常	章边	晏溪	张氏宗族	集体	散生
刨花润楠	100	240	229	13	340	正常	章峰	牛甲里	无	集体	群状

马营罗汉松

🍃 张 鸿

　　一直以来，古树名木都有着"活文物""活化石"之称，它们见证了一方地域的岁月变迁、沧桑变化。

　　正所谓"名园易得，古树难求"，百年古树已然稀少，将近千年的古树，就更是世所罕见了。而在管阳，就有这么一棵历经近千年风雨的古树。它生长在西阳村马营自然村的古书楼边，是一棵拥有800多年历史的古罗汉松，2014年获"福建罗汉松树王"的称号。

　　据了解，这棵树为张氏祖宗于元朝迁居西阳村时所植，伴随张氏子孙繁衍至今。该树高15米，平均冠幅17米，地围5.61米，树径5.29米，位于马营村张氏古书楼前。

马营罗汉松（张鸿 摄）

古书楼后方还有古银杏、古罗汉松、古红豆杉各一株，还有一株高耸入云的水松古树，2006 年被超强台风"桑美"摧毁。

"古木穹枝云里欢，浓荫蔽日隐童年。历经多少沧桑事，依旧悠擎头顶天。"正如古诗里写的那般，古松坐落于旧书院旁，郁郁葱葱向四周散开，为书院遮风挡雨，也见证了莘莘学子走出村庄、造福社会。

关于古树，还流传着耐人寻味的故事。据说，在海贼洗劫闽浙各地时，罗汉松和古书楼险遭厄运，差点被砍被拆。洗劫者们举刀之时，看到古书楼上"朱泗流芳"的牌匾，便只分别在罗汉松和书楼柱子上砍了三刀后扬长而去。古楼古树逃过一难，留下的深深刀痕让后人慨叹不已。

如今，琅琅书声，松风琴韵，成为马营村一道独特的风景。

碧峰的三棵古树

🌿 张忠盟

　　管阳碧峰有三棵古树，距今已皆有 700 多年历史。

　　其中一棵是中国特有树种——柳杉（俗名楒树），是一级保护古树，位于碧峰张氏宗祠的正前方 30 多米处。树围 7.5 米，树高约 13 米，冠幅东西约 16 米，南北约 12 米。该树是碧峰张氏二世祖张永隆于元大德年间种植，原是祖屋门前护卫风水树。到张氏四世祖张龙时，树已枝繁叶茂，便于明洪武二十年（1387）左右请匠人砌石成台，安置 15 方石凳，作为行人避暑之地，后人称此处为"楒楳墩"。2006 年，因八角台松动，张氏族人重新安放八角台，拆除原鹅卵石铺就的墩台，改用水泥浇筑、石条镶边。

　　另两棵是有"活化石"和"植物界的熊猫"美称的银杏，位于碧峰张氏宗祠左侧约 50 米处的龙岗上。这两棵树一雌一雄，雌树树围 3.4 米，雄树树围 3.6 米，一东一西相依而立，似一对恩爱夫妻，见证着子孙后代的繁衍。

　　银杏树是张氏寻根问祖的标志。张氏迁居必带银杏，因此张氏称银杏树为"家谱树"。

柳杉（张忠盟 摄）

银杏（张忠盟 摄）

后湾古树

🌿 卓可庚

　　天竹村后湾自然村的村口和附近的山上，生长着数百年树龄的珍稀红豆杉、枫香树、柳杉、苦槠树等共6棵，分布于茂密的竹林当中，树干庞大。其中最大的一棵枫香树，树围有4.68米，树龄已达300年，高达30多米。距这棵枫香树仅10米之遥处有一棵珍稀红豆杉，树龄500年，树围达4.62米，在当地极为罕见。古树背对大山，面向宽阔的后峰洋，远远望去，非常耀眼。

天竹后湾古树（卓可庚 摄）

后湾吴氏家族于明洪武三年（1370）从浙江的吴家洞迁居于此，至今有600多年的历史。《稗海纪游》记载，福鼎常遭受台风的侵害，"台无定期，必挟大雨倾洞，拔木发屋"。吴氏家族饱受台风侵害，后来发现是房子右边的小山屯太低了，难以抵挡住从七品洋吹来的风雨。于是他们在小山屯上种植了优良树种，而后到处插山（给自己的山地做个记号），东到龙井溪白坑一带，西到康源风水亭，南到溪头坑里，北到沈青火烧桥。几十年后，小树长成了大树，在山上筑起了一道道天然屏障。

后峰古树为村里的建设发挥了很大作用。吴氏家族由于较早迁居于此，积极参与地方建设，尤其是对天竺寺的重建付出了很多。清嘉庆《福鼎县志》载，天竺寺"宋建隆元年（960）僧碧岩建"。明代曾进行修整，1939年重建时，吴氏家族先后砍掉了几棵大树用作重建。1949年后，主持方丈释立宽不断修葺天竺寺，再次砍了几棵油松用于翻修上厅大殿。1958年，村里砍了很多大树支援大炼钢铁。20世纪60年代，为了支持管阳公社大会堂的修建，又砍掉了两棵油松和榉树。如今剩下的几棵大树，村民们倍加珍惜，因为这些古树见证着家族的沧桑和奋斗，是先祖留给子孙唯一的也是最有价值的遗产。

古树历经四五百年的风霜雨雪依然充满生机，主干极具粗壮，枝干干劲十足，枝繁叶茂，硕大的根部向上隆起，如一个莲花底座。2018年7月，福鼎市古树专家鉴定组一行对后峰古树进行实地考察和验证，对后峰古树的历史大为惊叹，充分肯定了吴氏家族的生态保护意识。专家组为古树贴上了标签，古树从此有了明确的身份，成为后峰村民永远的精神归宿。

大山村半岭垅新村建设小记

✎ 吴吉烛

　　大山村地处闽浙交界，自古以来就是闽浙交通要道亭章线的必经之地。大山原称"大杉"，因村中祠堂边上有一棵大杉树而得名。大杉村历史悠久，至今已有700多年的历史，不知何时开始，人们把"大杉"叫成了"大山"。大山村原辖4个自然村，分别为溪尾岭、半岭垅、新厝下和祠堂边，几个自然村相距甚远，各据一处。大山村户籍人口约600人，有近300人常年外出务工，现村里常住约300人。

　　前些年，随着城市化的发展，大量人口流出，大山村有的自然村几近空壳。走进村里，映入眼帘的是几座古老破旧的瓦房，偶尔能看见几个稀稀拉拉的村民，村庄冷清而宁静。近年来，大山村两委也注意到了日趋凋敝的村情，在国家一系列兴农利好

管阳

大山新村（李永雄 摄）

政策下，以李庆明、李永雄为主干的村两委班子抓住契机，在一些有识乡贤的配合下，迅速找到了大山村发展的新思路——建设新村，把分散的人口集中起来，将瓦房建成宽敞的楼房，让村庄旧貌换新颜，使外出的村民愿意常回家看看，让人气旺起来、乡村兴起来。

2016年11月，新村建设工作正式启动，并得到福鼎市政协李绍美主席的肯定和支持，管阳镇政府和大山村两委信心倍增，干劲十足。在资金极度缺乏的情况下，新村的筹备工作紧锣密鼓地进行着，选址，做规划，筹措资金，开协调会，动员村民参与……一件接着一件，光五六十人参加的大型协调会就开了四五场，最终确定选址在半岭垅自然村。这里地处村口，又是主村所在地，地理位置上有先天优势，新村也因此取名"半岭垅新村"。规划占地面积10.03亩，新建房屋57栋，可安置人家57户。房屋为三层半砖混结构楼房。新村效果图一出，村民们的眼睛顿时亮了。

可想归想，真正到征地时并不顺利。征地面积虽然不大，却涉及30多户村民和7座祖坟，这给征地增加了新的难度。村两委只能慢慢地做村民的思想工作。协议一户一户地签，工作一家一家地做，遇到几个思想不通的，就一次一次地上门动员。最后，征地工作顺利完成。

几个月之后，地终于征好了，住房安置分配方案也敲定了，准备开始进入施工阶段。然而新的问题又出现了，虽然房屋可以由安置户自行建设，可这些安置户本身都是些困难户和搬迁户，根本没办法支付公共基础设施部分（三通一平）的资金。公共基础不解决，房子就没办法建起来。正在大家望地兴叹的时候，乡贤李绍钢、李迪生出来解决了这一难题，他们两人共出资49万元，用于新村的公共基础设施以及每户的地基和地梁的建设，一下子减轻了安置户的负担，加快了新村的建设速度。

2018年，新村终于完成整体建设，并配套了一些公共设施如医疗卫生室、幸福院、老年人活动室等。新村房屋统一规划，统一布局，洁白的立面，整齐的墙体，看上去整洁亮丽。有了新村的引领，村内其他设施也逐步完善，陆续建设了休闲廊亭、小微公园、户外健身场，进行了环境绿化等。大山村面貌焕然一新。

如今，当你再来到大山村，一眼看到的不再是七零八落的旧房，而是鳞次栉比、洁白整齐的新居。这里水泥路面街道平坦，村庄环境卫生整洁，人们往来不断，脸上洋溢着快乐的笑容。新村不但解决了村民的住房问题，也重新聚集起了人气，再加上6.5米宽进村道路的建成，真正让村民得到了实惠，提升了幸福感。

雁溪古地质遗迹

陈维新

雁溪属于管溪的一部分，长约 7 千米。管溪在管阳域内的流域面积为 115.3 平方千米，长 24.2 千米，其主干流发源于柘荣县城东的东山顶，由西向东流入管阳盆地，与其他溪流汇合后，"从蛟龙潭来，入案溪，西流过乘驷桥，经长桥，下原潭，左汇西昆，右受白坑诸水合流，绕溪头楮楼，出湖头，达泰顺，转注福安界入海"（《福鼎县乡土志》）。

雁溪流向与众不同，由东向西，蜿蜒而去，是福建省东部沿海少有的向西流的河流。雁溪曲折多弯，溪流发生 7 处 90 度转向，河道自元潭下游 1 千米的后溪水库处，突东南 90 度转向，再东—西，再北—西，再南—北，再东—西，再南—西，于溪头上汾回归原河流北—西流向，形成南—西锁形弯曲，为典型的"牛轭"状河道。这"牛轭"，便是雁溪主景区。

雁溪河道宽阔，怪石嶙峋，溪水清澈，岸边绿树成荫，风光旖旎。溪头村《陈氏族谱》里有不少先人赞美雁溪的诗句，如《雷公潭》："晴光冉冉听雷鸣，谁识潭头水发声。寄语英雄休掩耳，莫疑霹雳动虚惊。"（陈世桢）"急水奔腾势弗平，雄声恰似远雷鸣。若非素习溪边侣，几作刘君失箸惊。"（陈世楷）纬丝潭位于雁溪现景区入口处，深不可测，亦有陈噪卿诗《纬丝潭》写道："纬丝潭水深千尺，潭底何人镂石级。传语汤时旱七年，村民提瓮于斯汲。"

雁溪吸引人的远不止天池一般的深潭，还有起伏波动的小石林、平坦的石洋、美妙奇特的石臼、长年不断的滴水岩、错落有致的虎牙滩、罕见的连拱坝及 60 米宽的梯状三级瀑布等景点，吸引着一批批游客前来游玩。

雁溪古冰川遗迹发现较晚。2005 年 12 月，笔者发现雁溪绵延的石滩里有臼状的垂直石洞，疑为古冰川遗迹，于是将照片寄往中国地质科学院韩同林教授处，请求帮助解疑。2006 年 2 月 16 日下午，"中国冰臼之父"韩同林教授打来电话说："根据图片分析，初步认定管阳雁溪石滩是古冰川遗迹。"

2007 年 4 月 27 日，管阳镇政府邀请福建省地质工程勘察院专家组一行 5 人，来到溪头村勘察雁溪地貌。高级工程师徐书勇等专家通过两天的实地查勘证实：管阳雁溪石滩是火山地貌，同时兼为第四世纪冰川遗迹。专家现场勘探发现了估计一亿三千万年前的火山岩浆流泻痕迹，发现有火山喷射带出的俘虏体、石英脉、火山岩等，其火山口就在管阳镇西昆村内。专家在雁溪还发现了羊背石、擦痕、U 形谷地貌，冰臼特征尤为明显。据勘察，雁溪"牛轭"状河道拥有大大小小 100 多个冰臼，其中冰臼群有两个，雷公潭（属冰湖地质）下方有 66 个成群冰臼，卧龙沟龙头边有 10 个冰臼。大的冰臼直径 2 米左右，深 1 米至 3 米不等，小的有碗口大，形状以椭圆形、圆形和斗形居多。

　　福建省地质工程勘察院专家组根据《中国国家地质公园技术要求和工作指南》，对雁溪主要单体或组合地质遗迹景观进行等级评价，初步评出省级（三星级）景点 5 处，地区性二级景点 2 处。随着宣传力度的加大，雁溪不断吸引着许多游客前来游览。

雁溪古地质遗迹（郭建平 摄）

雁溪风景诗

陈岩坝

雁溪陈氏，取雁溪村落古迹著名景致和风景悠然之处，吟咏诗章。姑仍原唱，录得若干首，以供后人酬唱。未敢妄参改削，诚慎前人真迹以见口泽之遗留，亦以觇风气之移换。句调虽多鄙靡，而邶鄘不汰于国风。倘得辆轩采访，未尝不足以观风雅颂之别裁，而验乡俗之朴丽焉。是为引。

椅山

（清）傅庆云

天然色相本来真，巧匠无劳细用神。

借问山灵能下士，年年虚左待何人。

椅山

（清）陈世桢

玉椅名山假与真，不雕不琢自侔神。

天公岂欲私谁氏，留与当年杰出人。

椅山

（清）陈世徽

此处由来美椅山，灵钟毓秀本循环。

谁教虚左留贤坐，酌酒吟诗自往还。

椅山

（清）陈明经

突出巍峨映水滨，重重如椅画难真。

良工雕刻虽云巧，造化安排别有神。

竹木参差青送阔，芝兰掩映绿成茵。

闲观樵牧频相坐，孰向山灵问主宾。

管阳

仙石桥

（清）傅庆云

巍巍石磴接西东，人道仙桥势若虹。
一自子房归去后，授书何处觅黄公。

仙石桥

（清）陈世桢

悬崖千尺插西东，恰似云端挂彩虹。
古迹昭然仙不至，令人徒自忆黄公。

仙石桥

（清）陈世徽

古迹昭然历久传，桥成石磴讶由仙。
授书别忆黄公语，人至石桥俗虑捐。

仙石桥

（清）陈凤鸣

桥本仙人造化成，千秋不朽待谁行。
由来胜迹存溪涧，莫比舆梁作旅程。

仙石桥

（清）陈克裕

巉岩倒影接西东，形若徒矼势若虹。
几度来游思拾履，教人何处觅黄公。
何朝仙迹应相传，讶是从前暂有仙。
欲架石桥终阻止，岂因秦始未留鞭。

长溪钓月

（清）傅庆云

香饵长竿傍水湄，碧流深浅手高低。
金鳞钓就鱼床晚，且喜寒山月出迟。

长溪钓月

（清）陈世桢

一

为钓金鳞在水湄，回头山上日犹低。

无鱼归去空弹铗，再等蟾光也未迟。

二

问予日落钓何垂，笑谓求鱼有不知。

月色溪光皆可乐，会心奚处有如斯。

长溪钓月

（清）吴鹤官

独坐长溪浪触眉，中流一派逐高低。

丝纶放下频频钓，莫讶更深月漏迟。

长溪钓月

（清）陈世徽

有水淼淼泛波光，钓引丝纶一线长。

月印寒潭疑倒影，分明人在水中央。

长溪钓月

（清）陈克裕

一

剧爱长溪近水湄，波光上下逐高低。

垂纶把钓鱼潜浪，喜得无风月落迟。

二

溪流活泼泛清光，把钓垂丝玉漏长。

且喜太空明月伴，化机尽在水中央。

长溪钓月

（清）陈皞卿

一

一天星斗印前溪，手把长竿坐碧堤。

爱向月明添桂饵，波间荡漾锦鳞迷。

二

猗猗绿竹绕长溪，把钓垂纶坐碧堤。
最爱太空明月现，一竿尽可扫鲸鲵。

后塔钟声

（清）傅庆云

松林深处有知音，惊醒芸窗读墨人。
悟道参禅原一理，分明儒释此中寻。

后塔钟声

（清）陈世桢

谁云禅室有知音，只听钟声不见人。
儒释本来为异趣，劝君休向此中寻。

后塔钟声

（清）吴鹤官

禅床寂寞有知音，识破元关自有人。
三昧若然参不透，晨钟何处可相寻。

后塔钟声

（清）陈世徽

后塔由来秀气钟，梵音深处隔层峰。
灵风法雨声声送，境静人知报晓钟。

后塔钟声

（清）陈克裕

一

松林风月少知音，静听钟声应有人。
儒释道通元妙理，沙门讲法此中寻。

二

境静人临喜气浓，禅林幽处笋霞峰。
青鸾后塔曾翔集，欲访诗僧听晓钟。

旗峰岗

（清）陈世桢

北泰云霄外，南霞指顾中。

欲穷千里目，努力上旗峰。

纬丝潭

（清）陈世桢

一

爱彼涟漪水，微微动碧波。

静看潭似纬，熟视俨成罗。

雨洒疑梦绪，风吹忽乱婀，

潆洄龟织锦，荡漾鲤为梭。

有本能如是，观澜信足多，

长流机活泼，自得在临河。

二

佩甲多因为决疑，甘从水底谢先知。

长庚永配乾坤老，食蟒何能得化机。

纬丝潭

（清）陈世楷

俯视渊深果若何，丝纶放去疾如梭。

问渠那得深如许，不比寻常只半篙。

纬丝潭

（清）陈凤鸣

悠悠潭影有谁知，深处曾传一纬丝。

多少游鱼沉水底，渔郎空对碧涟漪。

纬丝潭

（清）陈皞卿

纬丝潭水深千尺，潭底何人镌石级。

传语汤时旱七年，村民提瓮于斯汲。

仙人脚迹

（清）陈世桢

闲游三窟步仙桥，凭眺仙桥履迹昭。

不识当年谁着履，于今千载不磨销。

朝天纱帽

（清）陈世桢

乌纱罩顶显巍巍，何故山前有冕旒。

岂为折腰惭五斗，挂冠不仕到今秋。

朝天纱帽

（清）陈克裕

乌纱罩顶霭林烟，宛若弹冠向帝前。

大造生成同妙制，非因人巧漫朝天。

朝天纱帽

（清）陈世徽

极目青山淡扫烟，乌纱频挂秀峰前。

因思落帽登高侣，把酒临风别一天。

东山顶

（清）陈世桢

一

雁水源流远，东山气象雄。

极巅回首望，陵阜立下风。

二

闲来无事集群闲，直涉东山最上巅。

绝顶试穷千里目，烟波尽处是秦川。

湖坪街古迹

（清）陈世桢

兴废何年事，无由问老成。

化为砂积地，留得古街名。

草满猿来宿，松高鹤自眠。

凄凉今古异，奚自再披荆。

湖坪渔火

（清）陈克绳

似鉴湖光久已墟，独留青草任挥锄。

鬼磷萤焰星星火，错认前溪夜捉鱼。

雷公潭

（清）陈世桢

晴光冉冉听雷鸣，谁识潭头水发声，

寄语英雄休掩耳，莫疑霹雳动虚惊。

雷公潭

（清）陈世楷

急水奔腾势弗平，雄声恰似远雷鸣。

若非素习溪边侣，几作刘君失箸惊。

雷公潭

（清）陈明经

潭头碧水激石鸣，恍惚如闻霹雳声。

尽日垂纶将掩耳，一朝托迹忽关情。

狂风乱飐群山影，密雨频摧宿鸟惊。

天际纵然光烂漫，波涛犹是一阳清。

观榜山

（清）陈绍哲

回峰屹立势凝然，远露巍峨照碧川。

倘得彻闱传棘院，还将观榜认英贤。

擎天欲上云梯际，拔地能瞻雁塔前。

俨示题名应有兆，好将甲乙预为悬。

观榜山

（清）陈克裕

屹然耸秀与天齐，俯览群峰万树低。
草茆科名登蕊榜，花开及第上云梯。
春风乐育人才出，山鸟欢呼姓字题。
永作屏藩咸仰止，伫教捷报紫封泥。

观榜山

（清）陈正卿

指点名山翠列屏，高悬蕊榜近苍冥。
成行锦字泥金紫，尽处烟绡柳汁青。
镜丽芙蓉咸仰止，花开桃李自芳馨。
雁回峰下名题塔，谁早攀跻上阙廷。

观榜山

（清）陈正卿

万丈嶙峋一幅屏，如悬天榜感观情。
春风桃李门前笑，秋水芙蓉镜里明。
柳绿岂无神九烈，头清可有佛千名。
雁溪村口泥封紫，毓秀梧冈有凤鸣。

笔架山

（清）陈正卿

三山突兀势凌霄，好架如椽不假雕。
春到徐陵珊树翠，月明李白笔花娆。
青苍点缀文章焕，造化安排意气饶。
鼎峙案前藏虎豹，灵钟雁塔姓名标。

笔架山

（清）陈克裕

笔架高峰紫气呈，雁溪村口认分明。
倒倾三峡源流远，横扫千军阵势成。

矫健凌云朝日暖，森罗露颖晚风清。
花生五色芝兰径，梦觉江淹搦管城。

伏水石龟

（清）陈世桢

平生伏水永无疑，未向人间问已知。
不是冯夷神卜者，巨灵何处觅玄机。

伏水石龟

（清）陈世徵

波澜壮阔有何奇，灵迹端由伏水龟。
背具甲文疑点点，鸭头波际忆先知。

伏水石龟

（清）吴鹤官

谁谓灵龟可决疑，年年伏水少人知。
不是冯夷神卜者，巨灵何处觅玄机。

伏水石龟

（清）陈克裕

雁溪水底伏鼋龟，不向人寰漫决疑。
为避刳肠钻灼患，枕石漱流见天机。

石柱回澜

（清）陈世桢

一

波澜壮阔逝悠悠，浪涌长溪眼底收。
却是石巨能作柱，中流一砥泛千秋。

二

崇岩百尺镇波滩，常作雁溪第一观。
壁立中流堪砥柱，何须既到始回澜。

三

曾闻正士渡阳侯，万顷蛟涛剑下收。

砥厥中流堪作式，一如石柱障千秋。

四

滔天多半属阳侯，浪涌长溪眼底收。

都是石柱能作主，中流一砥泛千秋。

佛塔坪古迹

（清）陈克绳

坪名佛塔抵乡关，检点禅无百八龛。

祗剩石头炉焚篆，谁传衣钵证伽蓝。

坐朝笔架三山现，侧望旗峰半月含。

竹影梨花相掩映，村氓出入尽和南。

马槽潭

（清）陈世桢

当年词客太风骚，饮马无须夜草槽。

率拟川流长峡石，便呼牧竖过川洮。

檀溪踊跃疑空演，驿站传闻恐妄嘈。

勒辔停鞭何处驻，徘徊跨下水滔滔。

马槽瀑布

（清）陈克绳

庐山飞瀑百千寻，饮马槽头几许深。

争似临洮司牧子，拖来幅布罩前岑。

鼋潭

（清）陈德薰

三溪到此会源流，众注潭边把钓游。

鼋伏水中常绕雾，客行桥上暂停驺。

梨坪赏月光真淡，龙井听泉韵独悠。

神宇波腾鱼影彻，花园日暖鸟言啾。

谷山致雨轻烟霭，虎壑生风盛气留。
厥有灵龟机预识，幸同蛇墓显千秋。

梨坪月影

（清）陈德薰

一

夜静星稀月半规，梨花掩映影堪窥。
恍如梅雪争春意，玉树银痕渐渐移。

二

梨花映月月高低，月映梨花花色齐。
雪态梅容争散彩，风云静处影西斜。

梨坪月影

（清）陈德薰

一轮明月一轮规，弄影梨花袅娜窥。
梅雪交加无异色，吟诗酌酒意相移。

龙井泉声

（清）陈德薰

独抱岩关凿井居，几时烧尾几时鱼。
溟蒙雨喷天池气，水籁潺潺韵有余。

龙井泉声

（清）陈毓然

玉井烟波翠色呈，潜龙喷雨气纵横。
天池奋迅腾云雾，才听流泉湛湛声。

谷山致雨

（清）陈熙然

积谷名山峻极天，兴云致雨霭祥烟。
几疑农帝存粮处，始有当年信口传。

虎壑生风

（清）陈熙然

猛虎依然气象雄，山君素具厉生冲。

风生万壑扬沙石，万木扶疏落叶空。

众潭注钓

（清）陈德薰

一

阿谁结伴众潭边，手把长竿笑语宣。

若想金鳞能上钓，丝纶细整饵香鲜。

二

流连快乐众潭边，钓渭名流德化宣。

果得金鳞哺饵好，丝纶卷处美鱼鲜。

三水环桥

（清）陈灼三

三川挺秀绕村边，砥柱元潭几万年。

水德潆洄开泰运，波澜壮阔起祥烟。

身临鳌背青云路，步履虹腰紫气天。

九曲源流千里迹，巍桥影致类神仙。

三水环桥

（清）陈德薰

三水归来绕廓边，巍桥济涉建何年。

灵鼋命驾腾波浪，司马经题落墨烟。

独抱潆洄和气地，久留形迹晓霜天。

虹腰也作青云路，着咏《霓裳》聚众仙。

三水环桥

（清）陈克裕

一

巨川利济夹溪边，鼎造虹腰亦有年。

掩映波光鼋驾浪，潆洄倒影雁凌烟。
戴篴过客悲残日，策马行商虑晚天。
滔势源流旋九曲，依稀圯上遇神仙。

二

鼋梁横接势凌空，两岸村烟一路通。
宛转词源三曲涧，飘扬浩气九秋风。
桃花流水思新鲙，夜月波光照彩虹。
溪自绕桥桥映水，清流湍激入环中。

花园春暖

（清）陈世徽

东风气暖酿花天，锦萼馨香灿熳然。
斗紫争红春已到，何须羯鼓漫催传。

宫汇秋清

（清）陈世徽

水汇神宫别有情，波澜壮阔庆秋清。
全无一点尘遮面，惟见游鳞此候明。

宫汇秋清

（清）陈克裕

神宫潆洄自关情，几处奔湍此最清。
波涌岸边增爽气，风来水面助秋声。
黄花满径凌霜瘦，红叶盈沟爱月明。
听浔潺湲如漱玉，浑疑鱼跃向沧瀛。

雁溪石桥观感

陈海亮

溪头风景素称饶，秀水绕村似画描。
欲使波涛无碍旅，须从碇步再加桥。
同心戮力争分秒，直竖平铺大协调。
战胜工程艰且钜，令人壮志迈前朝。

米磨岩

陈希立

石磨空悬在碧巅，流金泻白愿未偿。
如今喜得大同乐，万转千旋猛着鞭。

赞雁溪公路畅通

陈希立

山中隐隐沉雷鸣，几疑天街银燕临。
遥见绿原驰铁马，妇孺童叟喜相迎。

赞雁溪三桥建成

陈连荣

滔滔巨浪隔西东，欲渡无由叹术穷。
今日三虹天堑挂，毋须拭目等飞鸿。

天然拱坝

陈岩坝

俯瞰岩崖坝自拦，弄晴斜照水澜澜。
女娲着意神功妙，花雨松涛引鹤鸾。

卧龙沟（马槽潭）

陈岩坝

苍龙一去隐何方，但见岩沟百米长。
风拂月泉波影动，几疑远客又回乡。

湖坪古街

陈岩坝

典雅小街隐旧痕，沙滩半岛探根原。
当年洪噬人廿八，今见鹅群戏水源。

金溪十六景诗

 朱挺光

金溪山川具有独特风格，有朱岁《咏金溪风景》诗二章云：

一

金溪都道是名山，缘筑云中屋数间。

日日陶情闲把卷，时时遣兴笑弹冠。

秋残落菊如金叠，春老飞花似锦翻。

好景当头聊自适，何须跨马上长安。

二

金钗溪上好云山，驻马停鞭一笑间。

八面丹青山色丽，三春弦管鸟声闲。

小桥流水堪人玩，广土膏腴任牧翻。

不亚桃源佳景地，庞公斯得效贻安。

复有浙江平阳名儒朱景新等到此，游览于山巅水涯，因形取像，缘像定名。搜抉出目为十六景，各自赋诗，分录如下：

金钗插地

拾得金钗取胜宜，古曾插髻在皇妃。

而今宝艳光芒处，好认星明月朗时。

永色如窥镜里装，清溪彻底耀光芒。

凌波微步真相似，可抵僧儒十二行。

玉岭裁云

问谁璞琢势凌霄，步上云衢翠影饶。

出岫迷离牵作纸，裁来片片入诗瓢。

岭上英英云气多，高人怡悦意如何。
剪来频试空空手，折叠依稀薄似罗。

三元观榜

漫道鹏程万里程，山花点缀是题名。
依稀道士龙楼上，争看御书出禁城。
巍然气象擅峥嵘，又榜偏欣有志成。
解会状头都人手，山形如此亦蜚声。

文笔插天

莫辨天高与岳高，风吹落帽笑诗豪。
当年兴动狂题处，笔扫云烟绕浊醪。
文笔凌空无限高，插天气势亦雄豪。
如椽濡染宜何处，想向银河万顷涛。

潭隐蛟龙

懒与龙门百辈争，年年桃浪不关情。
潭深不碍洪涛险，稳抱明珠照玉京。
潭深潜隐有蛟龙，几阅春秋与夏冬。
会待风云初变化，飞腾真可庆奇逢。

白石流云

碧嶂累累玉琢成，凝眸远望见分明。
云归阵阵浑无迹，错认寒梅野鹤情。
白石常留一片云，伴人佳气自氤氲。
为霖化日应资尔，莫道不堪持赠君。

石筶阴阳

鲍公佞口启神灵，祝判阴阳却有声。
遗得两锣都化石，长资问卜有高评。
石筶天然有异形，阴阳显判合镌铭。
何须瓦卜占丰歉，始信先机示兆灵。

蛇桥接岸

两岸无交隔翠烟，彩桥高驾马蹄连。
黄公有意谈兵策，进履何人续昔贤。
清溪源远并流长，造就虹桥镇一方。
更有邮亭堪憩息，共叨庇荫胜甘棠。

金钟扑地

孰铸元音只有形，百千敲击总无声。
当年得是空捞后，都倩山灵绘短情。
金钟陶铸是何年，扑地成形在目前。
俨与大镛东序列，但无韵自谷中传。

驼寺高峰

驼山高耸与天齐，云锁峰头月影低。
步上莲台参一偈，三更枣受驾青霓。
肿背名驹俗眼惊，山形相似本天成。
论文最喜如斯胜，耸起层峦势不平。

倒地琵琶

汉室娇娥出帝京，高山流水孰知音。
操从别后埋芳草，像绘琵琶认到今。
浔阳江上四弦幽，枫叶芦花瑟瑟秋。
寂寞遗音千载后，只今须向此间求。

天池印月

水光荡漾月朦胧，上下浮动一色中。
引得素娥娇欲滴，分明人在广寒宫。
兔魄晶莹丽碧穹，良宵玩赏兴无穷。
清池倒影相辉映，水面天心一样同。

饮马清泉

天骥呈才迥不犹，此中形胜与之侔。

渴时奔饮清泉水，谁把钱来向此投。
南阳放后迹难寻，不料山灵绘像真。
暮暮朝朝泉上饮，依然解佩拂长唇。

寒潭钓月

霜清月白不胜寒，偶向澄潭把钓竿。
万事无心都弗恋，垂纶独坐到更阑。
一丈长竿一寸钩，鱼床夜月坐江头。
丝纶飘荡游香饵，钓得金鳞佐酒筹。

岩击钟声

瓦缶犹能巧作声，巨岩幽响胜雷鸣。
元音不掩朝廊韶，击应千邦万国宁。
噌吰不绝似钟鸣，岩际依稀激韵成。
试向山头倾耳听，讵同细响但诤诤。

风拂旌旗

龙蛇飞舞倩东风，异样丰神孰与同。
惟有锦云牵作偶，长悬罗带挂高峰。
旌旗日暖动龙蛇，风拂偏教远势斜。
讵似此间形胜好，导前拥后信堪夸。

管阳二十景诗

稽地舆志，有洞天福地乃天下奇观，余谓佳山胜水到处皆福地洞天。管溪山环水绕竞秀争流，其间岩石之奇形、峰峦之怪象，回巧献伎，名胜甲于乡都，古今人览胜寻幽，莫不低徊留之，形诸歌咏。府县志所登，不无遗漏，兹备录之，以告性耽访胜者。

犀牛望月
张光炜

山势如犀镇碧峰，东方月上阜形同。
特钟水秀流双乳，歇爱琼光注两瞳。
遍体丰色松郁郁，淋身茗汗雨濛濛。
几回天晚人遥看，问是谁家牧此中。

犀牛望月
张作桢

文犀称目自何人，望月奇形果逼真。
莫讶洪流心不竞，碧蟾光里即前身。

龙潭夜月
李朝高

皓月当头映绿波，龙潭流月际秋高。
鱼床坐对清风夜，漫卷丝纶钓巨鳌。

龙潭夜月
李联森

湛碧深潭一镜秋，新龙未角暂藏修。
风清月白如何夜，贝阙珠宫满眼收。

龙潭夜月

张炳章

银蟾一片映寒泉，千尺深潭水折旋。
夜半骊龙酣睡否，珠光频闻月华圆。

龙潭夜月

张树勋

寒光十里镜初揩，珠隐波心月印才。
两岸回环互曲抱，潜龙嘘气映瑶台。

棋盘仙迹

张树人

戏局流传古有仙，空遗盘石在中田。
我来欲觅长生诀，不觉围棋罢久年。

棋盘仙迹

吴肇璟

仙人睹弈此山中，片石长留迹已空。
雨藓痕侵清界道，风松子落角雌雄。
人心黑白机全破，世变沧桑局未终。
底事奇观柯烂尽，枉将雪爪问飞鸿。

棋盘仙迹

张树勋

生成片石似非常，闻是当年博弈场。
棋罢云游仙未返，盘遗古迹我难忘。
苔封莫辨纵横路，拾子空存墨白疆。
遥忆樵人王子质，贪观柯烂日舒长。

凤岗迎日

张树勋

奇峦苍翠耸碧空，丹凤翱翔想像同。

文彩迎晖花五色，羽仪带露木千丛。
笼烟飞舞东风至，览德辉依晓日烘。
地脉钟灵呈异瑞，文明景运此岳中。

凤岗迎日
刘秉怀

耸翠层峦霁景开，形如丹凤向西来。
春风草木成文采，毓秀应生济济才。

凤岗迎日
张树勋

九苞彩凤自天成，来集高岗宛有情。
几度朝阳鸣处赏，微风过耳挟书声。

石鹤凌霄
张日仑

仙禽鹤鹤下何年，独立南山最上巅。
养翮多时沾雨露，凌霄随意饱晴烟。
顶砂近日红犹见，衣缟凝霜白最鲜。
但顾白云常伴女，临风长啸闻于天。

石鹤凌霄
张联琮

砂顶昂藏向碧天，白云长护影翩跹。
声声鸣彻华亭月，独立空山不计年。

石鹤凌霄
陈大观

南望山巅接九霄，昂昂独鹤立岩峣。
形资石化神功妙，质待霜凝色相昭。
赤日行天丹顶近，白云出岫缟衣摇。
秋风展翅辞皋去，直上蟾宫路非遥。

岩龟漱玉

张元汪

龟石何劳斧凿为，含灵漱玉隐南坡。

莫嗤顽相成躯壳，咸讶星精降于斯。

岩龟漱玉

张炳章

当时石室快元谈，圆背灵文字可探。

吸得延龄丹鼎水，年来不数菊花潭。

岩龟漱玉

张树勋

负书洛水出灵龟，谁放南山化石为。

莫讶甲虫留骨态，星精自昔镇坤维。

三叠石梯

张树勋

危岩叠叠白云间，仰望如梯足解颜。

绝顶摩霄云路近，仙人登阙快跻攀。

三叠石梯

张树经

天若可阶情所钟，南山未得驾长虹。

巍巍巨石成三叠，矗矗危梯受八风。

揽月人思烦鬼斧，摘星我欲伏神功。

雄心直折蟾宫桂，呼吸青云路可通。

九重石室

张树勋

怪石嵯峨胜境开，天生虚室绝尘埃。

九重窈窕分深浅，一径幽明任去来。

秋月碧萝青兔守，春风苔藓白云堆。

洪荒定有神仙侣，避世餐霞煮芋魁。

九重石室

张炳章

巉岩削壁片云封，石室生成有九重。

药鼎丹炉仙已渺，长悬明月照孤松。

南屏雨瀑

张光渭

却疑织女弄金梭，白练千寻挂远坡。

好托瑶琴频对舞，绿荫林下乐弦歌。

南屏雨瀑

张作干

笋翠蒙蒙列画屏，无端千涧口遥临。

悬崖素练飘千丈，削壁玉虹挂万寻。

返照频浸堪入画，绿荫相向好携琴。

新晴天朗风初度，空谷相传断续声。

南屏雨瀑

张树勋

南屏列汉挂飞泉，咸讶银河落九天。

携屐趋观新雨后，兴酣长啸和松风。

杉台秋月

吴敬衡

老杉拔地矗干寻，卜筑层台傍翠岭。

蟾影新磨尘不染，虬枝低覆影成阴。

石栏叶落三更静，玉宇霜高万籁沉。

碧水丹山游览罢，醉来小坐此狂吟。

杉台秋月

林槎升

杉台闲步独登临，风自徐徐树自荫。

诗兴偏浓秋月夜，声声蛩语伴清吟。

杉台秋月

张作桢

迢迢十里尽平畴，雉陇鳞塍水气浮。
千亩桑麻饶野趣，半村蓑笠起农讴。
课耕可许双芒履，极目何须百尺楼。
我学陶渊多种树，远风交亦擅风流。

文笔奇峰

吴纯粹

花生五色把天翘，真似毛锥不用雕。
有意奇峰夸卓笔，都从脱颖上青霄。

文笔奇峰

吴笔璟

巍然卓立利如锥，何处飞来笔一支。
雨露滋培锋劲直，云烟变幻墨淋漓。
掞天欲赋惊人句，拔地能吟泣鬼诗。
此是中书君旧域，管城封后总难移。

文笔奇峰

吴敬衡

筛得蟾光若碎金，杉台谁是赏心深。
平分秋色清如许，好把吟怀一眺临。

狮阜朝暾

张灿章

武夫何事力诸原，一阜奇形特兽蹲。
射虎将军迷夜月，观狮禁苑笼朝暾。
岩泉映处琉璃宇，铜鉴销摩鬼魅魂。
每向清晨搜故实，何年五色梦王孙。

驼峰夕照

张灿章

奇峰耸立白云中，驼背依稀夕照红。

强似洛阳宫畔卧，荆榛丛里动秋风。

岩刹栖云

张炳章

因岩构寺石重重，古洞清幽碧藓封。

樵径遮来难辨树，僧楼隔断只闻钟。

谈经石室山初暝，日暗松林鹤乱冲。

想是维摩持偈处，此中曾否闻禅踪。

旗皋飞云

张炳章

参天旗帜自成行，一幅林峦望渺茫。

漫道悬旌兴不卷，闲云片花助飞扬。

旗皋飞云

张树勋

旗峰远上白云堆，风送云流阵阵推。

往过续来看不定，翻令磴壁也徘徊。

天马回峰

张炳章

峰峦兀突势奇横，雨鬣风毛岁月更。

雄伟俨如神骏怒，嵚崎不口渥洼生。

两骖肃效口舆转，并峙凝含骨石贞。

愧我无些韩干笔，解衣为尔貌岐增。

西山烟峦

张作翰

危峦万壑起炊烟，枕山看石醉欲眠。

墨染数峰青洗雨，云拖千树绿参天。
秋容明灭归鸦外，林影模糊夕照边。
胜景眼前随意赏，何须浪费买山钱。

西山烟峦

张树勋

葱郁峰峦太白方，扶舆爽气满林塘。
夏云出岫添奇趣，晓日含烟吐耀芒。
松柏参天饶瑞霭，间阎扑地沐恩光。
传来地脉钟英旧，多少绿崖草木香。

西山烟峦

张树人

西望层峦秀气钟，笼烟积翠淡还浓。
光迎晓日浑无对，多少文章在此中。

四溪环碧

张炳章

威雄百兽莫如狮，狮阜崚嶒势独奇。
花木为毛含宿露，烟岚喷气焕朝曦。
蒙茸似向春风舞，顾盼欣迎冬日嬉。
为忆世南夸奏赋，可曾对景写新诗。

十里平畴

张炳章

群山环列隐为城，十里间阎扑地平。
畴接鱼鳞经野正，声同凤管以溪名。
青含宿雨多佳色，绿带朝烟一翠杆。
农事不劳官长劝，咸遵垣道自勤耕。

十里平畴

吴敬衡

碧天如洗冷如秋，山自回环水自流。

万顷黄云千亩雨，何须登眺稻孙楼。

石马朝天

张树人

巨石巍巍势宛然，象形骏马立冈边。

何当揽辔朝天去，璀璨房星人掖垣。

石马朝天

张灿章

石马老弥坚，昂头欲诉天。

自怀千里足，不肯受长鞭。

石马朝天

张树勋

马立冈边久不驰，天然骨干见摧奇。

昂首北上朝天切，驻足南来化石危。

鬣剪三花苔长矣，乳流数点露凝之。

人生莫负青天志，过野应教伯乐知。

（本文摘编自《碧峰张氏宗谱》）

经济社会

管沈公路五十年

陈岩圳　陈常童

　　管阳至沈青公路（简称管沈公路），从 104 国道管阳镇镇政府所在地路段起，90 度单向分岔北至沈青，与泰顺县柳峰乡省道连接贯通。该路全长 24 千米，共有桥梁 6 座，其中石拱桥 5 座，总土石方 30 多万立方米。1972 年冬破土动工，1973 年秋建成机耕路，1999 年 7 月实现路面柏油化，2016 年 11 月完成拓宽改造。

兴建过程与好处

谋划与施工

　　1970 年 11 月，管阳公社党委书记兼公社主任李云甫上任，开始走访管阳的各个村落，体会到交通闭塞的困难，写了一首"住在泰顺边，从来不见鲜。要吃咸带柳（一种生腌小海鱼），路走两三天"的打油诗，还算了一笔劳力账：每年 1.5 万担的征购粮，由西阳粮食收购点肩挑到管阳粮站储存，又要从管阳挑运约 1.5 万担的生产、生活资料到西阳片各村庄，一年要花 3 万个劳动力。他想，要是修了公路，不但可减轻劳动强度，而且可把省下来的劳动力投入农业第一线，效益可观。

　　1971 年上半年的一天，李云甫主持召开专题讨论管沈公路的两委成员会议。会议作出修建管沈公路的决定：成立管沈公路工程指挥部（由两委委员、重点大队主干 15 人组成），任命党委副书记兼武装部长陈延安为指挥，并初步确定总体走势。会后，立即组织技术力量勘测。

　　1972 年春，公社根据测量资料，制定了"群众义务负担土方，公社筹措工程用款"等责任框架和总体实施方案。公社预先按各大队的劳动力多寡摊派土方量，并按大队划为 17 个工作段。接着，公社领导带领各大队干部到实地看标认领土方任务（社直机关也包一段）。各大队又把任务分解到 333 个生产队。

　　冬收过后（这年是管阳公社全面推广早稻的一年，农村劳动力异常紧张），工程前期工作就绪，公社召开了管沈公路誓师大会。会后第三天，天气晴朗，公社紧紧抓住冬闲时机，以全体共产党员、共青团员、大队干部、生产队长为骨干，组织和发动全社劳动力自带锄头、土箕等工具，远的加带铺盖、米菜和炊具上场。第一天上场人数达上万人，后来为七八千人。其时，社员尽管负担多项义务（特别是负担南溪水库义务工和多年生猪派购），但因为修路有利，加上社队干部以身作则，全力以赴，土方任务分明，大家个个你追我赶，干劲很足，仅用六七天时间，就完成了 20 多万方土方量任务。

对实施中有关问题的处理

管沈公路是管阳有史以来第一大工程。20 世纪 70 年代初，管阳公社仅靠管阳农械厂、西阳碗厂、沈青棉纸厂上交管理费，经济实力相当薄弱，面临资金困难等问题，只能靠精打细算，勤俭节约，艰苦奋斗。主要表现在：

测量技术　为了节省工程费用，采取"就地取材，材尽其用"的办法，大胆起用退职回乡的技术员卢琴帮（章边人）、陈振新（溪头人）和公社干部马兆余等组成测量小组。他们工作积极，白天测量，晚上加班至深夜，做到"勘察、测量、设计、预算、技术指导"一条龙。

工程材料　当时买材料不但要花钱，甚至有钱也很难买到。陈延安到南水工程指挥部向王晋峰(县武装部长兼南水工程指挥)作汇报后,由南水提供钢钎30担和铁链、八磅锤等。之后，陈延安又去找黄政（县革委会交通领导小组组长），请求支持，领到的炸药 300 箱，在石方爆破中发挥了巨大作用，也为工程减少了开支。

砌炸技工　由本地石匠组成几个砌坡砌涵专业队，与挖土方紧密配合，同步开工；挑选在鹰厦铁路、白桑公路、南水工程搞过开炸的体强力壮和富有经验的爆破能手组成若干专业队，重点在章边晏溪、广化三丘湾和沈青左岭等陡坡开炸。

资金筹措　土方完成后，工程用款迫在眉睫。李云甫积极向上争取补助，除在专题或有关会议上汇报外，还请了县委书记姬志立到实地视察。不久，姬书记批示县财政下拨补助款 2 万元。可一段时间后又无力支付工程款，李云甫又与县革委会粮食领导小组组长郎恒有磋商预付运粮费 1.5 万元，待通车时公社用大型拖拉机运粮抵还。达成协议后，粮食部门如数拨款，缓解了工程用款的紧张局面。

义务负担　以生产队为单位分段挖土方，社员劳动工日年终分配时直接发摊到户，大家统一参加分配；测量砌涵砌坡和开炸技术工日，带回所在生产队参加分配。公社预先把他们的劳动工日按各大队劳动总量摊派到各大队，大队又转派到生产队。

耕地处理　不管用了哪个生产队田地，均以大队为单位实行"三不三包一保证"，即：矛盾不上交、面积不涉外、地皮不计价、包处理问题、包调整征购任务、包直接分摊到生产队，保证做到全线畅通无阻。

排除障碍　在修路过程中，个别户利益受到影响，如西阳村凉坪下拆迁 1 榴住房，七蒲村拆掉猪牛栏、厕所 20 多个，指挥部以"稍加强制，适量补偿"的办法妥善处理。

遇到群众性问题，情况尤为复杂。晏溪里地主宫边从山坡伸出一条像乌龟头一样的山鼻，炮眼已打好，但一些群众不让装炸药、雷管，认为"灵龟把水尾，千万炸不得"。当晚，李云甫同陈延安等到当地召开党员会议，要求党员带头破除迷信。工作做好后，当晚即加班炸开。

公路修到沈青村时，古城堡沈青城的西向城墙是"五猪落槽"之穴，有人认为拆城会带来不吉利。李云甫做好党员思想工作，亲自撬下了第一块城墙石头，消除了封建迷信思想的阻碍。

公路测到天竹长社村入口处，两边峭壁对峙，涧正中有一块高2米、长3米酷似乌鸦的石头，被称为"禽星把水尾的神鸟"。因村民阻力较大，后绕道经左岭头至沈青。20世纪80年代，农村群众看到公路带来的好处，后悔不及，主动集资投劳，把公路通到村里。

管沈公路所起的主要作用

第一，拉动了管阳"腹地"经济的发展。根据有关统计资料表明，管沈公路范围内的农户、农业人口、耕地面积、农村经济总收入，分别占全镇总量63.1%、64.3%、61.4%、61.8%。修建公路对开发溪头水电站（装机容量800千瓦，现在增容到2060千瓦）和七蒲水电站（装机容量1260千瓦）起了相当大的作用。

第二，加大交通密度，促进了农村商品流通。管沈公路建成后，直接受益的有广化、七蒲、乾头、西阳、天竹、小洋、沈青等行政村，间接受益的有茶阳、钰阳、徐陈、缙阳、元潭、溪头、褚楼、秀贝等行政村。20世纪70年代后期，公路热在管阳全社兴起，均由管沈公路主干线的两侧延伸到间接的行政村和自然村。据统计，这些支路、小支路的总量达68千米，是主干线的2.8倍。而后，天竹村浇灌柏油路至康元头自然村与泰顺下排乡接通；20世纪90年代中期，溪头村也与柘泰公路衔接。

第三，为农村基础设施和住房建设、文化事业发展、病伤员抢救等提供了方便。

养护与改造

1973年8月，管沈公路可供12型拖拉机从管阳开过晏溪、七蒲古拱桥，穿越乾头溪滩，通到西阳、天竹观音亭，次年才通至沈青火烧桥桥头。

1975年7月，三丘湾段因坡度太陡，路面欠佳，发生了翻车事故。1978年，县交通局鉴于该路失养严重，下拨少量养路费，公社相应成立了以季家良为队长的7人养路队。养路队每月工资20元，陆续工作了7年多。

县交通局对乾头、七蒲桥梁很重视，直接拨款修建。小拱桥多由卢琴邦、马兆余等设计、施工，自筹修建，半脱产干部张恒树长期协助施工。

1983 年秋，由于多年载重车辆往来于三丘湾时，都要靠人力推上坡头，县财政拨补 3 万元，公社自筹 2 万多元，将坡顶降下 2.6 米，加大了安全系数，使车辆顺利通行。

1985 年 6 月，客车首次开到了西阳。

1987 年 10 月 1 日，福鼎公交公司客车第一次抵达沈青（后因客源不足，路面坎坷，半年后停开）。

1988—1995 年，在县（市）交通部门的支持下，重新成立了管沈省际公路管护道班。道班共 7 人，每年下拨经费 7200 元，每人承包 2.8 千米。

西阳集市设施陈旧，逢雨街道泥泞满地。镇政府筹集经费 13 万元（其中省公路局 5 万，省财政 3 万，市财政 2 万，市税务、工商各 1 万），226 个店主共捐资 6.8 万元（其中吴邦叶捐 1 万元），于 1992 年 9 月动工浇筑 600 米水泥路面。

1996—1997 年秋，管阳镇政府两年自筹 20 万元，全面整修路面。1998 年，市交通局拨款 20 万元修缮路面。

20 世纪 90 年代后期，在交通主管和财政等部门的支持下，管沈公路柏油化如愿以偿。第一期于 1999 年 7 月动工，完成管阳至天竹 14.6 千米，同年 10 月竣工；第二期于 2000 年 8 月动工，完成天竹至沈青 5.65 千米，同年 10 月告竣。两期路面均宽 4.5 米，两旁路肩各 0.5 米。工程由省第二公路工程公司福安工程队承建。施工结束后通过验收，被评为优质工程，次年被评为合格工程。

升级改造

随着宁德市被福建省委省政府确定为福建省沿海第二层面发展的重要城市，管阳镇也步入了经济发展的快车道。限于当时的历史、自然、经济等条件制约，管沈公路全线只按四级标准建设，路基宽度窄，柏油路面铺设后期养护不到位，经台风、积水、冲刷后路面平整度差，交通事故时有发生，公路的安全受到极大影响，严重制约了地方经济发展。

管阳镇历届党委政府高度重视管沈公路拓宽改造工作，经过多年的不懈努力，在福鼎市委、市政府以及市发改、财政、交通等部门的关心支持下，2011 年 3 月福建省交通厅同意管沈公路按三级路技术标准建设，2011 年 12 月 22 日宁德市发改委批复同意立项（宁发改投资〔2011〕25 号），根据《宁德市交通运输局关于福鼎市管阳至沈青（闽浙交界）公路工程两阶段施工图设计文件的批复》（宁交计建〔2012〕85 号）批复建设。

按照福鼎市委〔2011〕21 号专题会议纪要精神和福鼎市人民政府〔2012〕1 号专题会议纪要精神，管阳至沈青（闽浙交界）交通战备公路拓宽改造工程分为两个标段建设，业主单位是福鼎市交通投资建设有限公司，管阳镇人民政府具体负责安征迁工作及其他相关事务，项目设计单位是宁德市交通工程勘察设计院。全线预算资金为1.06亿元，其中，建安费7800万元，平均每千米造价360.28万元；安征迁及土地、林业、环评等报批费用约2800万元。建设资金争取中央交战补助每千米60万元，计1330万元；省补助每千米约60万元，计1296万元；不足部分再由地方政府投资建设。路线起点位于管阳汽车站的平交口，沿线经管阳、章边、广化、七蒲、乾头、西阳、天竹、小洋、秀贝、沈青10个行政村，并辐射西昆、茶阳、钰阳、徐陈、缙阳、元潭、溪头、楮楼8个村，涉及受益群众3万多人，是一条实实在在的经济大动脉。

在市委、市政府的高度重视和关心支持下，福鼎市交通局、管阳镇人民政府均成立了项目建设指挥部，在指挥长陈江闽、邱宝清、季庆丰、李亮等先后领导下，相关工作人员及沿线各村干部全力以赴，共同推进项目建设。管沈（闽浙交界）公路拓宽改造全线长21.6千米，分为A1、A2两个标段建设，其中A1标段计12.3千米，A2标段计9.3千米（其中新建4.5千米，改建4.8千米）。A1标段于2012年5月挂标，由福建省新东南工程建设监理有限公司中标监理，由南平市路桥养护工程有限公司中标，先行承建A1标段，于2012年7月16日开始动工建设，2014年4月交工验收。A2标段于2014年10月29日挂标，11月25日监理投标，由福建省新东南工程建设监理有限公司中标监理；11月26日施工投标，由福建路宇工程有限公司中标承建。2014年12月25日开始动工建设，2016年11月交工验收。

管沈公路拓宽改造的建设有利于福鼎市、管阳镇及沿线各村未来经济的发展，同时对解决周边乡镇交通瓶颈起到积极作用，特别是进一步提升与浙江省泰顺县的联系，是带动周边地区经济发展的重要民生基础工程。

康源至仕阳公路

 卓可庚

　　康源至仕阳的公路，修建于20世纪80年代末，路线全长约9千米，是天竹村一带往浙江泰顺县仕阳、龟湖和三魁等乡镇的主要通道。

　　康源与仕阳处于闽浙交界地带，两地人民自古以来就有通婚的传统，走亲访友频繁。来往主要是走山路，一条从隘头往王家洋方向到下排，另一条从康源往分水亭方向到下排。两条山路的地理位置偏僻，山高路陡。20世纪80年代末，农村商品经济慢慢发展，村民经常将生产的生姜、康源米粉、梨和桃子等挑到仕阳集市上卖，也经常到仕阳一带购买猪苗，仕阳人也常到天竹、西阳赶集，两地来往全靠肩挑背扛。

　　社会经济的发展，让村民认识到修路的必要性与紧迫性。1989年，康源村民在征求福鼎交通部门的同意后，开始了公路施工。

　　首先动工建设的是康源村里的道路。起点位于康源与北山交界的天竹溪，终点在康源村青水洼。村民自发组织，出钱出力，慷慨解囊，共筹集资金5000多元，用于购买土箕、铁锤、锄头等。遇到用地较多的情况，就用集体的土地进行补助。挖渠开沟，抬石头，挑泥土，大家团结一心，攻坚克难，呈现出一片热火朝天的景象。逢山开路，遇水搭桥，村民从自家的山林中砍来树木，先后架起了康源桥和溪坪桥两座木桥。经过两个多月的奋战，村民完成了村里1000多米道路的建设，并且从康源溪里挖取沙石对路面进行硬化。

　　第二期工程是修建清水洼到省界隘头村的道路，于1990年开始施工。由于这段路是山路，岩石较多，有几处还是峡谷，修建起来比较困难。为了早日完工，村民再次筹集资金3000多元，用于购买炸药和支付工钱等。为了激发大家的积极性，村民工钱一天达1.5元，师傅一天2元。由于在农历六七月修建，台风经常来袭，筑好的护坡和填好的土石方常一夜之间就被严重冲毁。但村民修路的信念坚如磐石，不言放弃，到农历十月底，历时3个多月，终于建成了5米宽、1100米长的公路。

　　1991年，泰顺段的隘头至下排村路段动工建设，第二年修建完工，接泰顺的仕底线。至此，康源往王家洋方向到仕阳一带的路段实现全线贯通。沿线惠及王家洋村、乌岩岭村等村庄。

康源至仕阳公路（卓可庚摄）

　　隘头至风水亭这段路位于福鼎地界，地势险要，公路最高处距坡底有20多米高，而且丛林密布、怪石嶙峋，难于修建，再加上资金困难，村民几度想破土动工，都因为种种原因搁置，只好再等时机。2005年，泰顺县万排乡政府为了尽快打通与天竹村的交通瓶颈，主动帮助康源村承担修建这段公路的任务。开山炸石，筑墙填土，人们在蜿蜒曲折的山林间筑起了高低不等的护坡。2006年，隘头至风水亭路段修建成功，与上排村接仕底线到仕阳。这样从天竹到仕阳又多了一条路线，彻底打通了省际路段瓶颈，方便了闽浙两省群众的交往。

　　随着社会的发展，原有的公路已经无法满足日益增长的需求。2003年，福鼎交通局拨款5万多元，拆除康源木桥建造康源石拱桥，改造溪坪仔木桥为钢筋水泥桥。2008年3月，对康源到隘头段进行拓宽改造并进行沥青浇灌。2018年，对康源至隘头、隘头至上排路面进行水泥硬化。最终，康源公路与天竹北山的管沈公路971线路交接，康源村至仕阳公路顺利连通，为闽浙两地人民带来了极大的交通便利，促进了经济的发展。

民国时期管阳工业概况

 张忠志

　　民国时期管阳的工业非常落后，只有几家手工作坊。章边村、望里村村民为了发展经济，农工结合，利用南山幼竹为原料，以家庭为单位，创办了13家粗纸作坊。粗纸又称棋盘纸，供包裹日用品及祭祀活动用。每家作坊用2名技术工，1名小工，每日可生产粗纸6000张。其设备也很简单，每个作坊设有焙棚1架、浆池1个、脱水绞1架、和纸帘几张等。

　　除造纸作坊外还有油坊、水碓和磨坊。过去每家每户都种植油菜，油菜籽收成数量可观，多的几百斤，少的也有几十斤。收成后油菜籽可榨油供食用或作点灯用，菜籽饼则是上等肥料。油坊可谓热门加工业。最早的油坊是坑里仔村民在岸前辟地创办的，并配水碓3门。其次是张若强在中洋桥下创办的油坊，也配有水碓3门。再者是张若磊在锦街桥下由水碓扩建的油坊；遂有张若桂在新亭溪创办的油坊，同样配水碓3门；此外，张若强还在举州和石床创办磨坊3个。

　　榨油机是木制的，利用杠杆原理榨油，研槽用水力带动，现在这些都被机械所替代，油坊、水碓也随之销声匿迹。

　　管街还办过一个织布厂，有20台木制织布机和1台铁质织布机，能织出楷布、洋布和斜纹布。后由于原料缺乏而停办。

管阳办厂简述

✎ 陈岩圳

沈青棉纸厂　　建于 1952 年，由民国时温州学艺有成回家的陈某当技术主管，曾呈怀、陈家暖（均脱产退职干部）先后任厂长。1971 年，公社派朱学松（碧山人）任厂长多年，后由会计何朝振任厂长。该厂长期以郑氏宗祠为厂房，以富含高纤维根茎的野生木本山棉皮、格皮和胶水为主要原料，设 7 个车间和 5 条流水线，有操作纸坯的长木桶 105 个。工人以女工为主，旺产年份工人有 230 多人，年总产值数十万元。由于跟不上新兴科技的发展，棉纸厂于 1986 年停产。

西阳水电站　　由乡贤吴立忠自行设计、安装，1953 年利用凤里加工厂渠道建成，装机容量约 8 千瓦，归大队所有。

茶阳造纸厂　　1954 年，汪先进以老区建设为由，向上级争取一笔经费，社员投工出钱，架构起占地面积 1030 平方米、建筑面积 1260 平方米的木质造纸厂房。其规模之大，闻名全县。厂内工人报酬由农业社统一分配。

亭边造纸厂　　1958 年创办，属县管企业。县检察院检察长林乃珍亲自指挥，征用溪坪民房为车间，历时 2 年多建成。

唐阳明矾厂　　建于 1958 年春，为县办企业，创办 1 年多后停产。如今在公路上隐约可见山上的采矿痕迹。

西阳碗厂　　1960 年建于中村自然村，利用水碓加工碗土。1968 年夏被暴洪冲毁后，在下陈村重建，占地面积 5—6 亩。聘请宁德碗窑蔡匏仔、王饭丸和桥墩人为技术员，工人由 10 多人增至 40 多人。所产碗档次不高，由县土产公司包销 20 年。张自钻（唐阳人）为首任厂长，公社后派张时露（章边人）任厂长多年。该厂于 20 世纪 80 年代末停产。

管阳雨伞厂　　1959 年借用西山里民房创办，有工人 10 多人，生产竹架棉纸花伞。聘请西阳吴承贵为油漆师，吴子南为画伞师，1966 年停产。

西阳棉纸厂　　1962 年办于西阳大队加工厂旁，由公社、大队联办，脱产离职干部林贞述负责管理，数年后停办。

管阳农械厂　　1963 年由私营碾米厂、搬运站演变为集体所有制企业。1965 年聘西山里张时朝为技术员，扩大拖拉机等修配车间。1973—1978年，设翻砂铸造车间，先后研制米粉机、磨浆机、砻谷机和榨油机，产品畅销周边一带。溪头水电站供电后，又设升降设备，实现上下楼生产互动。其时在岗人员达90多人，年产值50多万元，跃居县乡镇企业机械制造业第二名。公社、区公所先后派马兆余、陈振殷、马传岱等脱产干部加强领导。1993年，该厂因体制转型而停产。

管阳叶蜡石矿厂　　于1976年由公社组织工人建立，在章边村望里开采。

秀洋花炮厂　　建于1984年，占地15亩，为了安全，分设31座小车间、3座仓库，作价13万元。与点头花炮厂联办时，年产值达90万元。董俊奚（缙阳人）为首任厂长，2年后曾呈旭接任厂长至1997年停产。

管阳淀粉厂　　1984年建于章边村横路洋，占地面积约6亩。区长曾呈彬曾认为管阳地瓜、马铃薯多，加工成淀粉经济效益高，能激励农民扩大种植面积。可惜事与愿违，一年多后停办。

管阳瓷砖厂　　1986年利用闲置的淀粉厂扩建，占地面积15亩，系杨成郎区长决定和策划兴建。以当地瓷砖主要原料叶蜡石矿为优势，起建9个孔的多孔窑1条，倒炎窑3座，购置30吨位的压坯机6台。以区职工张忠弟为厂长，聘请苍南桥墩谢玉峰、谢学雅分别任技术厂长和车间主任。有当地工人100—230人，主要生产喷釉面砖，最高年产值200多万元。尽管曾赴唐山请来高工指导数日，管阳瓷砖厂终因设备不先进，产品单一和技术不过关等因素，于1991年停产。之后，这座厂房2002年被南阳造纸厂租用至今。

管阳建筑公司　　成立于1986年，为宁德地区建委扶贫项目。汪菊生任经理7年，宋振弟（桐山人）任经理3年。现有办公楼占地面积280平方米，建筑面积550平方米，价值50多万元。

管阳叶蜡石粉末厂　　1987年建于章边村公路旁。区派职工纪云祥负责管理。经加工，原矿石售价由每吨30元提升到粉末每吨120元。38年来，矿石采售累计总产值达8000多万元，为管阳政府创造1200多万元的纯利润。

乾头蓝印花布刻板油纸

⟨⟩ 陈岩圳

　　蓝印花布刻板，在管阳镇乾头村落脚三代，有140多年的历史。蓝印花布是以油纸刻成花板，蒙在白布上，然后用石灰、豆浆调成防染粉浆刮印，晾干后，用蓝靛染色，再晾干，刮去粉浆而成的一种花布。一般用作被面、门帘、衣料和围裙等。

　　旧社会，农村老百姓衣着颜色极为简单。生活较好的人家，夏天穿的多是手工织的苎麻白土布，冬天穿的则是土染蓝布。男女新婚，若有一件"双凤朝牡丹"被面和配有纯蓝色被里的粗布套被，无不感到骄傲。

　　蓝印花布刻板油纸为纯手工工艺，其制作过程相当复杂。主要工序如下：选纸——某种纸为主要原料，纸应纹理粗，拉力强；煮糊——面粉加水调和煮沸后，将面糊从锅里挑起看垂下长短以检验火候；晾板——每张刻板由7重纸裱褙叠成，贴在通风防晒的木壁上晾干，防止起泡，需用一个星期左右；碾平——从壁上取下后，经石床平碾至两面光滑；雕花——凿子和打孔的刀口径不一，有弯、曲、宽、窄达40多种，雕刻时精神要高度集中，每刀或每个花眼，必须一锤定音，不得补刀，要求清晰、流利板刻后要重新再碾，防止刀口松弛起毛；煮油——煮油是全过程的关键，以桐油为原料，三次用油，火候不一，春夏秋冬有别；再碾上油——每张上油3次，晾干后再上油，第一、二次上油要求晴朗的北风天，第三次要求南风天，上油先淡后浓，用力均匀。

　　乾头村主产的是"双凤朝牡丹"被面刻板油纸，销量较大，销往本县及柘荣、泰顺、平阳、文成等地。经过土染成品的蓝地白花布，富有地方特色，令人喜爱。该工艺虽濒临失传，但乾头油纸花板样品尚存，匠人李大典、李学话的第三代传人李可凑健在，熟谙制作工艺。

（本文据李可凑口述整理）

万春染坊

🍃 陈丹复

　　1941 年，先父陈家增在溪头上汾开设万春染坊，有师傅 3 人，20 世纪 40 年代中期最为兴盛，顾客盈门，方圆 30 里的柘荣、泰顺和本县的群众都送白布或褪色的旧衣服来染色。当时，主要染印平阳宜山土织的白筒布（因布幅窄而长卷成圆形，俗称筒布）。

　　其设备主要为染缸（是巨型木桶），由杉木制成，圆形，高 3.2 米，口径 2.6 米，壁厚 7 厘米，外用毛竹篾箍分 8 段箍紧，缸底下的地上挖一窟，窟与缸底之间留有口，以便添加谷壳和清理灰烬。每逢冬天，谷壳在缸底焖烧，只见烟不见火，既可给染缸加热避免结冰，又不至于把染缸烧坏，师傅的手在缸里染布亦不感到寒冷。染料是从外地买来的，用铁桶包装，为糊状水溶物。1946 年春，从浙江文成县引进大菁苗种植，收割的大菁装在水池里加生蛎灰发酵，经过一段时间搅拌去渣，过滤沉淀后便是染料。

　　印染花布是民间传统工艺，其流程则较为复杂。主要工序如下：第一步，配制浆料，即把黄豆浆和熟蛎灰按一定比例搅拌成浆；第二，从乾头买来刻花板，将板压在展平的白布上，把浆料抹在纸板上，使纸板镂空的花纹填平，用木制刮板反复刮抹，使纸板上没有多余的浆料，并使浆料牢固地黏在白布上；第三，轻轻把纸板掀起，让已印上花的折布晾干。晾干后挂在染缸里浸泡，上下翻动数遍，经过 48 小时捞出，在溪水里漂洗，去其浮色；第四，晒干后，用刮刀把浆料刮净，呈现出蓝底白花的图案，蓝底清纯，白花质朴，典雅大方，深受欢迎。纸板不同，印染出的图案也不同，被面的图案有"龙凤呈祥""双凤朝牡丹""单凤朝阳""双喜"等等。

　　20 世纪 50 年代初期，由于机织"洋布"逐渐替代了土织的"平阳布"，万春染坊逐渐式微，最终成为历史。

加倍头红曲

黄攀仪

　　管阳镇秀洋村加倍头自然村沈家擅长制红曲，并以此为产业，所制红曲质优畅销。在清光绪年间，老农民沈风金听说用大米加工制作红曲能发家致富，于是就到浙江省泰顺县请来制曲师傅传授技术，让独儿沈恩择跟师学习。沈恩择聪明伶俐，仅用3个月时间就把制曲全套的制米、浸米、蒸米、蒸饭、制曲母、拌曲母、发酵、浸水等技术学到手，便立即建起曲窑和厂房，开始加工生产洒曲，至今已有上百年历史。据调查，100斤大米可加工成红曲2箩左右，纯利约占总收入三成以上。曲有红、黑、黄3种颜色，以红色和黑色最多。现在沈家30多户共上百名男人，人人都已学会制曲技艺。据了解，加倍头村近几年来每年都用上千担大米制作红曲，所制红曲畅销福安、霞浦、柘荣、寿宁、周宁、泰顺、平阳、瑞安等地。

外马钓钩

🌿 陈岩埘

溪头鱼钩工艺，传说始于八碇村某公，后传到外马村陈周銮（1775—1842），历 6 代，约 160 多年。

第六代传人陈家创介绍了钓钩技艺——

钓钩种类共有 7 种。其一是溪白钓，用于垂钓逆水觅食的小鱼（管阳人称溪白、桐山人称溪浮花）；其二是沉潭钓，钓体比溪白钓稍大，钓取潭中较大的鱼类；其三是鲥鱼钓，钓体大，连体双钩，钓杨家溪鲥鱼专用；其四是鳖钓；其五是倒刺鲃（俗称康鱼）钓，钓竿配有线盘，可钓起 5—6 斤重的鲃鱼；其六是浮筒钓，选择较大竹节增强浮力，削去竹之厚皮，把短线配饵料系于身，以适量石块压住，倒刺鲃见饵扑食，筒浮即上钩；其七是鳗钓，钓钩的颈部很长，适用于驾舟海钓。

制作工具有平墩（铁质、四方）、利墩（斜凿利口向上，铁丝在利口上，轻敲倒刺）、钓折（用钢丝折成倒 "U" 形，两端插入小木柄，为钓钩造型之用）、炉和小铁锤。制作材料为多种型号的铁丝。

工序：首先，碱水镀钓。砍杉木和厚叶杂树烧成灰，用水适量，入锅煮半天时（浓度很高）投放初熟米饭坯 3 粒，饭浮为好。钓坯成型之后，在碱水中一镀即可。其次，文火煨钓。镀后的钓子要与炭粉拌匀（炭粉须先经筛过滤），放入 "白黏土锅（高岭土为原料制作而成，内径 10 厘米，高 10 厘米以上）"，整锅置于黄土做的无底桶形锅灶上（灶内直径 40 厘米、高 60 厘米），灶中堆满炭火，插上同型号铁丝，文火烧 4—5 小时，以铁丝一折即断为度，方可出锅倒入冷水浸泡淬火。再次，退火回温。为了提升韧度，浸泡后的钓子，须再放回小铁瓢中。手持瓢柄，在灶上用微火翻炒数分钟，直到显蓝色才算成品。

外马经营鱼钓的都是亲戚，改革开放前，他们在不妨碍集体劳动的前提下，边打钓边销售。依客户兵分几路，送到外县寿宁、泰顺、文成、霞浦，和本县桐山、点头、白琳、秦屿、磻溪等地销售。每户年收入可达 200 多元，占生产队纯收入近半。

锦棚街油坊

张忠盟

　　锦棚街油坊位于管阳镇章边村锦棚街溪边。其前身是水碓坊，用于舂米。1955 年张若磊接手水碓，增办油坊开始榨油。在工商业不发达的年代，食用油或灯油都需要通过种植油菜或油茶树等来获得，油坊成为当时不可或缺的油品加工场所。锦棚街油坊一开办就生意兴隆，20 世纪 70 年代鼎盛时期，每天最高可榨菜籽 500 斤。每年 5 月（小满后）开始到 8 月，是锦棚街油坊最繁忙的时期，9 月后偶有加工。附近十里八乡的村民都来这里榨油。下片章峰、南溪，上片乍洋、石山，东片后井、赤岩，北面至广化都将菜籽或茶籽送到这里加工，锦棚街油坊成了当地有名的轻工业厂。随着菜籽种植数量减少和现代榨油机械的出现，20 世纪 80 年代末，锦棚街油坊停止运营。

　　古代油坊根据榨油技艺的不同分为压坊、冲坊、挤坊。锦棚街油坊属于压坊。榨油的主要程序分炒、碾、蒸、压 4 个步骤。

　　炒，是将油菜籽等预榨材料放入大铁锅中翻炒，每锅约 25 斤。这一步骤的关键是火候，它将决定油品的质量。炒过火了，油就有焦味；炒不够熟，则榨不出油来。这是最考验榨油师傅技术的环节。

　　碾，是将炒熟的菜籽放入砚槽磨成粉末。砚槽和碾轮都由铁或石铸造而成，以水碓为动力带动碾轮碾压菜籽。

　　蒸，是将菜籽粉末放入蒸笼中，蒸到有一定黏性后将粉末倒入菜箍中，用稻草包成饼，每饼约 7 斤。菜箍是用竹篾编成的圆形模具，直径约 35 厘米，厚约 10 厘米。

　　压，是将菜籽饼放进挤压装置压榨将油挤出。挤压装置是在地面立 3 根木头，每根木头最上方开一孔，一横木从此孔穿过，横木一端可坠 3 个大石，每个大石约 800 斤。3 根横木左右交错，利用杠杆原理对菜籽饼进行压榨，将菜饼中的油榨出来。

锦棚街油坊的菜箍（张忠盟 摄）

管阳打草鞋

🍃 卓可庚

　　管阳镇制作草鞋由来已久，主要以家庭作坊为主，制作的草鞋轻巧、玲珑、经济、实用。

　　打草鞋有一套专门的工具，如草鞋耙、草鞋扒、草鞋捶、草鞋扛等。草鞋原料是络麻和稻秆。草鞋耙是固定草鞋绳的主要工具，草鞋捶用于捶稻草和拍打草鞋造型，草鞋扒用于拗紧稻草，草鞋扛供草鞋扒顶扛拗用。工具备齐后方可选用材料。筛选鲜白的干稻秆，两手抓牢，在石阶沿拍打，去除稻衣杂物，并拍打柔软，使其便于编制。再取络麻，搓草鞋绳备用。材料备足后，就可以开始打草鞋了。取络麻搓草鞋绳 2 条，长度一人长（人两手摊开放直的长度），将 1 条对折变成 2 条，在对折中央做一个圈儿，即草鞋鼻头。别条绳穿过草鞋鼻头圈内，系在自己腰上。取草鞋耙勾在四尺木板凳一头，人坐在凳的另一头，人坐的凳头要顶板壁上，以防打草鞋向后拉紧时木凳向后滑。开始打草鞋鼻头时，用络麻在两条鞋绳内一上一下穿编，编到三手指长时，将两条草鞋绳挂在草鞋耙左右的第一个与第三个木齿上，将另两端绳头拉回来，把绳头插入草鞋头内固定住。2 条草鞋绳就变成 4 条了。最关键环节是草鞋的长短，取决于从草鞋鼻头到草鞋耙齿的 4 条草鞋绳的长度，可以穿鞋者前手臂的长度为标准。接下来取喷过水的半湿稻草在 4 条鞋绳间一上一下穿制，穿稻草时既要锁紧又要放松，这样编制的草鞋穿起来才又牢、又软、又舒服。

　　用络麻系在草鞋绳上，搓绳做两个长短不一的扣儿，即为前鞋扣。接下来继续用稻草编制，每次稻草的接头都放鞋下面，上面保持美观、平整，以适应脚穿，

打草鞋（卓可庚 摄）

不损脚。鞋身编制五指宽的长度，在左右两边鞋绳用络麻各做两个长短的草鞋扣儿（后鞋扣）。再编制后鞋跟长度，达到四指横宽，将鞋绳从草鞋耙的外齿收放至内二齿，由 4 条草鞋绳变为 2 条草鞋绳，编到 2 寸长后，将剩下的 2 条草鞋绳打结。然后用鞋捶敲打草鞋，使其变软，修饰鞋型直至满意。最后把后根两条草鞋绳反扣在后草鞋扣儿上，取两条麻绳穿过草鞋鼻头，以备穿鞋时系带。这样，就成了一双完整的草鞋了。

20 世纪管阳的草鞋物美价廉，品类多样，具有较高的工艺价值。20 世纪六七十年代时各个供销社都有摆放草鞋，很是畅销。

章边农械厂

 张忠盟

　　章边农械厂位于管阳镇章边村，由碧峰张良仁创办，主要进行粮食加工机械、茶叶初制机械和农机配件的制造，前身是大洋水电站农产品加工厂。

　　1958年，章边大队在大洋建炼钢炉，沿溪修建水渠，以水碓作为炼钢动力。炼钢运动结束后，张良仁等人利用水渠修建水电站，章边进入有电时代。张良仁等人还在电站内添置粮食加工设备，为章边各生产队提供碾米、制作米粉等服务。由此，章边实现了由手工加工粮食到机械加工粮食的飞跃，水电站一时成为机械加工粮食、茶叶等农产品的重要场所。有机器就有故障，有故障就要维修，因此维修厂孕育而生，这就是农械厂的雏形。农械厂以维修农械为主，兼做农机配件。

　　1968年，因土地大平整，水电站原址被平整为农田，农产品加工厂搬迁至104国道旁（现章边村委会所在地），碾米厂、茶厂、农械厂分立厂房。在维修过程中，人们不断加深对机器的认识，不断改进机器构件，不断优化机器的性能，于1976年购置车床，开始加工生产碾米机整机。这一时期，水电已经逐渐普及各乡村，机械碾米机需求量不断加大，各村都有购置碾米机的需求，章边农械厂加工生产的碾米机不仅满足了周围十里八乡的需求，还远销福建南平、浙江金华等地。

　　改革开放后，张良仁承包章边农械厂，生产规模进一步扩大。20世纪80年代，福鼎大力推广茶树种植，茶叶产量激增，手工制茶已经无法与此相适应，市场急需大量的机械制茶设备以提高茶叶加工效率。章边农械厂于1987年开始加工生产茶叶初制机械的整套设备，以满足市场需求。制造茶叶初制机械时工厂有工人近30人，年产值近20万元，年利润四五万元。当地茶叶初制机械多出自章边农械厂，农械厂为当地茶叶的发展发挥了重要作用。茶叶初制机械还远销河南、河北、浙江、广东等地，一时风头很盛，张良仁也成为当时章边少有的万元户。

（本文据张良仁口述整理）

溪头水电站

✐ 陈岩圳

工程概况

溪头水电站,位于福鼎、柘荣和泰顺三县交界的管阳溪头行政村的岭尾自然村,海拔 450 米左右。

该水电站工程于 1980 年破土开挖隧洞,1982 年上半年被列入省批社办小农电基建项目,1985 年底投产发电。枢纽工程主要有石砌连拱坝、进水闸门、输水压力隧洞、压力管道、厂房和尾水渠道等。电站最大水头 51.5 米,最小水头 47 米。通过流量 2.35 立方米 / 秒,装机容量 800 千瓦,发电保证率达 75%,相应保证出力 370 千瓦,设备年利用 6500 小时,年发电量 521 万千瓦时。

工程总完成土石方 88270 立方米,其中石方 12006 立方米。总投劳 11443 个工日,其中技工 4896 个工日,实耗水泥 1046 吨,钢材 150 多吨,木材 120 立方米(不含当地直接购买和区公所提供松木板)。总投资 116.9117 万元,其中国家补助 45.27 万元(省水电厅 22 万元,地、县水电局 18.4 万元,县政府 4.87 万元),银行贷款 40 万元,自筹 31.6417 万元(含发电后投入 9.4 万元)。

工程项目与投入

水库及坝体

水库 溪头水电站为径流式开发,溪之干流发源于柘荣乍阳乡,流经管阳、广化、七浦等村,还有西阳溪、西坑溪等支流汇合元潭,再经溪头直到福安赛岐入海,属于福安郊溪河系。上游控制流域面积 124.1 平方千米,年平均径流总量 1.52 亿立方米。水库总库容 60.2 万立方米,有效库容 19.6 立方米,死库容 1.5 万立方米。调节水库的大坝达到 5 级永久性水工建筑物设计防洪标准。按照 20 年一遇设计,洪峰流量可达 124 立方米 / 秒;200 年一遇校核洪峰流量可达 248 立方米 / 秒。库区征用水田面积 12.6 亩,偿付地皮款 1.8103 万元。

坝体　石砌连拱坝颇具民族特色，也是福建省绝无仅有的坝型。坝址选在元潭村湖里段与溪头村后溪段之间。1982 年夏开始清基，次年秋清基结束，而后浇筑基础，起砌坝体。坝体结构为花岗岩条石，规格 0.3×0.3×0.6 米，坝高 5 米，共 5 跨，每跨弧长 15 米，拱厚 0.7 米，中心角 120°，内半径 8.66 米。有支墩 4 个，宽度 2.2 米，顶长 8.5 米，底长 18.5 米。坝顶泄洪宽度 83.5 米，为自由溢流。20 年一遇过洪水位 2.92 米，200 年一遇过洪水位 6.22 米。坝基地质为流纹岩。坝轴线下游 60 米处有跌差 7 米的深潭，上游河道平坦，呈扁圆形。坝身立面石料由管阳镇清云洞后山石场开采，腹石毛块均就地取用。大坝总投资 16.5373 万元。

输水工程

引水明渠与进水闸门　输水工程首段为深方拉明渠，在大坝上游 150 米处，渠长 678 米。进水闸门底部采用 150 号混凝土浇灌。闸门体用 A3 型钢板制造，钢板厚度 0.1 米。启闭机为直拉式，具有电动、手动两种运行方式，重达 15 吨，机房为砖混结构。

隧洞　根据溪头水电站的地形、地貌和地质情况，施工设计为压力流电站，不设压力前池（以库代池）。开挖隧洞 3 个，全长 531.4 米，1 号洞长 396.4 米，2 号洞长 80 米，3 号洞长 55 米。隧洞地质为岩石，断面为 4.6 米，坡降为 1∶2600。2 号洞出口段长 20 米，平台至 3 号洞进口为 80 米明控地段，3 号洞 55 米，合计长 155 米，均采用钢管铺设，彼此连贯。

压力钢管　管道长 140 米，基础为砂砾坚土，管道底部长 3.3 米，两边山坡开挖度为 1∶0.3。管道底坡根据地形、地貌设 3 个受坡段。在中部设 2 个镇墩，采用 80 号砂浆砌条石。压力钢管采用 A3 型 0.01 米厚钢板制造，直径 1.05 米。设置 2 个直径为 0.05 米的进入孔，分别安置在中、下段。分叉管以压力管中心线向左分叉 45 度，直径 0.5 米，采用 A3 型 0.01 米厚钢板制造。总投资 22.1313 万元。

厂房　厂房建筑面积 247.5 平方米，为砖混结构，基础为砂质岩石。厂房分主、副厂房。主厂房高 7 米，宽 8.2 米，长 21 米，面积为 172.2 平方米。地面高程 454.5 米，主要安装水轮机、发电机组。副厂房高 4.5 米，宽 5 米，长 15 米，面积为 75 平方米，地面高程 455.25 米，主要安装控制屏等设备。总投资 12.8515 万元。

机坑　共两个，有两台水轮发电机组，各对应机坑一个。

尾水渠道　渠道长 265.4 米，利用原有坑沟加深加高加宽加固。断层底宽 1.5 米，边坡 1∶0.3。两边渠墙超半为块石浆砌，拱顶为块石干砌，总投资 3.9589 万元。

电气和输变电设备

水轮发电机组　　共有水轮发电机组两套：水轮机两台，型号 HL160-WJ-50；发电机两台，型号 TSWN85/39-6，额定功率 400 千瓦；自动调速器两台，1# 机组调速器型号 YT-300，2# 机组调速器型号 XT-300；控制屏 5 面，1# 和 2# 机组各配主控制屏一面，同期屏一面，近区和厂用电两面。还装设三相暗灯组，供并列时任选一种或同时监视使用，装设泰顺电网上网计量仪表与监视仪表。总投资 17.7780 万元。

高压线路　　溪头水电站距离管阳镇 10.5 千米，架设 10 千伏高压输电线路。沿途经过乾头、七蒲、广化等村。导线为 LC1-50 线材，线路输送率按 800 千伏计算，压降达 5.6% 以下，包括输送西阳村和章边瓷砖厂等计划外高压线路。总投资 13.8559 万元。

工程建设经过

20 世纪 50 年代中期，溪头水利资源得到县水利局关注，县水利局曾两次派员前往初测，拟从元潭村下游后溪引一条长 4000 多米的明渠到溪头南山村建厂发电，装机容量约 1300 千瓦。由于造价较大，计划被搁置。

20 世纪 70 年代，随着形势的发展，章边、天竹、西昆、茶阳、广化、七蒲、西阳、金溪等大队掀起办电热潮，10 多个小水电陆续建成。但是，因规模太小，管理水平低下，多数小电站相继报废停用，工业、生活用电紧缺状况未能得到改变。1978 年夏，管阳公社党委书记朱世端认为溪头水资源蕴含较大经济、社会效益，是时候进行开发利用，在财力困难及党委领导班子看法不一的情况下，力排众议，提出"只有干大的，才是解决全社缺电的根本出路"的主张。他的努力引起了水电部门的重视，福鼎县水电局黄国荣副局长带队实地勘察，完成整个工程的总体规划和设计方案，为上报立项奠定了基础。1980 年 9 月，县水利局和管阳公社挤出经费，着手开挖隧洞，不到两年的时间，便凿通了全长 531.4 米的引水隧洞。

1982 年 6 月，工程进入全面施工阶段。因经济拮据，县、社领导都为"经费哪里来，电送哪儿去"而烦恼。虽有省水电厅分期拨款 20 万元的支持，但资金缺口依旧很大，加上建材物资匮乏，工程建设困难重重，主要表现在：

首先，工程进入紧张阶段，经费"断炊"情况时有发生，领到指标购不回材料，求得贷款又买不到三材（水泥、钢筋、木材）。筹款、待料、停工的矛盾交替出现，资金运转失调致使工期一度延长。

其次，材料供应指标异常紧缺，高价也难以买到。后期又值全国物价改革，材料价格不断飞涨，无形增加工程造价。

溪头水电站旧址（朱国库 摄）

第三，管沈公路路窄弯多，此时三邱弯等陡坡还未改造，乾头大桥尚未建成，一路坑坑洼洼，雨天更是泥泞不堪，运送材料的中型和手扶 12 型拖拉机时常深陷泥淖，动弹不得。

第四，大坝清基原计划一个秋冬完成，因冬雨连绵，跨至次年秋天才清理完毕，影响了主体工程的施工进度。

尽管如此，经过 3 年的艰苦奋斗，克服了各种压力与困难，溪头水电站终于于 1985 年底建成投产。

溪头水电站的顺利建成，与上级领导、有关部门的关心和支持分不开。回忆工程建设过程，有几件事值得欣慰：一是就地挖掘技术人才，着力培养技术骨干，做到机组自行安装，控制屏自己装配，发电设备十几年来"大修不外请"；二是紧抓安全生产，整个施工过程零重大生产事故；三是严格财务制度，领导带头遵守，班子成员不贪占工程一分钱款，没有挥霍浪费现象。

社会和经济效益

溪头水电站曾是福鼎市唯一一个发、供电一体独立孤网运行的镇管电站。

发电后的第三年即 1988 年，全镇各行政村实现村村户户通电，共计 1.1 万户、5 万多人受益。

1993 年，溪头水电站发电量超过 400 万千瓦时；1998 年发电量达 471 万千瓦时，总产值达 180.1 万元，上交各种税费 76.43 万元，其中上交镇财政 54.48 万元。自投产以来，溪头水电站每年都实实在在地创造了稳定的经济效益和社会效益，在闽东地区榜上有名，是管阳镇政府的骨干企业。

南阳纸业

　　2002 年，福鼎市委市政府前往温州举办大规模招商会，南阳纸业公司创始人陈立元结识了管阳镇分管工业的领导，双方就合作事宜进行洽谈。管阳镇方面认为引进企业可以为当地老百姓提供就业岗位，促进经济发展；陈立元则认为，福鼎与苍南山海相连，而且当地政府能够提供许多优惠政策，这对于草创之初的企业来说非常重要。经过商谈，双方达成合作意愿。由陈立元三兄弟投资的福鼎市南阳纸业有限公司很快落户管阳镇章边村，成为第一个在福鼎"开疆辟土"的温州企业。

　　南阳纸业公司名称取自苍南的"南"和管阳的"阳"。2002 年南阳纸业年产生活用纸仅为 2000 吨，经过多年的努力，2006 年生产生活用纸 1 万吨，产值达亿元，员工扩增到 120 余人。公司先后被评为福鼎市"先进企业""纳税大户""明星企业"。

南阳纸业厂区（陈文 摄）

公司注册商标"南阳之星"成为福建省著名商标，2008年荣获"福建省名牌产品"称号。

2018年，南阳纸业在创业发展道路上迈出大跨越的一步，投资成立福建福生源纸业有限公司，选址在文渡工业园区，购置45.83亩土地，投资1.8亿元。公司引进国内最先进的3900新月型高速卫生纸机6台及附属设备，购进3500圆网纸巾5台，用工约800人，可年产生活用纸7万吨、特种纸3万吨、塑料粒子5.8万吨。福生源纸业有限公司于2023年正式投产。

（本文由福鼎市南阳纸业有限公司供稿）

往事钩沉

"十八旗头"的由来

秘 毛久益

明建文元年（1399），朱元璋第四子燕王朱棣起兵北平，发动"靖难之役"。建文四年（1402），靖难军跟中央军交战4年后胜利，朱棣夺取皇权。明永乐二年（1404），天下太平，南下的靖难军余部为减轻国家负担，服从朝廷之命，弃甲归田，就地垦荒，繁衍生息，发展农业生产。

据传，驻扎在福宁州的18位官兵为结拜兄弟，情同手足，由杨姓大哥带领迁居二十四都管阳。行前，将一面军旗分剪18块，各执一块，日后作为袍泽之见证。旗根，由邵氏保管，根与块并合又是一面旗，故称"十八旗头"。当时除迁往点头后阳的梁氏和赤岩彭氏，白琳新洋邵氏和翁潭萧氏外，其余均在管阳无人居住的地方，插标划地，开垦落屯，成为14个村庄的肇基者，如管阳村杨厝里杨氏（杨氏肇基者是军官，后裔珍存一把方天戟，后改作农械厂轴承杠）、后塔徐氏、料山汤氏、章边卢氏、广化高氏、梭罗地章氏、茶阳汪氏、西昆刘洋郭氏、七蒲南洋厉氏、徐陈姚洋孙氏、半岭毛氏、乾头南山岗曹氏、天竹后湾吴氏等。

章峰李氏建昭明寺观音楼

张大罗

昭明寺观音楼建于明嘉靖年间，是管阳镇章峰李氏祖上建造，被福建省人民政府列为重点文物保护单位。

章峰李氏肇基祖李耀，于北宋元丰二年（1079）从古田杉洋迁徙章峰，到元至正九年（1349），传11世，有100多人。某年，汀州胡景魁匪帮流窜福鼎，到处打家劫舍、烧杀掳掠，章峰李氏族民早做提防。一日，100多号贼寇到达章峰村口——五斗寨门，遭到防守在那里的壮丁顽强抵挡。贼寇入侵不得，便观察地形后撤回后溪，再绕大山后山抄小路窜入章峰里，抢劫钱财，焚烧房屋，100多名百姓遭到杀戮。守在寨门的村民见村里火光四起，知情况有变，立即赶回与匪徒搏斗，终因寡不敌众全部罹难。时有一李郑氏妇人，年方十八，怀有身孕，乘乱迅速卧倒在满地血水的死人堆里佯死，并顺手拖尸体遮掩，至午夜流寇撤走，李郑氏从尸堆里爬出来，孤身一人摸黑逃生到沿屿大岭边娘家。过了一段时间，临近分娩，沿屿郑氏有人以会坏风水为由，不让李郑氏在娘家生孩子。李郑氏无奈，只得跑到其胞弟出家的桐山昭明寺，恳求借宿分娩。住持起先不同意，认为寺院乃洁净场所，让妇人分娩会污秽寺门，李郑氏苦苦哀求后，住持让她住在与寺院有一段距离的柴房。当晚，李郑氏肚痛难忍，知道即将临产，柴房里就她一人，就跪在地上向观世音菩萨祈祷，并发愿日后子孙一定把此柴房改建成观音楼。不久，李郑氏顺利生下一男孩，就是现章峰李氏上祖李簋。李簋在沿屿外祖家长至十几岁，便随母亲返回章峰，艰苦振兴家业，后娶妻生四子，以荣、华、富、贵分房位，从此瓜瓞绵绵，人口倍增。明嘉靖十三年（1534），章峰李氏以李伯奉为首，率众在桐山昭明寺柴房的原址上建起一座双层精雅的木结构观音楼，并塑像顶礼膜拜，圆了祖婆李郑氏的夙愿。此后，李氏苗裔四时进香，代代相传。

碧山张氏在台湾的繁衍

张振弼　张大罗

　　自明清之际，祖国宝岛台湾北部的淡水便繁衍着一支张姓族裔，其肇基祖乃张国雅。根据管阳碧山《张氏族谱》记载，张国雅，字俊卿，为碧山张仁测第十六世孙。他曾读过几年私塾，自小颇有雄心，有走出荒村僻壤到外面闯荡一番的志向。清康熙六年（1667），他毅然拜别父母，外出经商，走南闯北，来往于闽浙各地，偶尔顺道回乡探望父母后，便又匆匆离家。当时，郑成功刚从荷兰人手中收复台湾，百姓安康，闽台贸易一度兴旺，张国雅便伙同商伴，联手在台经商。清王朝势及东南，威逼台湾郑氏政权，两岸交通一度中断，张国雅只能滞留台湾淡水一带，并在台湾当地娶妻生子，安下家来。

　　张国雅无兄无弟，乃独苗一支，赴台前曾回到家乡，拜告父母，父母虽然十分不忍，无奈孩子去心已定，也只能听之任之。此事在亲房内略有几人知晓，其中有一族侄荣八正16岁，闻说叔父欲往台湾，颇为惊讶，他羡慕外面世界，便缠着父亲央求跟随叔父前往，未得应允，只得暂且作罢。张荣八自幼习武射箭，长而膂力雄壮，十八般武艺件件精通，19岁那年曾随长辈上山打虎，射杀一丈余猛虎，被村人尊为"打虎师爷"。他一直记得叔父赴台经商之事。20岁那年，他出外谋生，欲赴台寻找叔父。他一路南行，辗转多年，终于在清康熙十七年（1678）来到台湾，四处寻找叔父不着，暂留台北为人当店工。在台北，他四处打听叔父下落，欲投叔父门下学习经商。

　　再说张国雅同福建商伴们南来北往，偶尔出台入闽，颇为得心应手。据传闻，其生意做到台南、高雄、厦门、泉州等地。但随着清政府攻台日紧，闽台来往艰难，台湾岛内生意也日渐艰辛，张国雅为此深感苦恼。

　　清康熙十九年（1680）秋初，张国雅终于寻得机会，匆匆安置好妻儿子女，搭船转折回梓。就在他辗转到家之时，其父卧病在床。他侍汤侍药，格外尽心，奈何其父年事已高，体质衰败，竟一病不起。待到丧事完毕，其母又因劳累和伤心过度病倒。他侍养老母直到翌年春二月，才见稍愈。这滞留了近4个月，妻子在台，老母在堂，都令人悬心，他左右为难，不知如何是好。

　　正当此时，有消息称族侄张荣八从台湾归来。侄儿外出一事，国雅是知道的，但不知他竟也在台湾，叔侄相见不免嗟叹了一番。此时已是清康熙二十年（1681）春天。不久后，叔侄二人一起去了台湾，而这一去再不见张国雅回乡，其母由众堂兄弟送终。他家祖上遗有承租应分田4箩（约10亩），其母在世时为赡养用田，其母去世后直至清雍正七年（1729），族人方才公议将张国雅家的田产、田租附祭银堂里祖坟及祭祀宗祠等用，议定后若有子孙归来时付还本家。据张荣八回梓时带来消息，张国雅在台一支子孙繁衍颇顺，只是后来几十年张荣八解绶归田后，两岸没有通信，便也断了消息。

　　再说张荣八与国雅同往台湾后，除帮衬叔父生意上诸事外，则以武艺为事，日见超群。清王朝统一台湾后，郑氏政权覆灭，岛内急需大批文武人才，张荣八武艺高强，便与叔父商议投军报国，张国雅极力支持，择日送他赴台北从军。张荣八投军可谓如鱼得水，不多十几年，便以勇武与战功，升至千总。因屡建战功，45岁他得授武德将军骑都尉，正四品军衔。谱载他娶妻黄氏恭人，生二子张可禄、张可全。其间他曾二度返里，在家乡建有仓楼及洗马井（原址已毁）。清康熙四十六年（1707）荣八以年事渐高，体质渐衰为由向朝廷呈奏，请求解甲归田养老，约于康熙四十七年（1708）释缨解绶辗转回故里。有诗赞其行状曰：

> 生值盘根错节时，何堪更遇奴氛驰。
> 人多柳性随风转，公秉松贞耐雪施。
> 矢志义仁成己道，立心忠孝动元知。
> 释缨解绶思归梓，亦作清河一柱砥。

　　清康熙四十九年（1710），张荣八不幸染病，于是年冬月病逝，享年56岁。后葬于利洋马鞍山。

"抗捐"事件

陈希立　陶肇锐

1926 年国民革命军誓师北伐，盘踞福建的军阀周荫人闻风鼠窜，经霞浦、柘荣入福鼎县境北逃。一路上乱抢财物，滥抓民夫。管阳、白琳、点头首当其冲，损失惨重。

县里绅士蔡鼎新、施秋浦等勾结官吏，借"北兵过境兵差费"名，派施乐亭坐轿带着兵丁到十七都恣意派款。溪头陈守礼因无力缴款，竟被捆绑到元潭示众。

昔日元潭，村民经济拮据。施乐亭到梨坪里，咄咄逼人。乡绅陈卧云问施乐亭："北兵过境，城里兵差费要乡下人摊派，管阳、金溪因兵差损失十倍于城里，该咋办？"施乐亭不敢正面回答，对在场人说："谁若不交款，那就和陈守礼一起，跟我走吧！"在场村民见陈卧云言之在理，施乐亭理亏蛮横，一齐上前把施乐亭围住。几个兵丁逃了，陈卧云乘机要施乐亭立即放人，施乐亭见势不妙，只好把陈守礼放了。

施乐亭回县大嚷大喊："元潭村陈卧云唆众抗捐抢人，十七都的款无法收了。"于是，县里即派李桐荫带全副武装的兵丁来到梨坪，开口便问陈卧云在哪里。陈卧云坐在大厅答道："我就是。"李桐荫咆哮道："陈卧云，你好大胆，竟敢抗捐抢人，现在我要你把元潭的款收好缴清！"陈卧云从容不迫，数落李等是"劣绅捐蠹"。李桐荫暴跳如雷。陈卧云大声疾呼："请百姓来评理！"早就聚在门外，担心陈卧云吃亏的群众，一轰拥向兵丁，缴枪并砸碎了李桐荫的轿子，还把李桐荫抓起来，第二天认错后，才放他走。

李桐荫回城哭诉受辱情状，县府欲倾全县兵力剿平元潭。陈卧云闻知，便告各村群众集中鸟铳，赶制土炮和土手榴弹，准备抗击。时值北伐军声威所布，贪劣辈自顾不暇，又探元潭有备，此案暂告平息。

1927 年春，国民革命军接管省政府后，朱明湖回鼎。陈卧云抱病赴城向朱明湖陈述"派款"事件始末，并号召十七都群众 500 余人手执标语小旗，进城游行请愿，要求惩办劣绅捐蠹。朱明湖即庭审此案，施乐亭、李桐荫妄图以暴民罪加诸陈卧云，陈卧云则当庭把调查所得的管阳、点头、白琳被勒达数千银圆公之于众。最后，施乐亭、李桐荫被斥责，该案至此遂告结束。

花亭伏击战

 游锦康

1936年，蒋介石去西安之前，就调来10多万人，对浙南地区和闽浙赣皖四地区的红军游击队再一次进行疯狂的"围剿"。

福建80师的一个团于11月初开到福鼎后，配合原在福鼎的闽保四团，首先开始进攻游击根据地。敌人每到一地，便构筑碉堡，层层建立封锁网，移民并村，妄图切断红军游击队与群众的联系，进而消灭红军游击队。由于发生了西安事变，敌人暂时停止进攻，按兵不动，观望时局变化。

为了了解敌人在福鼎的兵力部署和武器配备情况，挺进师决定派一支部队深入敌后"抓舌头"。谢文清同志接受了这一任务，并与刘英等同志研究了行动方案，决定到花亭去摸摸情况。

花亭位于桐山城西面，离城10多千米，是福鼎往返于福安的必经之路，这里尚未构筑炮台。花亭附近几个村子，曾是谢文清秘密工作过的地区，有一定的群众基础。谢文清同志找来了2个交通员，交代3项任务：一是带领部队穿越敌人封锁线；二是联络花亭周围几个村子的群众，配合红军搞好后勤工作；三是探听敌人消息，报告敌情。

12月底的一天，谢文清带领一支120余人的红军游击队从泰顺峰门出发，由交通员带路，穿过敌人7道封锁线，路经管阳的章峰、坡里，经过一昼夜的急行军，拂晓时分到达花亭村背后一条小山岗中的竹林里隐蔽下来。一天早晨，他们得到交通员的报告：从福安方面有许多敌人开过来。这正是个好机会，红军游击队迅速做好了战斗准备。

这里唯一的一条石阶路向西面延伸，通到竹林山口，上坡路后沿着竹林边缘南侧通往桐山城。红军主力就埋伏在这座茂密的竹林山上，对着山口进来的一路敌军架设机枪。竹林南面是一片20多米宽的水田，越过水田是一座不大的山头。红军另两个班埋伏在这个山头上，阻击向南逃跑的敌人。

这里地形并不险要，敌人万没想到还有红军游击队埋伏。约有一个连的敌人，押着一大队筑碉堡的民夫，从西面缓缓向竹林靠近。大部分敌人在前头，中间夹着民夫，后头还有几个敌人。埋伏在竹林里的红军游击队战士屏住呼吸，密切注视敌军的行动，敌人一进入伏击圈，便集中火力向敌群扫射。敌军一个姓高的连长和几个匪兵当场毙命。连长一死，群匪无首，各自争先恐后逃命。由于后路被大队民夫堵塞住，敌人纷纷闯进水田南逃。埋伏在南面山头的两个班同时夹击，敌人尚未清醒过来，就一个个当了俘虏。

这场用时仅 30 多分钟的速决战，缴获了敌军 40 多支长枪、2 支驳壳枪、1 挺捷克式轻机枪和一批子弹。原来红军游击队有四五十人是用大刀和梭标的新战士，这时缴到了敌人的武器，十分高兴。胜利的喜悦，使同志们忘掉了一昼夜行军作战的疲劳。

红军游击队释放了被敌人抓来的民夫，押送着 40 多名俘虏移驻松糍洋休息。第二天，游击队顺利回到泰顺峰门。此后，挺进师还派出几支部队去"抓舌头"，从敌人俘虏口中和各方面得到的情报分析，国民党反动派调集重兵部署于浙南和闽浙边，并已开始了重点"围剿"。得知敌军这次"围剿"的军事部署和企图后，刘英同志根据敌我力量悬殊的实际情况，采取了分兵行动、化整为零的相应策略，开展了艰苦卓绝的反"围剿"斗争。

（本文据谢文清口述整理）

管阳狼害

 陈岩圳

　　《福鼎文史资料》第 9 辑载陶开惠先生《福鼎"五〇"虎害拾零》一文："1950 年阳春三月，福鼎发生一次虎害，大批老虎，三五成群地闯入西北边境，伤害人畜，为祸颇烈。"又道："管阳辖区和邻近区乡，接二连三地传出老虎吃人。"其实不然，是时吃人的是狼而不是虎。

　　20 世纪 10 年代初，濒临绝种的华南虎在管阳偶有出现。王福山、犁头岭等山顶，可能是它们最后的栖息地。自金钗溪村坡坑朱阿凡兄弟用猎枪打死一只虎后，再也未听闻有虎，而家养的猪羊被狼咬去时有所闻。沈青村大岔门林某曾用肉弹炸死 2 只狼。20 世纪 40 年代后期，狼亦销声匿迹。

　　1950 年春，狼又突然出现。它们或独行，或三五成群出没在管阳村和西阳村一带，咬死咬伤 10 多人。管阳村洋头黄某、章边村简山张某、秀贝村大岔门林某和牛社曾某、元潭村八斗陈某、溪头村八定陈某、青田陈某、楮楼村上章马某、钰阳村某女、车龙村某女都被咬死，有的甚至被吃掉；西昆村旗杆里某女、徐陈村兰口里某女和姚洋孙某则从狼口逃生。

　　我曾于百米外目击，这种狼个头大、吻宽、腭短、长毛，呈灰褐色，被人们称为"马狼"。它们的袭击对象主要是十二三岁以下的孩童，光天化日之下在田野或房前屋后明目张胆地害人，活动范围约 10 平方千米。狼害频传，令人惶惶不可终日。但实际狼在管阳仅肆虐 1 个多月，就没有再出现。有人说，狼是到泰顺后被猎手击毙了。

碧山张氏打虎记

✎ 张大罗　张恒福

　　章边村碧山自然村张姓一族崇尚习武，善于猎虎，在管阳一带饶有名气。20世纪50年代初期碧山村里还保存着狩猎之网、伞、虎叉及杖棍，至今还有几户人家保留练臂力用的石锁、石墩。

　　野生老虎现濒临灭绝，国家明文规定加以保护，而过去则作为害兽加以捕杀。数百年前管阳原名鹳洋，森林茂密，野草丛生，人烟稀少，鹳鸟成群结队栖息在溪边林间，各种野兽横行，特别是老虎时常出没，百姓深受其害。碧山张氏始祖张仁测于1275年迁居管阳，其后裔子孙崇尚习武，尤以清朝最盛。张氏子孙户户备有刀枪、棍杖、石臼、石锁。农闲时人人练武，每天清早，厅堂上都可以见到男女老少在练功，有握石锁的，有抓石臼的，有耍棍杖的，一般男女都有一二手硬功。他们练习武功，还用各种办法捕杀虎兽。村中备有数副弓弩，村民布好机关，只要老虎触及，弓弩上的铁弹便一齐射出，致其伤亡；或用苎麻或棕丝编织成绳网，安放在老虎出没的地方，并设置陷阱，专门用于围捕；还用一个大铁笼子，重千余斤，分里外两截，把活牲畜放在里层做诱饵，虎兽见饵进笼触碰机关，笼门闸死，兽无退路，发出吼叫，人们闻声赶至将其捕获。

　　村里经常组织壮汉上山追杀虎兽，派弓箭手埋伏山岔道口制高点。当虎兽闻四方锣声、鞭炮声、喊杀声逃窜至埋伏点，无数箭矢居高临下射出，虎兽不死也伤。据《张氏族谱》记载，恩授武德将军骑都尉的张荣八，臂力过人，有百步穿杨的箭法。年轻时，他将危害周围几县的一只身有丈余长的猛虎杀死，受到福宁府台的嘉奖，名噪乡里。后来前往台湾，因受当时交通和通信所限杳无消息。人们为了纪念这位打虎英雄，在村边建了一个宫庙，将其讳字铭刻在碑上，称"打虎师爷"，神龛两旁壁上画着他各种猎虎姿态，栩栩如生，让人看了肃然起敬。柱上还挂着一副对联，曰："碧山打虎真勇士，左庙益民活神仙。"庙里四时香火不断，人们狩猎前会先到宫庙祭祀，祈佑顺利。

人物春秋

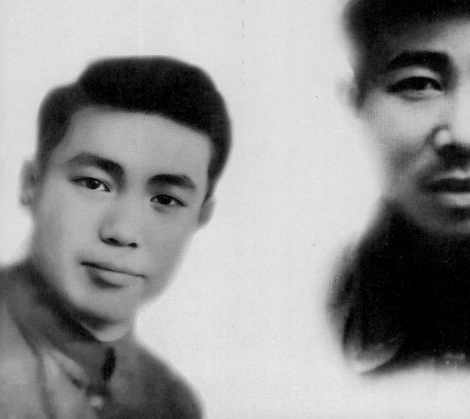

陈桷小传

陈桷（1090—1154），原名纬，字季壬，号存隆，生于浙江平阳蒲门厦材村（今苍南蒲城），中年罢职，为避秦桧迫害迁福建长溪县二十四都（今福鼎管阳）。

陈桷，宋政和二年（1112）殿试中探花，授文林郎。后历任冀州兵曹参军、太学正博士、秘书省校书郎、尚书虞部员外郎。宋宣和七年（1125），任礼部侍郎。宋徽宗命他伴送金使者，行至边界，陈桷见金兵列阵虎视中原，返回途中向燕帅蔡靖陈述所见，希望蔡靖加强防备。蔡靖却怒道："怎么有这种事？将传话的人抓来斩首！"陈桷愤而回朝，为避灾祸请求外放，遂被调任福建提刑。宋靖康元年（1126），福州驻军兵变，陈桷进入乱兵之中，晓以祸福，力挫其焰，并追杀肇事首领20余人，终平息此乱。

宋绍兴四年（1134），陈桷调任起居舍人，上奏"当今讲治道之本，应修政事以抵御示敌国，不应当以小事动圣虑"；"今刺史、县令满天下，不能皆得人"，宜应"选监司，重其权，久其任"；陈攻守二策，强调欲收复失地，"在于得人心，修军政"。宋绍兴六年（1136），调任浙西路提刑，倡导革除时弊，如"乞置乡县三老，以厚风俗""重侈靡之禁"等。

宋绍兴十一年（1141），升礼部侍郎。翌年，奉诏与太常寺讨论典制，因与秦桧不和，被罢官放逐。宋绍兴十五年（1145），陈桷复任襄阳知府、京西南路安抚使。当时襄、汉两地遭兵燹，苛捐杂税繁重，民不聊生，他据实陈奏，百姓负担得以减轻。不久，汉江泛滥，他"亲自率领兵民筑堤岸，平水患"。由于长期奔波，积劳成疾，陈桷遂请求改任秘阁修撰。宋绍兴二十四年（1154），奉调广州，充广南东路经略安抚使，于赴任途中病逝。著有《无相居士文集》。宋史有传。

（本文摘编自 2003 年版《福鼎县志》）

"老人"邱阜

✍ 陶开惠

"老人"姓邱名阜，生于明嘉靖间，万历中由其浙江泰顺罗阳南门迁徙福建福宁州十七都（今福鼎管阳）玉洋村。他为人善良厚道，见重于闾里，被都人公认为"和事老人"，故有"老人"之尊誉。

当时，由于政治腐败，经济衰退，捐税繁苛，导致黎庶困苦非常，不断发生争执、纠纷，甚至时常酿成流血事件。邱阜耳闻目睹，不忍袖手旁观，毅然挺身于是非场合，力为排解，做到不偏不倚、秉公而断、以理服人，从而解决了许多争执纠纷，获得了息事宁人的良好效果，因而被公认为"和事老人"。之后，十七都域内及其毗邻，凡有争执纠纷，不论大事小情，甚至夫妻吵架也要烦劳邱阜给予调解。

曾有一对夫妻因争睡床沿相持不下，登门请邱老公断。丈夫认为男人在床沿理所当然，而妻子认为女人家带幼儿一夜要起床多次，理应睡在床沿。老人见夫妇各不相让，就给想个两全办法，让把床移到房屋中间，一张床变成两边床沿。夫妇恍然大悟，道谢而去。

邱老在民风教化方面，也做了大量工作。比如劝导男人勤耕耘、增收益，妇女勤家务、善抚儿，以及防盗、禁赌等。十七都群众在邱老的感化下，从不宁静走向宁静，从不和睦变为和睦，出现了生活安定、生产振兴的新局面。可是万万没想到，这位为人排难解纷数十年如一日、有口皆碑的"老人"，竟丧生于悍妇之口！

某年三月十六日，两妇人为争执一只鸡，要老人立即判断。其中情况复杂，一时难以解决，彼一妇人迫不及待，欲上官府告状。"老人"劝劝再三，非但无济于事，妇人反将矛头指向"老人"，破口大骂，其词之秽，不堪入耳；"老人"当众遭其恶毒侮辱，抑无可抑，一反常态，奔到潭前，披头散发，仰天狂笑，一跃投身潭底。村人慌忙下水营救，及至打捞上来，"老人"已经气绝，终年八十有二。众人闻此噩耗，如丧考妣，莫不哀伤恸哭。

父老哀悼之余，鸠工建桥于邱老人丧生潭面，供奉邱阜神牌香位于桥上以资纪念，并集资购买60担租谷祭田，作为祭祀及有关事宜费用。

翌年三月十六是邱阜逝世一周年。人们斋戒沐浴，更服整冠，虔备供品香烛，到桥上祭祀，仪式颇为隆重。尔后，历年循例，风雨不移。

为继承邱阜教化遗风，由各村头人和较有名望者，联合组成民间团体，名曰"风决会"，也叫"讲风决"。其宗旨在于促进风俗教化，规定每年三月十六举行会议一次。其内容是：总结一年中乡规民约履行情况，防火、防盗、禁赌情况，以及讨论有关影响风俗倾向等，对好人好事给予表彰鼓励。会议主持人由各村头人依次轮流，周而复始。与会人员伙食费用由祭田租谷收入项下开支。据了解，开会午餐酒席有十来桌之多。这个乡例一直坚持到 1939 年，由于抗日战争形势紧张才被废止。尔后，纪念邱阜虽然不再搞什么群众性活动，但父老乡亲对他仍然深深铭记不忘。

老人的事迹在清光绪《福鼎县乡土志》中有这样一段记载："邱阜，瓦洋人，有齿德，为遐迩排难纠纷者数十年，有某甲，妇悍甚，小忿涉讼。阜劝谕弗听，自耻德薄，赴水死。闾里感其诚，建桥设主以祀，至今呼为'老人桥'云。"

清季拔贡、福建省谘议局议员孔昭淦先生有《老人桥》诗作一首，录如下：

水上山苍苍，山下水茫茫。
山水得佳趣，老人桥中央。
相传此老人，姓邱名未详。
明时土著者，解纷素所长。
或称鲁仲连，或指王彦方。
都中三十年，雀鼠息争场。
嗟彼妇长舌，顽性如虎狼。
攘鸡事殊小，忿欲质公堂。
老人谕再三，执拗仍非常。
耻此未能格，散发若狂佯。
仰天忽大笑，一跃入沧浪。
都人哀其志，叹息不能忘。
相视沉尸处，鸠工成桥梁。
桥上祀老人，岁岁荐馨香。
今年春仲月，野花繁路旁。
我从父老后，与祭肃冠裳。
音容不能接，四顾徒彷徨。
木末起悲风，波心明夕阳。
呜嗟老人心，上比日月光。

灵均投汨罗，至今增感伤。
君虽后古人，亦可与颉顽。
他日登志书，万古俱流芳。

孔昭淦小传

陶开惠

孔昭淦（1866—1910），字冠廷，号桂舫。生于清同治五年（1866），光绪甲申科取进县庠，庚寅科取录一等三名补廪，丁酉科乡荐卷，福鼎知县黄鼎翰聘其为乡土志协修。宣统己酉（1909）科取中第二名拔贡。同年被公举为福建省谘议局议员，力提利国裕民议案，深孚众望。惜天不假年，翌岁罹病不起，终年45岁。福鼎知县周赓慈曾亲书悼文，历叙其事功，备致惋惜之意。文曰：

处此新世界，仅仅束身自爱，于社会上事渺不相涉，则其自生自死，地方人亦不甚感触，若其在一乡一县为一乡一县代表，在一省为一省代表，所处之地，均能担任义务，力谋公益，其人品如美玉精金，咸钦国宝，其人才如布帛菽粟，关系民生，则哲人云亡，无论识与不识，莫不同声一哭矣。福建省谘议局委员孔先生，名昭淦，号桂舫，世居福鼎十七都西昆，至圣七十一代孙也。孔君早失怙，事母能得欢心，弟懦弱早死，抚其子如己出，其庸行已不可及。植品端凝，科举停后，君先后担任玉琳两所小学堂暨官立高等小学堂堂长，均善诱循循，学徒仰若泰斗。姚提学宪嘉其热心教育，委充县视学兼劝学所长，于私塾极意改良，士咸知奋。福鼎出产，茶为大宗，商界检举为总理，彼年与洋商交涉，争运载利益，力改约章，鼎自是于省台置公所焉。翌岁，君荣登拔萃，合群复公举君为省谘议局议员；所提议如编保甲、除衙蠹、禁缠足等案，皆切中时务，倘所言悉见施行，造福讵有涯哉！鄙人前代庖宁德，久耳君名，及获接言论、丰采，益信名下无虚。方冀地方新政，次第就君熟商举行，籍开风气，并匡不逮。岂料寿不偿其德，用不尽其蕴，年仅四十有五，遂与鄙人诀别，惜哉！然鄙人今日为个人生死惜犹浅，关乎时事之兴废惜实深。呜呼！孔君已矣，其生平所最注重，虽病而念念不忘，虽死而目犹不瞑者，莫如商务之尚多纠葛，学务之正待扩充。诸君今开追悼会，崇拜孔君，鄙人敢正告曰：崇拜在实意不在虚文，且不在表一日感情，而在留永久纪念，此后诸君果能秉公心，矢毅力，共瞻义务，同保利权，凡一切学务、商务，或为孔君补缺而弥憾，或为孔君益誉而增荣，则孔君虽死犹生之年，诸君其勉之！

赏戴花翎五品衔代理宁德县特授福鼎知县周赓慈拜撰。

孔昭淦平生热心公益，如周文所称，对文化教育事业著有劳绩。他还擅诗词、书法，有《海棠窝小草》行世。又作《太姥山纪游》七古千余言，采登县乘。他性乐山水，常寻幽访古，每游一处，必吟一诗，惜多散佚，仅存《秋日游石元庵》等诗作数首。

管阳

李瑀台公传

王翼谋

公篆廷珗，字瑀台。文林公生子三，公其长也。幼愉定纯朴，无孟浪容。甫成童，文林公年五十余矣，体羸善病，命分理内外，务悉井井有条，文林公甚器之。未几，归道山，公祗承遗产，惟恐陨坠，布衣蔬食，俭约自奉。每日早起，课僮仆，耕作田园，以外兼营货殖，运茶走闽海，所到辄有奇赢，由是家益隆富，业增其旧，遂建屋宇，筑窀穸，毕弟妹儿女婚嫁，凡所措施，洪纤悉当，恢张门户，绰有父风。

家居鼎之大山，族颇繁衍，公行谊素孚，族人莫不加敬，事有难决，多就质公，以一言裁决，靡不叹服。时祠务无人综理，佥举公董其事，顾祠产不腆，易致亏蚀，公于常费外力加撙节，有余则谨为储蓄，踰一纪，胠箧得数百金。念先茔累累，十无一完，不修益坏，将何以安体魄于地下？命工以次葺治，坚致如初嗣；倡修祠宇，并新其栗主。祠例给有薪费，公独不取，曰："此为子孙者应尽职分，何必计此区区耶！"

公居乡饮，人以和，无贵贱、少长，咸礼下之；或有过失，巽言规劝，冀其悔悟，不至复犯；有鼠雀讼争，居间力为排解，务底于息乃已；遇邑中善举，如建桥亭、修道路、设乡塾，辄泻囊倾助，竭力赞襄；间有乘急告贷，及贫不能自存者，与之不责其偿，赒之情无所吝，其随事自致，好行其德，如是，似于人无嫌恶矣。然视地方有聚博、吃烟及为盗贼者，则内疾于心、怒形于色，阻之而听则已，否则，之官请示严禁，绝不稍事优容。岁壬子，民军起汉阳，不逞之徒乘机蠢动，公与弟将台、实台出资倡办团练，督率族人日夜梭巡，村获奠安，公之力也。暇时喜阅历数及堪舆家言，以祖象谷公精通于此，故常悉心研究，不欲其家学及身无传也。

公由太学生援例入成均，姚提学使文倬于公周甲时赠额曰"望重成均"，今年六十有六，步履精神，聪明强犹，昔其膺福，正未有艾。配朱太君，勤俭淑慎，称贤内助，先公卒。子一，振声，清武生，现选郭洋区自治会议员。孙六，长国华，县高等小学毕业，省法政学员；次良鉴、良志，业农；次国宾，现肄业高等小学；次良河、良栖，俱幼读。曾孙六，永楷、永化、永祚、永冠、永倬、永拔。女二。甲寅冬，嫡孙国华丐作生传，登诸家乘，以示后人，宜不容辞，爰诠次其崖略如左。

（本文摘编自《大山李氏宗谱》，白荣敏点校）

卫生志中的两位名医

董德同

董德同，字志寅，号武臣，又号少园，清咸丰年（1855）出生于福鼎县管阳西阳村儒医世家。光绪四年（1878）院试一等第二名补廪生，光绪二十六（1900）充岁贡。少从父董国璋学医，承受家传，才学精进，通伤寒之学，尤长妇科，处方独特，别具一格，屡有奇效，善用柴胡，有"柴胡仙"之称。董德同体态魁梧，喜吟诗作画。有三子，长子世夫业医。董世夫有五子，第二子廷净（字策纯，管阳一带多呼"净仙"），第三子廷款（字策诚），均继承祖业，医道不逊乃祖乃父。

钟文镰

钟文镰，名学，畲族，清光绪十四年（1888），生于管阳唐阳乡，病故于1979年11月，享年92岁。

钟家世代务农，兼以青草医知名县内，父子相传，至文镰已历8世。文镰幼入私塾，4年后即随父钟大英习医，20岁开始以青草药为人治病，善疗儿科疳积，并擅艾灸，每起沉疴。为人谦恭，勤劳俭朴，以医为主业，得暇则躬耕不辍。耄耋之年，矍铄不衰，银须拂胸，神采奕奕。其子钟义春，继承父业，亦行医一方。

（本文摘编自《福鼎县卫生志》）

董策纯略传

✎ 陈岩圳

董策纯（1894—1955）管阳镇缙阳村人。系贡生、名医董德同之孙。幼受熏陶，好学。后被果阳私塾聘任，边学医，边教学，善书法，国学底蕴深厚。

为传承医业，他弃教从医，开药店、学炮制、研药性，获得实践经验，攻读《内经》《伤寒论》《金匮要略》《温病条辨》等医学经典，年近弱冠便悬壶济世。而立之年，善于独立思考，辨证施治，不受书本知识限制，以"尽信书，则不如无书"为座右铭。医术超凡，乡邻器重之。天竹药店主人吴某，服药后病情加剧，事出蹊跷，经其辨认药渣，始知药剂生偷加巴豆之故。邻村陈某，小儿突然得病，经诊，疑腹中有异物，探吐，果不其然，吐出肥皂块。不惑之年，因脚疾步履维艰，病家雇轿延请至柘荣、福安、寿宁、泰顺和平阳等县出诊，活人甚多。路经泰顺交垟，见一妇卧于床上，不见呼吸，形同死尸，全家惶然。他断其未死，即令软毛触鼻，毛动而醒。其医案有载："少妇气息全闭，尸卧不动，形色脉息亦如平人。灌以汤药，不能吞咽，一日夜，余灸其鬼哭穴，痛极而号，遂呼吸自如。其后三四年，又见一妇人亦如前症，余仿阴吹症之理意，用湿透棉花饼闭其前阴即醒。"

董策纯为医，患者多属慢性疑难杂症或高危病人。他认为：医求难，求医更难。其以身许医，有请必赴，诊则必效。昔日，无先进诊疗设备，仅靠望、闻、问、切诊断病因。他留神号脉，不离"三部九候"；开方必先立案，从不马虎；验药煮药，尿粪色嗅。为医多年，心劳神伤，悬壶之余偶也作诗消遣，"鞅掌尘劳四十年，情怀煮茧苦相煎"反映了行医的艰辛劳顿；"疯痹缠绵十几年，艰难步履困颠连""脚疾多年难得愈，苍颜白发体颓衰"反映了脚疾缠绵对其伤害尤大；"久出行医每次回，逢人俱讶我形衰。到家妻子皆欢跃，白犬迎舆摆尾来"反映了远诊的劳累和归来时妻儿的欢欣。

董策纯晚年多病，犹时时体念民众病贫之苦，充满悲悯情怀。曾自作挽联两对："死如有灵魂，志愿巡游治世病；生本无妙术，存心恻忍救人疴。""经不尽贫苦病愁，离别家室亲，双肩卸任；做不完父功子道，抛弃葫芦酒，两手空归。"

董策纯重医德，本村看病一律免费，遇贫困者得病常自掏腰包帮助。

陈子韶略传

✍ 陈岩圳

先祖父陈子韶（1860—1925），名教卿，乳名肇禧，管阳溪头人。性刚正，有器量，洒脱风雅，乐善好施，尝卖田助针卿公娶亲、为挑卿公还债。

公幼聪颖，喜读书，爱好广泛，多才多艺，为人所称道。擅长工笔画，兼擅剪纸。作品惜多失散，仅存《九老图》一幅。画匠心独运，线条流畅，错落有致；人物动势，或呵欠，或伸懒腰，神态各异；两老对弈，全神贯注，甚是逼真。

及长，笃志学医，为缙阳村庠生、名医董邦炼的得意门生。治学严谨，主攻徐批《外科正宗》和陈修园医书，不耻下问，搜访秘方，因而医术精湛。善治天花、麻疹，尤精喉疾、外科。辨症准确，配方灵活、灵验，临床带药或青草施治，每每药到病除。本村青田陈某公，背生痈疽，痛极，昼夜难眠，公先以"发药"促腐，后动手术割下，俨如小碗大，外敷口服，不久即愈。除点头、管阳、柘荣、霞浦外，公也在泰顺、寿宁一带行医。公谙药性，夜黑仅凭鼻闻即能辨别中药诸味，对青草药的学名别号、他地异名、药用价值亦多有所知。

1923—1924 年，有人从外地染回"野宝"（恶性天花），流行于溪头，患者百余人，多属贫苦孩童，有的脸肿如斗，举村惊恐不安。公时年迈，脚患关节炎，步履甚艰，但坚持每天拄拐挨户巡回义诊，救活甚多。公行医有三规：一是本村有重病者，先本村而后远诊；二是贫富贵贱，一视同仁；三是酬劳多寡从不计较。若遇特困者付药免费，甚至解囊相助。西坑清末秀才、著名书法家林际春咏诗并书于条幅赞曰："针茅徒柳不辞劳，一卷岐黄日揣摩。药在青囊书在手，活人不厌应酬多。""炼就丹砂日月长，真多寿世活人方。济施不但无求报，药饵贫家费代偿。"

公炼膏丹技术独到，品种繁多，如"道太乙膏""次太乙膏""加味太膏""吊膏""红消膏""绿消膏""紫霞膏""追风膏""万灵膏""普救万全膏""琥珀膏""如意琥珀珍珠膏"12 种秘方，炼制精良，不少被传下来造福乡里。

公悬壶数十年，重医德，轻财帛，悯病贫，有民胞物与的襟怀，至今老一辈提起他犹啧啧称赞。

汪惠台略传

✎ 汪艺泉

汪惠台，原名绍楼，字鹤轩，管阳茶阳村人，清光绪四年（1878）仲秋生。其父汪春波，业药，亦知医。先生幼承庭训，刻苦学习，熟读精研陈氏《修园全集》、喻氏《医门法律》与《医宗金鉴》诸书，颇得要领。20岁悬壶问世，为乡里所重。邻乡章氏秀才，精于医，先生从之，学医之余，进而学文。时科举之风盛行，先生跃跃欲试，其父喟然曰："不为良相为良医，济人于危亦可矣。"由是不操举业。其所读医书，多能通其意、守其法，师古而不泥古，临症用药，损益周详，常活人于沉疴之中。曾与当时久负盛名的缙阳名家董世夫先生畅论医理，董极口赞扬，许为时医所不逮。

柘荣县石山乡富商郑某，三月感伤寒症，迁延十余日，先是头痛发寒热，身体拘急，医以发散解表，汗出淋漓，病不解。更医亦如前法，病仍未已。乃求诊于先生，诊得两手脉沉数，而体凉肢厥，发斑微紫，遍布全身，咽干声戛，昏昏欲睡，精神郁冒，胸腹胀满，辗转不安于床。先生违众议，径以大承气汤急下之，大便得通。再投黄连解毒汤，病减大半。复与黄连犀角汤，紫斑尽退，历数日遂瘥。盖病伤寒而见身冷肢厥，辨为热深厥深。以其人平时厚味膏脂，积热于内，津液已燥，今外感伤寒，历数医皆以汗解，汗出过多，遂至津液重竭于内，转属阳明，故胸腹胀满，用大承气汤，急下即所以存阴。非明于病机，不能有此神效。

徐陈乡范某，年逾七十，素有痰疾，春间忽感头旋眼黑，目不见物，终日欲吐而不得吐，心中如懊憹状，头偏痛微肿，面颊呈赤色而足冷。历诸医，均乏效果。先生诊之，谓曰："此少壮时好饮酒，久，积湿热于内，风痰内作，上热下寒，阴阳不得交通，有否塞之象，足冷者，乃痰火上升之故。"遂取三棱针就头部刺出紫血数处，少顷，头目顿见清爽，眩晕诸症亦废减，再处天麻、柴胡、黄芩、黄连、陈皮、炙草、茯苓、半夏、生姜，尽数剂，病遂愈。盖头目眩晕，诊为上热下寒。本来"治热以寒"，法有常道，今患者年高气弱，虽有上热，不能用寒凉之药，以损其脾胃，唯有"热者砭之"，辅以针刺治疗。方中天麻以解头痛及眩晕，芩、连经过酒制，载药上行以治上热，半夏、生姜辛温以疗风痰，陈皮行气化痰，炙甘草温补中而益气，茯苓甘平利水，导湿下行，药后症减。剖析病机，用药切当，才能奏此肤功。

某年四乡麻疹流行，缺于医，夭折者众。有邻乡七蒲吴学秤者，为人长工，承主命，前来购买羚羊角以急救主人子麻疹肺炎重症，先生整支与之。吴还家心切，中途遗失，归无所用。主人责难之，返店以告先生。先生活人为重，再与之。病得救，吴感激涕零，云："我贫无立锥，唯先生谅之，不重价索赔，使主人子得活。先生之德，可谓尚矣！仁者之心，可谓厚矣！"至今乡人传颂不绝。

　　据先生好友张岩富老人（西阳人）云，先生素好强，求诊者如谓某病诸医皆不效，先生虽百忙亦毅然应诊，贫者免费给药。尝治乾头李氏女，40岁，痼疾4年，终日守卧室，虽长夏亦不敢下楼，如厕，亦必围炉，每请医，须除去忌药30余味，诸医束手。邀先生诊，为去窗棂，开门户，取自带药物予服，旋即携手下楼，谓曰："如病加剧，当为治好。"服药经旬，而多年痼疾得以解除。逾年，先生已故，李氏病复发，语人曰："我得救于汪惠台先生，今闻先生去世，我再无生存之望了。"后果然。

　　先生温良敦厚，诚以待人，每临症必躬自审视，用药必考究炮炙，是以深得病家信任。承祖业设永成堂药店于茶阳故居，服务周至，老幼无分，四乡趋之，历数十年而隆盛不替。先生好学多艺，通四子书，旁涉五行，虽工作极忙，每诊病必随手立案。惜天不假寿，享年仅四十有七。

吴立远简介

✑ 吴子伟

吴立远，字吉人，管阳西阳人，生于光绪十九年（1893）正月初二，卒于1951年。少颖慧，博学多才，因社会动乱，求功名未成，遂学医救民。

吴立远学医天赋极高，钻研中医药学，精通药书，临床经验丰富，素有美誉，医德、医术有口皆碑，名传方圆百里。

吴立远晚年双目失明，由霞浦回西阳原籍，专攻疑难杂症，坐诊行医，行轿出诊，诊病拟方，思考周详，用药专切，深受信赖。麻疹流行之年，曾免费配药救治本族百余名童儿。他经常周济贫穷患者，不但不收诊金，而且免费供药。

吉人与举人谐音，当地人称呼其"吴举人""举人公""举人叔"等。

汪济美略传

 张振弼

　　邑之有名医，邑之大幸也。汪济美为管阳茶洋人氏，生于 1925 年，中医世家出身，晚号征缄。幼年迭遭病祸家难，家道窘贫；复因庸医误药致失母恃，刻骨难释，故以矢志勤攻医经，随父习医。先生之父汪春波，祖父汪惠台，均以医名。故自幼承庭训周至，读医书用心至专，临床诊治中细心观察、耳濡目染，少年时便初具技能。偶遇一血崩 5 日病例，医者以凉血止血无效；恰父病卧床，遣其代行出诊，细审病史，确认乃劳损过度致病，反取补气生血、活血止血法，投以加味胶艾汤，再以人参养荣汤收功，病家病愈，大喜。

　　复有族兄突发烦躁症，手足频舞似狂，急招其出诊。号脉际，四肢厥冷，喉头紧束，终至不省人事。汪济美初觉心慌，强作镇定，研判属中风脱症，阳气衰微，脉动不满十而代，乃当机立断，拟回阳补气，散寒祛风。开处方：附子 9 克，东洋参 9 克另炖，南星 5 克，广木香 3 克。水煎，边煎边灌，一剂接一剂，接连不断，自午至黄昏，连服 5 剂，渐生温，始臂腿后四肢，脉息渐回，未见代象。时村邻老辈医者聚病家，见此赞叹连声。

　　此后，为生计曾短期从教，后复改从医，积 60 余年之功，渐成精湛，活人千数，名及闽浙边界，为闽浙边地区一代名医。晚年退居故里，尽出积蓄 10 余万元，捐助办学、修路，热心公益，泽被乡里。

　　1958 年秋，先生入福建中医学院师资班进修，兼任医经与内科学教研，接触更多名医名著，医术明显精进。其间，先生渐渐对辨证论治更有体会，博采众长，获益匪浅。如对张从正之"攻邪学说"，其辨证研究取得突破性成效。如用"涌吐法"治愈一位 18 岁散发性脑炎（昏迷型）并发金黄色葡萄球菌败血症患者。患者口噤痰鸣，泪出。其人深度昏迷 40 余日，曾往温州医院治疗，无效，远道求治。经研究病史，先生研判为风痰壅阻上焦，闭塞深窍，致内不解，外不和，昏迷痉厥，诸症俱作。发之不可，下之不宜，拟投以搜风祛痰开窍之药法取探引。两度吐顽痰 1000 毫升，未及一时辰，神志顿清，复能言语，诚属奇效。又用"清热攻下法"治愈一肌肉暴脱症。此间先生研读前人对张从正攻邪"三法"的评述，悟出三法中寓有医疗"八法"中之一共性原理，即"通"法，所谓"通则不痛，痛则不通"。涌吐决痰壅属使上焦通，大剂苦寒扑火使内燔邪火走通，芳香化浊使邪浊芳化等等。

1959年起，先生创建福鼎中医院并被推任中医院长。创业维艰，其以身作则，不但处理行政事务，复兼任门诊医生，兢兢业业，颇足感人。他医术精湛，却又兢兢惕惕，小病亦以心诚为念，从不苟且；对重病者更以全身心投入，斟酌再三。本邑分关有一病家，误于家贫拖延病治，积下实火，致大便成结胶沥青状，痛不欲生。先生更知症险，不救将死，望闻问切之后，又反复查考医书医案，终于拟下方笺，嘱咐立马炖服。经整一年疗治，终见沥青便逐渐化解，病家从床上下地。我闻此奇症，与先生同赴分关看望，病家泪水盈眶，欲下跪致谢，先生急扶之起。

我亦曾亲见先生高明医术。1984年秋，家叔因起番薯窖，中暑气及浊污气，未发作时来县城事干，暑病发作，腹痛难忍，欲吐不吐，病卧中山戏院外。好心三轮工人询知，急送他至我处，我让他服藿香正气水一支，不解，再服一支，不久竟吐秽物近一大盆，当夜安静睡下。翌日晨，老叔不听我留看汪医生之劝，竟自行回家。月余，旧病复发，危至生命，准备后事，弟急电召我回，至午后5时方有人转告。我急寻汪先生，并求其于翌日晨为前往救治。先生听我及家人复述后，决定拟芳香化浊方以治，药回，仅二角七分钱，为防失误，先生嘱半服药汁，如可，半小时则全服另半。果然，不到半小时，老叔口边结痂见润，且有脱落之态，家人喜，复将另半服下，当夜竟安静睡下。翌日晨，神态大好，二渣汁亦服下，几近痊愈。询先生，曰："可矣！"复拟方一，为巩固而已。一场大病，仅一服药，如擦水珠，即刻干净。闻者均谓先生为"神矣"。此"药到病除"之例，于先生一生可谓比比皆是。

先生一生致力中医中药，发掘祖国医学遗产，促进中西医结合、中医药研究及中医药人才培养，使福鼎中医院从初办时的简陋门诊发展成具有一定规模的医疗、教学和科研中心。他讲究学无止境、医无止境，虽身为中医院院长，从不停辍门诊。临床看诊40余年，他积累了许多经验，因时间缺、行政事务多故，除部分已撰写成《张从正攻邪论的学术观点及其临床指导意义》的论文30多篇和《医林一介》一书，不少未能形成文字。他曾主持组织编辑《福鼎本草》《福鼎中草药》《中医药题解》等医药著作，历任县人大第八届常委、县政协第五届副主席、宁德中医学会副理事长、福建省中医学会理事，为宁德地区第一位中医内科主任医师。1988年，他被评为福建省卫生系统先进工作者、全国卫生系统先进工作者，入选《中国当代中医名人志》等名录。

先生一生为人低调沉稳，立德立言，诚为贤者。千禧年先生有一寄语："天下人若能相见以诚，相约以德，相助于窘，相扶于厄，凡事忍让于相持之际，自律于相守之间，则公理昭彰，天下太平。"此为他人生之箴言，亦为他一生之践言，可为其子孙与我辈人生之规诫。先生身为专职医师，爱好广泛，散文、碑铭记序、诗词，均有涉猎。先生卒于 2019 年，享年 95 岁。夫人马氏，楮楼马亦巽女，秀外慧中，中医药剂师，通百草，精炮制。膝下有男三女二，皆有所成，先生可为慰也。

朱弦生略传

朱小康

先祖父朱亦敏，字若申，号弦生，清光绪年（1901）八月生于管阳唐阳卷桥头。他继承家学，是"松年堂"中药铺的第二代传承人。早期医药兼顾，继而专修外科。其医术精湛，医德高尚，是当时邑内中医外科名医。1956年3月卒于城关，终年56岁。

卷桥头朱氏祖上系中医世家，自曾祖朱可剑创中医药铺，名号"松年堂"，开启卷桥头的世医之门。

朱弦生自小秉性端静，聪慧灵敏。少时博览古籍经典，才智过人，悟性甚高，又经"松年堂"耳濡目染，心智得以启蒙。及长随父学医，潜心攻读历代名家医著，发奋钻研岐黄之术。19岁继承父业，独立行医，兼营药铺。除了坐堂诊病、备药配剂外，还经常出诊，备尝艰辛。他体贴患者，诊病态度温和，立方遣药，每见疗效，青年时便崭露头角，名闻乡里。

1930年底，"松年堂"因赊账过多，无法向温州药商支付药款停止运营。1934年，33岁的朱弦生举家迁至桐山。

在桐山行医的22年是弦生从医生涯的黄金时期，他在学识上不断增进，在技艺上精益求精。他广交杏林益友，常与当地名老中医交流互学，尤与同庚名中医郑良怀往来甚密，经常探讨切磋，甚为相得。他对中医内科和外科均有深度研究，所学医理纵横贯通，融会于心，活学活用，尤其在外科方面颇有造诣。他临症诊断审慎、用药精稳、工于操术，慕名者甚众。他为病人手术时，店堂"L"形的案台外常有路人驻足围观，见其精准娴熟的操作过程，无不称奇叹服。《福鼎县卫生志》中有这样一段评述："弦生17岁起在药铺从父学艺，医药双修，心性慧敏，广求名家典籍，潜心精研，19岁开始独立行医。1934年悬壶桐山，治验颇多，尤精于中医外科，县内几无与匹者。"

民国时，县内仅有一所小型卫生院，尚无外科手术业务，民间亦无人能开刀治病。唯朱弦生对各种体表肿物及口腔、咽喉等疾患，能做切开治疗，手到病除，无一不验。早年，县乡间西医极少，常有喉病发生，严重时可引发脓毒血症，危及生命，他以中医外科妙手，在患者咽喉侧部割肿排脓，患者即刻畅通气道，转危为安，再令患者加服养阴清热方剂，病痛日渐解除。

曾有沙埕南镇人郑某，右腿患附骨疽，此症因毒邪内陷形成脓肿，附筋着骨，患者自腹股沟肿至足趾，腿粗如桶，疼痛彻骨，卧床不起。几经辗转医治，症候却与日加剧。朱弦生施以切开引流法，一次排脓50多碗。继之清除坏死组织，敷药排毒以生肌收口，同时内服方剂扶养筋骨，月余治愈。

　　沙埕刘某之妻，分娩期间患乳疽失治，延续溃烂20余年，久治不愈。其接治后，断然将已成腐肉的整个乳房切除，敷以药物，病人终获痊愈。

　　面对一些罕见的难症、偏症，朱弦生能随机应对，突破常规，独创疗法，屡获奇效。

　　管阳金钗溪村朱某鼻孔流血，涕中带血，久治不效。朱弦生经诊断与仔细探察，发现鼻腔深部竟藏着一条大蚂蟥。原来患者曾在山中劳作时饮涧水汲入幼蛭（蚂蟥），寄生于鼻腔，日久幼蛭长为成虫，吸血时咬伤黏膜造成出血。这虫子看得见捉不着，朱弦生配制一剂药粉塞入患者鼻孔，蚂蟥即除。

　　朱弦生曾救治过管阳亭边村患者陈某，其伤情复杂前所未见。陈某幼时上山拾柴不慎从树上滑落，阴囊被残枝戳破，两侧睾丸外脱悬至膝下。此症医书上一时无处查考，朱弦生思寻再三，配制一种药末点施于创口，未几，脱出的附件牵动睾丸缓缓回缩复位。那时没有医用缝合线，他就地取材，从新鲜芋梗中剥取纤维作线，缝合阴囊表皮，再外敷中药散剂，让其自行吸收，无须拆线，数日后康复如初，且无后遗症，成为一时奇闻。此医案在《福鼎县卫生志》中亦有记载。

　　朱弦生施行口腔手术，有时不用常规器具，而是取一个干净的瓷碗敲碎，从内层碎屑中选取锐利的薄片，固定于竹柄一端代替手术刀。至于因何以瓷代刀，至今还是个谜。

　　管阳一农妇，割草回家后，一侧耳朵初觉不适，数日后耳内深部隐隐作痛，继而转至一侧头痛，日甚一日，服药不见好转。朱弦生仔细询问病情，查看外耳道未见异常，便让患者头部靠墙坐定，用蛋糕分置于两侧外耳的耳甲腔。须臾，一只只细小的蚂蚁从耳道口爬出来，聚集在蛋糕上，遂被清除殆尽。不多时，头痛症状顿消。

　　有村民不慎被沸水烫伤，面积大得吓人，腹背、手臂几无完肤，呼天号地疼痛异常。朱弦生立马喊人请来屠宰师傅宰杀一头生猪，直取与板油粘连的大网膜（俗称网纱油），趁网膜尚有腔内带出余温时，将其像穿内衣一样贴附于患者身上，以此减缓疼痛、保护皮肤。而后用中药制剂涂抹数天，日渐康复，痊愈后无疤痕，肤色如初。

　　朱弦生不仅医技精良，而且医德高尚。其待人平和，对接诊的病人不分贫富贵贱，都平等相待。他体恤农民，对贫病人家尤为同情，出诊行医从不乘坐病家雇用的轿子，遇贫困患者常不取酬，且资其药。对进城问医家住偏远的重病者，为其提供食宿、卫生和护理等方便。店堂悬挂的"著手成春"的牌匾，是患者对他的赞誉。

　　朱弦生从医30多年，饱学医书，精勤不倦，医学、药学皆通，内科、外科俱擅，外科成就尤为出众。

卓剑舟略传

✍ 周瑞光

卓剑舟（1901—1953），名朝柟，别署天南遁客，祖籍福鼎县管阳镇，后移居桐山城南，系明洪武榜眼、户部侍郎卓敬（其故里在浙江瑞安卓澳）之裔孙，深受蒙师周梦虞、王翼谋等人关爱。及壮，负笈沪上，与梁启超、柳亚子、黎锦熙等结为诗盟讲友。20 世纪 30 年代初毕业于上海国语专科学校，旋赴南洋群岛任中华学校校长，并设"卓剑舟医寓"悬壶济世。时当地麻痘病流行，地方政府束手无策，幸赖卓剑舟先生推行中医疗法，药、针并施，全活无数病孩，一境民众感恩戴德。1935 年任荷属西婆罗洲（今马来西亚）华侨驻京代表。抗日战争初期返乡，热心投入地方文化教育事业，曾与李得光、陈维新、林豪庵、周南等人一起创办福鼎县北岭中学（今福鼎一中），亲任语文教员，造就茂才，嘉惠后昆。曾荣任福鼎县文献委员会首席委员兼修志局总纂。中华人民共和国成立后，卓剑舟先后被选为福鼎县首届各界人民代表会议常委会副主席、县中苏友好协会副主席、县卫生工作者协会会长等。1953 年病逝。

卓剑舟平生编著有《南洋见闻纪略》《注音字母讲义》《摩兜坚馆诗草》《太姥山全志》《太姥山纪游集》《福鼎县志稿》等。其中《太姥山全志》一书尤为海内外人士推重，辛亥革命元老林森为之亲题书名。志中凡一勺之水，一拳之石，乃至一丘一壑，他俱考察精详。他手不释卷，废寝忘餐，不辞劳苦，广征博采，费三五年之工夫，集明清以降乃至民国诸家之大成，因其旧册，益以新裁，兼及时俊诗文，分名胜、寺宇、金石、方物、人物、艺文各门，凡 18 卷，约 20 万言。福建师范大学原副校长、易学家黄寿祺教授评："从来志太姥山者，殆莫详于此书。"诚哉！盖先生斯举嗣徽前贤，遗饷后人，阐微显幽，厥功巨伟，堪值后人忆念。

陈海亮略传

陈克铨　陈岩埘　陈师波　陈丹复

　　陈海亮（1908—2007），字洗天，1908 年农历十月出生于管阳元潭村，系雁溪陈氏后裔，陈卧云之长子。家清贫，少聪颖。1931 年毕业于福建省高级工业学校，返鼎后任县图书馆及民众教育馆馆长、北岭中学教师等职。

　　1937 年 7 月，陈海亮被派往教育部电教训练班受训。8 月，日寇飞机轰炸南京，他愤然返鼎组织报告团、宣传队，宣传抗日，募捐救国公债。

　　1938 年秋，陈海亮被任命为国民政府军事委员会政治部战地文化服务处南昌总处主任，向抗日前线输送宣传品和慰劳品，屡遭日机轰炸，几度险送性命。1942 年秋，他在重庆晋见政治部第三厅厅长郭沫若，汇报在南昌总处工作情况。郭嘉许其劳绩，亲书"海大浩茫容众水，月光清亮护群星"嵌名联对相赠。

　　1941 年 9 月，福州第一次光复，他赴榕同各界人士发起"庆祝福州光复大会"，开展庆祝慰劳活动。会后，他被派任闽海善后委员会秘书，旋调感化团主秘，省政府社会处视导，复被派重庆中央训练团受训。

　　陈海亮反对贪官污吏，关心民瘼。1945 年春，被派返闽东驻区视导。他向当局提出"肃贪惩腐，以挽颓风"的建议，专员黄哲真即命他查办群众所举报的国民民团团长、团副、卫生院院长、乡镇长等十多人。曾先后营救无辜被判死刑的徐茂学等 11 人，为料山村农民争回被 80 师没收的十几头耕牛。巡察霞浦时，面斥无能县长戴启熊，并报省里将其免职，巡察福鼎查办欺压农民的乡长张亦艮、夏云祥和乡队副方世锵等，被誉为"今之按察"。

　　1946 年，先后任专署视察、科长、秘书等职，曾一度代署专员之职。

　　1947 年秋，他以绝对多数票当选为国民大会代表。翌年 3 月他参加第一届国民大会，选举总统时被推为五名监票员之一。会间，他激烈质询教育部长朱家骅等之施政报告，并力助副总统候选人孙科竞选。嗣后，被蒋介石聘为"中央宪政督导委员会委员"。会后，他极力向总统条陈建国富民大计，力陈闽东铁路建设重要性，全力以赴事功，为时任福建省主席刘建绪所敬服。

　　1951 年秋，他因个人历史问题被拘，直到 1970 年才释归。1987 年，宁德地区中

126

级人民法院经复查后宣告陈海亮无罪。

陈海亮为知名民主人士，1987年起任宁德地区台属联谊会副会长、福鼎县台属联谊会会长、政协委员、《太姥诗社》社长。其间，他与在台故友恢复通信，关心台湾回归。他长于诗文、书法，作品散见全国报刊，90岁时著有《拙诚斋剩稿诗文选》一书行世。

陈海亮于2007年春与世长辞，享年100岁。他被载入《中华民国时期军政职官志》和《中华民国国民政府军政职官人物志》。

吴锡璋略传

陈岩圳

吴锡璋（1909—1985）原名立宝，字式和，出生于西阳村清贫农家。少机灵、有天分，在缙阳村读私塾，过目成诵，考试每居诸生之冠。其叔吴建训爱之，视如己出，决心培养成才，送桐山河墘小学就读。其恩师卢学樵家藏书几被阅尽，学业大为精进。而后完成中学课程考入大学，1932年毕业于南京中央政治学校大学部法律系，获"法学士"。学成后曾任闽侯第二区区长、尤溪县教育科科长等职。

1942年，福建省主席刘建绪要为全省补缺数名县长，经考试择优录取，吴锡璋以第三名的成绩被派任尤溪县长。其母六十寿诞，刘建绪作"瑞蔼萱闱耆年介寿，名扬梓舍百里称侯"对联相赠。吴锡璋学而成才，全赖吴建训的不惜代价，无私支持。先是，其先祖父吴雄飞，为人好学，重名气，曾三次赴试武庠生不第，憾甚，弥留之际托付次子建训："吾子孙，谁若能读书者，你当精心栽培。"吴建训频频许诺，果不负重托。

1943年，出任尤溪县长时，吴锡璋与当地军阀卢兴邦、卢兴雄处理好关系，显示其颇有权变。卢家兄弟为土匪出身，称霸一方，对当局构成威胁。璋在三年任职中，受到二卢的赞赏和支持，政绩显著，为官清廉，口碑颇佳。

1946年3月至1948年6月，吴锡璋任福鼎县长，建县府大礼堂、宿舍楼，修复水北溪、溪江石板桥和防洪堤等。后调省城任督察专员，1949年赴台，76岁病逝。

（本文据吴锡康、吴邦恩口述整理）

管阳

陈公亮小传

✎ 陈令行　陈师波

陈公亮于 1911 年生于福鼎县管阳元潭村，从医半个多世纪，1991 年 7 月 17 日（农历六月初六）7 时 35 分因病逝世，享年 81 岁。远近群众惊闻噩耗，如失亲人，悲恸不已，纷纷以各种方式表示哀悼。福鼎县卫生局局长李如华，县卫生协会主任王国贤，中医院原院长、主任医师汪济美，中医院中共支书张诗霞等专程前往吊唁。李如华局长说："陈公亮医师的医德与做人态度，在医界中确属难能可贵。我非常尊敬公亮这样的好医师。他的去世，是管阳人民的损失，也是福鼎医界的损失。"李如华局长等还撰写挽联："一代好医风，公亮功绩；无私多奉献，元潭光荣。""救死扶伤已尽瘁，长留风范在人间。"

陈公亮幼时家境清贫，只读过几年私塾、3 年小学。20 岁左右时，眼看农村缺医少药，农民生病常因得不到治疗而死去，便决心习医。元潭村群众大部分信奉基督教，当时驻元潭教堂传道的牧师葛恩基颇懂西医，陈公亮便虚心向他求教。27 岁时，他到柘荣县医院进修，边学习理论，边临床实践。由于理论结合实际，其医术提高很快。经过两年多的努力，他基本掌握了农村常见病的西医诊疗技术。29 岁时，他在家乡元潭村开设诊所，实现了从医的夙愿，成为方圆几十里内唯一的西医，为解除农民群众的疾病痛苦不辞辛劳。

1950 年，为方便四方群众，陈公亮与汪济美在西阳村创办福鼎县首家联合诊所——济公诊所。两人志同道合，互相尊重，中西结合，相得益彰。这个诊所担负着周围数十个自然村的疫病防治工作，为当地的医卫事业作出了很大贡献。几年中，他与汪济美医师密切配合，走村串户，吃苦耐劳，日夜奋战，百分百完成预防接种任务，多次受到上级表扬。1956 年，西阳一带麻疹流行，每日就诊达数百人次。陈公亮废寝忘食，全力以赴，投入抢救，足迹遍及西阳、徐陈、缙阳、溪头、沈青、秀洋等几十个自然村，风雨无阻，昼夜兼程，连续 30 多天没睡上一次好觉，经他救治的患儿无一死亡。他因操劳过度，时常病倒，几至不治，表现出舍身忘我的高尚医风。

1959 年，秀贝村农民叶明仕下肢发生脓肿，陈公亮为他切开引流。陈公亮当夜留宿他家。每当听到病人呻吟，陈公亮都要起来检视病情，问候病人，采取医疗措施。

这一夜他起来5次，直到天亮病人痛消。叶明仕至今还常常提起这件事。1960年7月，泰顺王家洋村吴明乾患急性腹痛求诊。陈公亮冒酷暑、顶烈日，翻山越岭赶了20多里路应诊。陈公亮诊断他因吃粗糙的代食品引起肠阻塞，立即对他进行灌肠。由于藻类堵塞肛管时间较久，灌肠无济于事，陈公亮便用手指从患者肛门中抠出硬便，整整花了一个钟头才全部掏净，自己全身被汗水湿透，令病人感激涕零。这个病人至今已85岁高龄，依然健在。陈公亮就是以这样极端负责任的精神来对待病人，凡经他诊治过的人，无不为之深深感动。

陈公亮常说："做个医生，救死扶伤是自己义不容辞的责任，危重病人，只要有万分之一的希望都要救到底。"他是这样说的，也是这样做的。

1961年，天竹后湾吴某的儿子病危，遣人来叫诊。陈公亮赶到病家门外，吴某神态悲伤，出来辞谢："孩子已死，请医生回头。"陈公亮问："孩子在哪里？"吴某答："丢在灰寮里。"陈公亮说："既然到这里，请你带我去看看是不是可救。"陈公亮到灰寮后对病孩认真检查，发现孩子脉搏呼吸已经停止，但胸部还有余温，立即注射强心剂。半个钟头后，孩子竟奇迹般地复苏，出现了微弱的脉搏和呼吸，全家人异常激动。死人被救活，轰动了远近山村。孩子长大成人后，结婚时特意邀请陈公亮，以谢救命大恩。

1962年，天竹观音亭吴石养女儿孩病危，经好几位医生治疗无效，最后请陈公亮出诊。他到了病家门前，迎面碰到另一位医生从屋里出来，对方说："各种药都用尽了，已无救活可能，我们走吧！"吴石养妻子在屋里听到陈公亮医生来了，便大声呼叫："请陈先生莫走呀！能得到公亮先生救治，我女儿死了也甘心。"陈公亮请那位医生先回去，自己进屋诊视。吴石养妻子怀抱女儿坐在椅子上，几夜未眠，见陈公亮医生来如释重负。陈公亮给病孩注射针药后，母女竟然睡了。陈公亮对吴石养说："过会儿再注一针，一小时后如能找奶吃，就可救，我再来复诊。"之后，给病孩再注一针，还没走出大门，病孩就能找奶吃。这个女孩现在已当祖母。

陈公亮对病人负责到底，把病人的痛苦看作自己的痛苦，病人的痛苦没解除，他一刻也不会安宁。他对危重病人总是日夜监护，而让病人家属去休息。凡是他初诊的病人，他都要上门巡视探访，直至病人痊愈。

陈公亮晚年体弱多病，常靠药物维持生命，但是他对许多上门求诊的病人总是热情接待，认真诊疗，从没流露出丝毫的厌倦。有时家人怕他身体无法支持，又怕在医疗上出现差错，婉言谢绝求诊病人。但他总是说："人家信任我，老远赶来，我不给他们看，怎么对得起他们？只要我有一口气，都不能让病人失望回去。"他躺在楼上，听到有人求诊，便摸索着下楼看病，履行自己的天职。

晚年，陈公亮因病体衰弱，摔倒十几次，其中 3 次不省人事达一个钟头以上，3 次头破血流。就在逝世前十几天，他还挂着注射液为人看病。他在弥留之际，特别嘱咐两个当农村医生的孩子："工作要认真，做人要诚实；要爱人如己，相互帮助，体贴病人；要讲道德，不要计较个人得失与人争争挤挤。"真可谓鞠躬尽瘁、死而后已！

陈公亮在工作上讲奉献，在生活上不求享受，几十年来始终保持艰苦奋斗的生活作风。他烟酒不沾，一年四季穿着"十六磅"（最便宜耐穿的粗布）直至 70 多岁，还舍不得穿好的。他体谅病人家属的困难，从来不给他们添麻烦。有人来叫出诊，他估计要在病人家吃饭，就在路上交代说："我最喜欢吃稀饭和咸菜。"他就是这样淡泊自甘。

平时走村串户诊病，陈公亮常为抢救危重病人废寝忘食。若见病人家已吃过饭，他常谎称自己吃了饭，空腹为人治病。有时饿得实在难受，他才让煮稀饭，称这样省时又省钱。"稀饭咸菜最好吃"成了他的口头禅。他留宿病家，不计较床铺好坏，只求便于监护病人。

陈公亮一生中与不少医生共事过。他对待同事至亲至爱，至诚至实，严于律己，宽以待人。他常说，从汪济美医师那里学到了中医技术，也学到了高尚医德。他在病人面前总是称赞其他医生的长处，说自己不如他们，只能做他们的助手。每逢接诊其他医生治不好的病人，他总是极力维护同事的声誉，说："你的病经某医生治疗已基本好了，现在只剩一点余症，我代他处理一下。"凡是与他共事过的人，无不被他谦让的精神所折服感动。

陈公亮以他高尚的医德、高明的医术、待人的真诚，赢得了人们的尊敬。群众在一副挽联中充分表达了对他深深的尊敬和绵绵的哀思："爱国兼爱人，忘我服务；医德与医术，载道口碑。"

陈希立小传

谢瑞元

陈希立，出生于1917年，管阳溪头人，其父陈子琳是位老中医，学识广博。他6岁便进入私塾，好学不倦，梦中仍在吟诵诗文。7岁时，其父便送他到泰顺仕洋小学就读，后因病返乡就读于溪头小学。他从小熟读《古文观止》《左传》《古文笔法百篇》等书。15岁在药店当学徒，3年后考入北岭中学，后又在三都中学、福建学院就读。

1947年，陈希立赴泰顺简易师范执教。同年秋天，远别故里去上海寻找工作。年底，又远涉重洋到台湾基隆小学执教。离福鼎解放只差7天时，陈希立匆匆返乡，见到了故土上空的红旗，欣喜地到福鼎一中执教。

1956年9月6日，陈希立不畏艰辛，毅然受命创办白琳小学附设初中班。1959年，附设初中班改称福鼎第三中学，他任教导主任。1959年至1962年，福安地区统一中考，福鼎三中成绩连续3年名列前茅。其性如松，不肯在困难面前低头，诚如他所言："倘若要做事，就一定要做成功！"

"文革"期间，陈希立被冠上"莫须有"的罪名，仍似傲骨苍松，不肯弯腰。在接受"改造"期间，他积极参加劳动，热心于学校的建设。

育人40多载，陈希立栽培了6000多名学生，最大岁数的学子已逾古稀。他业余时间与退休后常为人诊病，用16年的时间编写了药书《千方巧记疗疾篇》。他一生崇仰松树，曾写诗颂赞松树的高风："山色曙光映水湾，凌云出岫态超然。老夫喜爱乔松劲，傲雪不凋贵所难。"有《退思集》《续退思集》二卷诗集行世。

陶肇锐小传

🍃 陈岩圳

  陶肇锐（1913—1986），字钝如，管阳镇西昆村人。读私塾和小学时，聪慧好学，成绩均名列前茅。虽因家贫无法升学，而平素览书颇多，修学严谨，才思敏捷，古文、白话兼善，每每落笔即能成文。

  陶肇锐民国时经文职考试受任用。据1994年2月《福鼎县政府志》记载，民国期间，他先后任"磻溪乡乡长""果阳乡乡长"和"桐山镇镇长"等职。1953年，被远遣内蒙古劳动改造，之后被当地挽留就业5年多。叶落归根时，年近花甲，谨慎守法，总是撸起裤管，积极躬行农事。

  改革开放之后，陶肇锐曾被聘在寺门任教，常为民间纂修谱牒等。1980年他为管阳碧峰张氏修宗谱时，撰写《谱序》，并写了如下风景诗篇：

南山石鹤

亭亭石鹤立南山，雨雪风霜只等闲。
日对平途看过客，南车北去北车南。

石门岩刹

石门岩刹白云间，一去山僧不复还。
壁满苍苔钟鼓渺，朝晖夜月照空山。

南屏雨瀑

南屏一别自绵延，峭壁遥看接汉天。
大雨滂沱山水落，瀑岩百丈泻悬泉。

骆驼夕照

脉脉斜阳下远空，骆驼峰顶有余红。
端缘高出诸山上，虽到黄昏色不同。

陶肇锐晚有所乐，生活惬意。悠闲时把酒过后，他常吟咏作诗，对联尤为见长。曾为昭明寺撰写《昭明寺序》，虽已失落，其结语仍传："寺中帝子今何在，山下桐江空自流。"

陶肇锐为人内向，不照相片，不自张扬，所作文作、诗词、对联等尽行失散，仅见笔记残页墨迹 6 张。其书法以行楷著称，有"清劲秀雅，温润含蓄"之风格。

其胞弟陶开惠（1904—1977），毕业于省医专，文采与其兄齐名。其诗词文章分别载入《福鼎市太姥诗社》和《福鼎文史资料》。

张之炳小传

✎ 张振弼

张之炳（1926—1999），管阳碧峰人，又名耀南、时炳，1957 年毕业于三都中学高中。先后任教于果洋、管阳、白琳、透埕、点头，1952 年被评为桐山学区模范教师，同年考入福建师院范学院生物系深造；1954 年回福鼎一中（初中），1956 年升任高中生物教员。经 3 年努力，他与同组老师制作 370 多件教具，创建生物实验室、实验园地。1957 年被评为县、地、省教育先进工作者，并出席省首届教育先进代表会议，获教育厅颁发奖状。回校后，努力开展勤工俭学活动，在一中周边开发茶园、花园、苗圃、果园、试验区、标本区和小动物园（养殖动物 40 多种，共计 300 多只），兼任教研组长、班主任、实验员，十年如一日，寒暑假不离校。

"文革"期间，被开除遣送回家。党的十一届三中全会后重返福鼎一中，马上又投入生物实验室重建，团结生物组教师创制教具 1080 多件，肩负高中毕业班教员及培养接任教师重任。1984 年，其实验室被评为宁德地区唯一生物科文明实验室；1987 年，一中生物组被评为全国先进教研组，名列全省第三名。历年来，福鼎一中生物科高考成绩均处全省上游。

作为老教师，张之炳注重传、帮、带，为培养新教师倾注大量心血；还注重论文撰写，有 3 篇发表在省级刊物上。1982 年，他被评为县、地、省教育先进工作者，省劳动模范，获得省政府颁发劳模荣誉证书、奖章。1984 年，他被选为福鼎县人民代表和人大常委会委员。1999 年 1 月 22 日，张之炳因病逝世，享年 74 岁。

卓亦溪小传

✎ 张振弼　陈师波

　　卓亦溪先生者，卓剑钊先生之哲嗣也，管阳渔池人，生于 1922 年。自号亦痴，以为自嘲。民国初，移居桐山南门外。先生自幼秉承家学，入过私塾，又从池源翰先生习古文修辞，喜为诗为文，且颇具敏捷之思，功底扎实。抗战中曾于温州《浙瓯日报》任校对职。1949 年后回福鼎，曾任管阳区西阳小学校长。时际而立之年，身材魁梧，戴近视眼镜，颇有学者风度，然因不苟言笑，复有几分木讷。1956 年因出身问题，撤去西阳小学校长之职，调白琳任教员。1957 年赶往桐山西山（今属贯岭）监督劳改。1971 年后调管阳七蒲村单人校任教。1976—1978 年，唐阳小学设初中班，复调任语文教员。他教学认真，四处搜罗资料，并与他人切磋教学，十分投入。后调入城关中学（六中），直至退休。

　　先生一生际遇坎坷，历经困顿，然其处世随和，处事乐观，任劳任怨，胸襟旷达，无所怨尤，人以为痴而迂；面对艰辛，不议为苦，默默处之，令人敬佩；一生处事认真，宽厚待人，常成人之美。

　　先生因承家学，且有名师指教，父之指点，故诗文功力均佳。一生为诗无数，亦喜为文，然其文不如其诗，其诗直追其父，才情锐敏，文采斐然，周采泉先生称扬他"诗才横溢，以敏捷胜。壮采飞腾，声情并称，如齐纨蜀锦，并足黼黻荣身，出而与时贤，抗手坛坫，角逐词场，咸以才人目之……骎骎乎诗名播大江南矣"。足见先生诗词造诣。其早年撰有《北游诗》，后复有《也是居诗稿》，晚年复增辑为《晚霞斋诗》，由全国政协副主席胡厥文、韩秋岩、苏步青教授为之题签，周采泉为之作序。

　　先生声名在外，曾为中华诗词学会发起人之一，为福鼎太姥诗社首届、二届会长。

　　先生好游历名山大川，尤其钟情故土太姥风光，一生为之写过一二百首诗作。

　　先生晚年多病贫困，于 1995 年突发心脏病去世。

　　先生灵堂十分简陋，不见挽联，没设讣告，唯见小小一展板，上书其生前自挽诗。其生也，如春花之灿烂；其逝也，若秋叶之静美。

智水和尚

✏ 刘本焯

　　智水字楞根，自号了幻头陀，法号心源，是佛教临济宗派一支在福建怡山长庆寺（即西禅寺）第五十八代传人。曾在瑞云寺和长庆寺住持多年，曾任福建省佛教协会会长，是福建著名高僧。

　　智水于清光绪二年（1876）七月初六日戌时生于福鼎西阳马洋村，原姓张，因家贫，出生后常受象山寺济施，刚满周岁，象山寺住持道由（又名天成）和尚见之曰："此子法器也。"其父听了，遂送他到象山寺由碧焉和尚抚养。5岁时，瑞云寺秀崧老人为其剃度。7岁，聘名师授读。15岁，到浙江锦屏山常宁寺，依晓柔大法师为其受俱足戒。随后深研毗尼学。18岁任福鼎瑞云寺住持。他法相庄严，才华出众，擅长诗词书法，喜写蝇头小楷，有《凤山十六景诗》和《佛陀救世精义》一书行世，阅者皆称为至文。嗣后又著有《华藏楼诗集》《太姥诗钟集》等，是多才多艺的和尚。

　　1896年智水游参诸方，在长庆寺得妙湛禅师真传，光绪三十年（1904）主持怡山法席。不久，回归瑞云寺。瑞云寺创建于五代后晋天福元年（936），曾经几次重修。原来只有大雄宝殿、玉观堂和千秋堂。智水继道由和尚之后，参与修葺大雄宝殿和千秋堂，又发动全寺僧人以自己的力量创建华藏楼、净业堂、大殿、钟楼、介亭等，再在寺前辟放生池。在瑞云寺的殿、堂、楼宇的修建中，他备经艰辛，竭尽心智，使梵宇布局自东至西成一横势，气象巍峨，成为闽东一大名刹。

　　1912年，浙江天童寺寄禅大和尚（八指头陀）创建中华佛教总会，智水出席。

　　1913年，北洋政府颁谕全国，启建大雄普利盛会，遴选各省名山大寺的高僧进京参加，智水系代表之一。当时名僧须写一篇表文呈览，智水一文名列前茅，由是名扬四海，受到中外僧众的崇敬。至法会圆满时，获奖赏"玉如意"一把和《频伽藏经》一部。此二物一直珍存于瑞云寺华藏楼，后"玉如意"随智水搬迁长庆寺时不慎摔碎，《频伽藏经》也毁于"文革"。

　　1916年，智水创建福宁府佛教会。

　　自智水离怡山归瑞云之后，西禅寺矩矱松弛，寺院残损。当时榕城绅耆商议，恢复怡山旧观，鸠资整治修葺寺院残圮。竣工之日，大家商谋，认为掌管西禅寺者非智水莫属。此时智水离怡山已 20 余年，不思复任，然而榕城诸绅聘帖数至，情笃礼隆，固却不可。于是智水于 1928 年重任西禅方丈，择吉日举行院礼。这日，"法筵盛张，华竹呈秀，瞻生灵之盛会，颂琳宫之增莹，君意交孚，顶礼凫藻"。智水到任后，凡往昔未施行的事情他都依次施行。这年，智水在怡山传授三坛大戒，与监院证亮大师等重修西禅寺，又建"明远阁"，开辟"寄园"和"放生池"，使西禅寺恢复原来的昌盛，达到现在的规模。

1933—1937 年，智水被聘为中国佛教会福建办事处主任，在处理闽省佛教事务以及保护名胜古迹、寺宇山场方面均有卓著成绩。

1937 年初夏，智水应鼓山涌泉寺圆瑛法师弘传寿戒之请，为教授。事毕回山，微觉神疲，四月三十夜突然发寒，五月初三日辰时，端坐示寂。时世寿六十二，僧腊六十，戒腊四十六。

青萱和尚

张大罗

青萱和尚（1920—2003），俗姓马，名承璃，于 1922 年农历十月二十三日出生在管阳镇楮楼村的一个贫苦农民家庭。幼失怙，10 岁出家，先后在福建、浙江、江苏、湖北、北京、陕西等省市几十个寺院修学参禅，1971 年返梓。

四海为家　念经参学

1932 年，青萱和尚 10 岁，父亲病故，弟年幼，家庭生活极为困难，伯父送他们去管阳徐陈象山寺当沙弥。一年后，二伯父又带他到硖门瑞云寺。在寺期间，他诚心修读经书，遵守寺门清规戒律，很得住持赏识。他与其他僧尼不同，凡收取钱财的功德道场都不参加，有时住持相邀也婉言拒绝。住持智水和尚对他很是看重，常对人说，青萱以后定能成器。1937 年，寺里送他到福州西禅寺受三坛大戒。3 年后，青萱和尚外出参访中国四大佛教名山及宁波天童寺、扬州高旻寺、镇江金山寺、南京宝华寺、北京法源寺、西安卧龙寺、武汉洪山寺等寺院。继而在陕西终南山隐居，与善慈法师一起净业茅棚同修净土法门。9 年后，经北京吴居士邀请，在法源钓鱼台闭关静修 3 年，届满返梓与青芝、青意结伴在管阳驴驮寺遗址静修 2 年。时值 1949 年，他们恐坏人避逃到此会造成不便，遂下山分开。青萱和尚往浙江临安玲珑寺，念经悟禅之余，还种植太子参，增加寺内收入，和其他僧侣过着自食其力的日子。

住家修持　广种善根

青萱和尚出家几十年，从来没有和家里人通信，人们都以为他不在人世了。

1971 年 7 月，青萱和尚身着苎麻布衣，肩背小行李包回到管阳楮楼老家。这时，他母亲已去世多年。居乡期间，他自食其力，拒绝任何馈赠。1971 年，他写信到玲珑寺要回两斤太子参种苗，并向生产队要了一块偏僻的山坡地种植。第二年，他把收成的太子参全部留作种苗分送给村里农民，还传授村民移植方法和管理技术。有一天，他弟弟发现外村人夜间来偷挖太子参种苗，准备埋伏捉捕。他知道后马上加以劝阻，傍晚还在通往太子参种苗地的山路边点起几盏灯，人们问他原因，他说担心来挖太子参种苗的人夜间看不清路摔倒。此后，太子参种植很快扩展到邻村、邻县。闽东太子参产量居全国第一，柘荣县成为全国太子参种植基地，青萱和尚有奠基之功。

青萱和尚独自起炊，砍来的柴草除自己烧火做饭外，还经常挑到街上去卖，以此换点油盐、煤油、火柴等用品。价格由买方讲，重量由买方称，有时他以为柴草未足干，就自己提出折扣五六斤。有人尊重他，特意多算点钱给他，他总是不肯收取。他经常说，别人的钱不能乱要。青萱和尚经常读书看报，关心国家大事，也常常和村里的孩子们一起到西阳看电影。1979年春，管阳学区在楮楼村召开扫除文盲工作现场会，他知道后就跑到菜地摘了10多斤四季豆荚送到楮楼大队部。办伙食的同志按时价付给1.2元，他怎么也不肯收，经大家一再劝说后才收下0.2元。稍后他又摘了4斤多的豆荚送到伙房，并说："扫除文盲好，我送一点青豆表示一点心意呀！"

青萱和尚以自己高尚的言行感人，一生没有收过一个皈依弟子，这在佛教界是罕见的。他平易近人，童叟无欺，贫富不分，笑容可掬，可亲可爱。他总是对深奥的经道进行深入浅出的解释，教诲开导他人如何行善，如何做人。

闭关静修　一向专念

1993年，楮楼景峰寺由青萱和尚亲自规划并主持修建，初步形成规模和格局。新加坡一信徒捐赠2万坡币（折合当时人民币10万元），青萱和尚取2万元还建寺欠款，余下8万元建了一座他自己设计的闭关楼。

闭关楼结构新颖，装修也比较讲究实用，占地面积144平方米，建筑面积约96平方米，是单层砖木结构。左右两面砖墙包接屋顶，前后面是近6米高的围墙，四周呈封闭状。右边墙放一小门，从这小门进去就是护关房，专门供护关僧住宿。与护关房相连的二榴房是闭关静修用房，呈"回"字形。前后左右设有1米宽的弄道，供闭关和尚念经散步，房前面留一个约30平方米的通天空地，用来种植花木、沐浴阳光、观看蓝天白云和后面山峰上草木飞禽。一个房间为佛堂，供一尊佛像；另一个房间前后隔开，分别为卫生间和卧室。佛堂、卧室的墙壁和地板在水泥沙灰粉刷基础上再铺贴木板，外加油漆，既美观又防潮湿。这个精心设计的"小天地"，很适宜修道生活。

1994年农历十月二十七日，青萱和尚带着一尊三接佛像和几册经书进入闭关楼，过闭关静修日子。闭关期间，三餐饭菜和开水、换洗衣服由一位护关师通过闭关房中的一个特别构造的抽屉推拉递送。青萱和尚在闭关房里坐、立、行、卧，不间断念佛参禅，没接见过任何人，也没有和任何人（包括护关师）说过一句话。

2003年农历四月二十二日，青萱和尚圆寂时，许多僧人、居士和信众前来吊唁，连新加坡也来了人。

张之垣小传

刘本焯 陈岩坝

张之垣像（陈岩坝 供图）

张之垣，又名芝园，管阳碧峰人。1923 年生于书香人家。谈吐幽默，才气过人，不修边幅。1951 年，因抢救学生献出了自己宝贵的生命，时年仅 28 岁。

在福鼎读初中时，一道用“三堆米”演算称为“李氏数”的数学难题被张之垣攻破，数学老师李廷绥赞叹不已。同学中向张之垣请教数学者甚多，他说：“我每天答同学之所问，足以取代完成我的作业了。”

1944 年，张之垣考入福建省立三都中学。他品学兼优，数理尤为突出，为历届诸生之冠。上数学课时，他屡屡找出比课本更加简单的解题方法，深受名师林肇弗、葛致远器重，同学无不啧啧称赞。

张之垣崇尚正义，交际广泛，诚恳待人，常为受屈同学抱不平。时值抗日战争末期，课本和学习资料十分匮乏。为了加深对数学的研究，他创办数学研究社，并被推举为该社期刊《数学研究》责编。该刊一出版，学生争相购买。

中学毕业后，张之垣于 1948 年冬任教于管阳中心校。1949 年 8 月，他应白琳中心校校长朱有为之聘到校任教。他思想进步，教学认真，爱护学生，生活俭朴，深受学生和家长爱戴。

1951 年 7 月 9 日（端午节）晌午，天气炎热，张之垣和本班学生一起到溪坪桥下浅滩擦洗身体。路上，别班学生陈义然、吴敦延、雷志榜跟随在后。到桥下，陈义然顺涉浅滩直到旺渡头溪尾潭，不知深浅顺流游去，被急流冲入狭小深潭之中，拼命挣扎，几沉几浮。危急之际，不识水性的张之垣奔至潭边，奋不顾身跃入潭中紧抓陈义然手臂，使劲把他拉向岸边。这时，一位路过的挑茶农民向他们伸去扁担，陈义然抓住扁担获救，张之垣则沉入水底。学生们急忙呼救，附近群众赶到现场，经半个小时打捞，才在潭底巨石旁捞到张老师的尸体。张之垣灵柩从白琳运回管阳时，白琳区长张德海亲率干部、教师、学生、家长和群众七八百人列队护送至白琳街统坪顶。

张之垣舍己救人的英勇行为，体现了他崇高的精神风貌。时隔不多半世纪，白琳人民以及被救学生还深深怀念着他。陈希立老师赋诗赞颂："闻生溺水急奔揽，救得生来己落潭。忘我精神留百世，群声赞叹张之垣。"

陈志清小传

✍ 陈希立

陈志清（管阳溪头人）少时即好学不倦，各科成绩均很好，霞浦中学卒业即受聘于福鼎桐城育仁小学，被众人赞为良师，誉满桐城，人人钦佩。

陈志清为人诚实、纯朴，涉身处世言淡而情深，以民恫瘝在抱，大有圣者风。尝语余曰："遍览《史记》所记人物，无一不借他人之首而为自己进取之阶梯，皆不可取也；其可取者，仅范蠡、陶朱公耳。彼老功成即引退，且三次致富三次散财，其胸怀济世之志，视富贵如浮云，诚千载之贤者也。"

民国时期，贪官污吏、土豪劣绅彼此勾结，鱼肉乡民，导致民穷财竭。吾族里党间岁届暑月，三餐不继者为数甚众。陈志清蒿目时艰，毅然弃教从农，赴永春农校学习，归而大种梨桃果树，进行嫁接，冀图实验成功，全乡每户赠送梨桃苗各一，俾解青黄不接枵腹之急。无奈实验失败，又为家庭生活所迫，所事违心，致患失眠症无法自拔。后为会道门之徒所愚，被冒名图谋不轨，他有口难白，自觉名誉扫地，羞难见人，远走天涯。风闻遁入空门，至今音信杳然。

黄泰生小传

陈维新

黄泰生（1930—2008），管阳镇小洋村人，出身于木偶戏世家，曾任杭州木偶剧团业务团长，中国戏剧家协会会员。他8岁开始学提线木偶，从师多人，如周德、林守乾等人。15岁带班出演。中华人民共和国成立初期成立红星木偶剧团，在福鼎、霞浦、福安、泰顺一带演出传统京剧剧目，较有名气。1956年，组建浙江省木偶皮影艺术剧团，其间，博采众长，创新剧目，独辟蹊径。他经常给孩子们演出《火焰山》《无底洞》。他在杭州向著名京剧世家张三明学演猴，表演水平高超，如演孙悟空抓耳挠腮等动作，传神逼真，令人叹绝。黄泰生经常演出的有《哪吒下山》《父子会》《水帘洞》《真假美猴王》《小花鹿》《这里没有你的份》《九峰激战》等。

1961年，黄泰生在宁波期间，曾到各县市中小学及幼儿园演出，深受少年儿童欢迎。他的表演艺术到位，拿手剧目为《徐策跑城》《杨门斩子》《空城计》等木偶戏，韵味独特，旋律跌宕起伏，加上其行头设置特别清新，观众百看不厌。

1979年，泰顺县木偶剧团成立，黄泰生被借调过去。1980年，为了培养下一代，泰顺县成立泰顺木偶艺人培训班，黄泰生和林守乾担任教师。

1993年9月，黄泰生被天津市艺术学校聘请担任提线木偶教师。1995年8月，他随团去日本参加演出，进行对外文化交流，出演中日两国共同创作的剧目《杜子春坛》，在日本演了一个月，共计70多场，到过大阪、神户、东京等地。黄泰生嗓门大，音色好，唱腔吐字清晰，集提线、道白、唱腔于一身，被誉为"一口能唱千首曲，两耳倾听万种音，十指能做天下事，千军万马一人行"的"提线木偶大师"，深受闽浙边界群众的喜爱。

吴石蚕小传

✎ 楚 云

吴石蚕生于 1932 年，卒于 2010 年 6 月，管阳西阳人。少时家境贫困，勤奋刻苦，自力更生。1951 年毕业于福安师范学校，毕业后被分配到秦屿小学任教，一年后申请调回西阳小学任教，直至退休。

干一行爱一行是吴石蚕的优良品质。从教后的吴石蚕热爱教育工作，一心扑在教学上，执教生涯长达 40 多年，且多从事低年级教学工作，是西阳几代人的启蒙老师。吴石蚕最大的特点就是重视学生的思想教育，他总是说："做人思想德行不好不行，最终害人又害己。"他经常在课堂上给学生讲红军挖草根、吃树皮、煮皮带等革命故事。有一次，他还把晒干的地瓜叶煮熟让学生品尝，让孩子们亲身体验革命生活的艰难，告诉孩子们要倍加珍惜来之不易的幸福生活。他讲得最多的是《雷锋的故事》。他一直担任学校少先队辅导员，每次队会活动，他都用《雷锋的故事》来教育少先队员们，让他们从小树立"为人民服务"的远大理想。他不但会讲革命故事，还喜欢唱革命歌曲，如《没有共产党就没有新中国》等。

吴石蚕在西阳小学任教期间，首创晨读。他要求学生们每天早上起床第一件事就是坐在自家门口大声读书。他自己每天早上早早起床一家一户去督促，遇到没起床的学生就顺便叫醒他们起来晨读。在他的不懈努力下，每个清晨，西阳街头巷尾都会传出朗朗的读书声，这成为西阳一道独特的风景，营造出浓厚的读书氛围。为此，福鼎曾多次开展"全县晨读学西阳"的活动，他也因此获得了"福鼎好园丁"称号。

在那个生活条件极差的年代，学生辍学时有发生，作为老师，他时常劝学。

村里有位吴姓的学生，得过小儿麻痹症，导致双下肢残疾，无法站立行走，加上家境贫困，父母都要从事劳作，嫌孩子上学每日接送麻烦，不想送他去上学。吴石蚕知道后，来到他家里，对家长说："孩子身体残疾了，但不能让他脑子再残疾。不读书，他就真残疾了，读了书，他以后才有更多的机会更好地生活。"并承诺自己接送孩子上下学。做通了家长的思想工作后，他也兑现自己的诺言，从一年级开始直至孩子小学毕业。每天 4 次背孩子上学、放学，一背就是 5 年，风雨无阻。

吴石蚕在平凡的岗位上默默奉献，年复一年，执着而不懈，为西阳的教育工作做出了不可磨灭的贡献。吴石蚕故后，西阳人还时常谈起他的事迹，称赞之余，深表缅怀。

我也曾受到过吴石蚕老师的关怀，特赋诗《老干新枝》一首以表崇敬。诗曰：

世物重苏君已逝，独留青冢伴莱蒉。

惟闻万里梅花信，但赋三春薤露诗。

桃李不言方尽美，杏棠课业自成蹊。

若无老干相传授，岂有新枝绕凤池。

陈家验小传

✐ 陈师波

　　陈家验（1936—2022），管阳溪头人。少年因贫失学。1950年，他投身柘荣县公安部队，时年14岁，被称为"小鬼兵"。嗣后，先后任人民警察、派出所所长、治安队长、预审股长、法庭庭长、法院院长、县供销社经理、县医院院长。1993年3月，任柘荣县政协副处调研员。几十年兢兢业业，廉洁奉公，两袖清风。

　　1958年至1959年冬，福安范坑垱头村以何阿林、谢方成为首的大刀会反革命集团在柘荣、寿宁、周宁等县周边地区发展会徒300多人，妄图发动反革命暴乱。从侦破审讯到结案，全由陈家验负责。结案时，他提出"教育为主，分化瓦解，大部不抓，一个不杀"的请示意见，得到政法委的采纳。福建省公安厅将此案侦破作为国庆10周年公安工作成就在福州展出。在负责侦察破案工作时，陈家验侦破大小政治、刑事案件数百起。其中大案占很大比重，他因此被誉为"破案能手"，也被评为省劳动模范，被公安厅授予"二等功臣"称号。

　　1959年，福安县湾坞村林某因饥饿得了严重的水肿病，挖了生产队刚播下的一个地瓜种充饥，被以盗窃罪和破坏春耕生产罪抓捕。陈家验了解实情后，吩咐看守所所长陈廷滔给他增加饭量，又请示局长张惠民，使林某得以无罪释放。陈家验陪护林某返回，交代当地公社、大队干部予以供粮救命。在审讯谢景孚、林阿斗、何阿连等人时，发现他们患水肿病，生命垂危，陈家验多次把加班的点心让给他们吃，他们感激不尽，称其是救命恩人。

　　陈家验在任预审股长、看守所长期间，及时救治患病的在押犯人。为了解决在押人员粮食问题，他兴办农场、砖瓦厂，让在押人员投入劳动，生产粮食、肉蛋菜等副食品，增加看守所的经费，改善伙食，他在任期间，没有发生饿死人和逃跑的事件。

　　1960年夏，福安县上白石公社书记张仁如看到农民普遍挨饿，打开国家粮库救济群众，被扣以"擅自发放战备粮"的罪名。3个月后，案卷交到陈家验手里。陈家验认真审阅后，即向政法党组汇报案情，并提出处理意见："这是张仁如同志出于拯救人命所采取的紧急举措，并无扩大放粮范围，应当无罪释放。"意见得到斐国显检察长的支持，县委副书记兼公安局局长张惠民即向县委第一书记报告。张仁如被无罪释放，调任湾坞公社党委书记。

陈家验担任法院院长期间，查获改判平反纠正冤假错案210件，共涉及276人。他办案反对逼供，坚持以事实为依据，以法律为准绳，不怕压力，不顾风险，秉公执法。他从事公安法院工作30年，从不错捕、错判。

1979年吴马铃自筹资金，以财贸家属集体名义，兴办五金配件厂。有人反映他挪用工厂3万多元，检察院以"贪污罪"批准逮捕，并对其提起公诉。时任院长的陈家验认为该案没有侵害客体，且有利社会，"贪污"的是自己的钱，最终判决被告人无罪。

陈家验调任商业、卫生部门工作期间，面对全新的工作，仍然勤勤恳恳，干得非常出色。柘荣是山区小县，当时市场调敝。他一上任，便在福鼎设立采购组，兴建码头仓库。他不仅带领采购员坐镇浙江舟山渔区采购海产品，还走遍苏北各地推销农副产品，收购海产品和生产资料，从而活跃市场、繁荣经济。在他的推广下，邻县纷纷来柘荣购买鱼货，交易农产品。在县医院任支部书记、院长时，他尊重知识，尊重人才，尤其重用技术人才。他向福建省卫生厅请求扩大病房，添置先进医疗设备，恳请解放军134医院长期全力支援柘荣。有了高端设备，再加上相当数量的名医，柘荣县医院名扬闽东。

陈家验对不义之财分毫不取。有两个村发生森林纠纷多年，村里的头人都向他塞红包。他带领审判人员现场办公，召开会议，指出他们的错误行为，并当场退还红包，公正裁决，最终双方都无异议，解决了多年的矛盾。在法院，有人送红包，他即招来财务人员，开给收据，送红包的人只得当场把红包收回。此事一传开，法院声誉倍增，如有人送钱物到其家，其老母无法拒收，事后他便登门送还。

在福安，陈家验受到县公安局局长张惠民的信任，常负责保管收缴来的赃物、赃款，其中有黄金、白银、鸦片、粮票等。当时正处粮食困难时期，家里人口众多，他父母在老家患水肿病。但他守身如玉，不贪一丝一毫。20世纪80年代初，修建法院办公楼时，他与哥哥合建住房。有人向中院、地委举报他利用职权贪污建材，收受别人钱财等。地县调查组深入柘荣调查后发现公私建筑账目一清二楚。当问到某人送钱时，他反问在何时何地。调查人员说出时间地点后，他即拿出日记（其有几十年记日记的习惯），说明那时其远在外地，是子虚乌有。调查组一位地纪委同志说，来柘荣查来查去，查出了一个好干部陈家验。

2013年，陈家验著《人生琐忆》一书。

吴立批小传

　　吴立批（1914—1977），管阳镇西阳村人，1914年生于贫苦农民家庭。其父早丧，家庭贫寒。吴立批从小牧羊、砍柴、种田。15岁时，随一铜匠学艺谋生。其间，他耳濡目染红军打土豪分田地、为穷人撑腰的事，逐渐认识到只有参加革命才能脱离苦海的道理。1934年4月，他参加红军，在红军青年团宣传队工作，兼任警卫班长；11月，任中共霞鼎泰县委二区红军游击队队长。1935年，任福鼎县新兵队队长；9月，加入中国共产党；11月，率队赴寿宁，被编入闽东北红军一纵队。他工作积极，打仗勇敢，先后担任红军教导队班长、一纵队二支队副队长、政治指导员。

　　抗日战争爆发后，吴立批随军北上抗日，后加入新四军，先后参加江南反顽战、郭村保卫战和黄桥决战等战斗。他利用战斗空隙，刻苦钻研兵书，逐渐成长为一名卓越的指战员，先后任排长、连指导员、连长、副营长、营长、副团长、团参谋长等职。他英勇善战，战术灵活，多次在敌人重兵包围之中指挥若定，使部队化险为夷。他常深入虎穴侦察敌情，虎口拔牙。一次，他化装成日本军官进入敌人据点，把正在洗澡的日本兵集合起来，不费一枪一弹就拿下据点。他的机智果敢曾令日伪军、汉奸闻风丧胆。至今，他生前战斗过的靖江地区还传颂着他当年的战斗故事。

　　在解放战争期间，吴立批参加淮海战役等战斗。先后任11纵队94团团长、29军教导团团长、福建闽侯军分区副司令员。他对人民的解放事业赤胆忠心，置个人生死于度外，英勇杀敌，屡立战功，曾获三级八一勋章、二级独立自由勋章、二级解放勋章。他在战斗中多次负伤，战后被认定为三等甲级残废。

　　中华人民共和国成立后，吴立批致力于地方军事建设，1951年10月任八十五师副师长。翌年，党和国家考虑到他的健康状况，送他进华东高干疗养院休养，1954年转华东军区休养二团，后定居苏州第一高干休养所。在休养期间，他始终保持革命军人的高风亮节，生活十分俭朴，言传身教引导后代。1977年4月5日，病逝于南京军区总院，享年63岁。

（本文摘编自2003年版《福鼎县志》）

朱国营小传

 朱乃恩

朱国营（1915—1985），管阳镇金钗溪村人，3 岁时母亲病故，从小牧牛羊，只读过半年私塾，8 岁学种田。第二次国内革命战争开始后，朱国营经当时中共霞鼎泰县委许旺、戴炳辉等革命党人介绍，跟随叶飞、马立峰、阮英平、范式人、陈挺等转战闽浙边界。1933 年 11 月参加中国工农红军福建闽东游击队。1937 年 2 月加入中国共产党。面对敌人残酷的"围剿"，为守护红色根据地，朱国营所在队伍从 1933 年到 1938 年多年坚持南方艰苦卓绝的反"围剿"游击战，有效配合中央红军的两万五千里长征。

1937 年卢沟桥事变后，中国工农红军闽东独立师以国共两党合作大局为重，服从命令改编为国民革命军陆军新编第四军第 3 支

朱国营像（朱乃恩 供图）

队第 6 团，叶飞任团长，朱国营任第 3 支队第 6 团第 1 营 3 连党支部书记。1938 年 2 月，朱国营离开多年游击战的闽东根据地北上抗日，进入安徽南陵、芜湖地区，然后转入铜陵、繁昌、南陵边区，在战斗中奋勇当先，与日军打夜袭战、伏击战、奔袭战。1939 年他在长江三角洲地带与日军展开游击战，曾指挥炸毁日军沪宁铁路上的重要据点浒墅关火车站，夜袭日军的上海虹桥机场，烧毁日军飞机 4 架。在战斗中他身中二弹，负重伤，伤稍愈又重返战场。此时朱国营任苏北新四军第 1 支队第 6 团 1 营 3 连指导员，其率军东进序曲，入常熟，建立以阳澄湖东塘寺为中心的苏、常、太和澄、锡、虞抗日根据地，组织起自卫队、农救会、妇救会，利用无边无际的芦苇荡，反击日军，救护伤病员，并留下 36 名（其中闽东籍 34 名）老六团的伤病员在这里养伤——这就是沪剧《芦荡火种》、京剧《沙家浜》中的人物原型。1940 年 9 月，为粉碎国民党反

管阳

动派的阴谋，朱国营部苏北新四军第一纵队一团在"黄桥决战"中经过三天三夜的激战，将国民党反动派韩德勤部王牌军独立六旅全部歼灭。此外他还参与了著名的"半塔集保卫战""郭村保卫战""曹甸战役"等20多个战役，在枪林弹雨中英勇顽强杀敌，屡建战功，曾多次陷入险境，4次中弹。

解放战争期间，朱国营又随粟裕、叶飞转战山东，被提任新四军1师1旅卫生部团级教导员。此时部队已改名为

朱国营淮海战役纪念章（朱乃恩 供图）

华东野战军一纵队，他随军参加了著名的"孟良崮战役""莱芜战役""宿北战役""鲁南战役"等战役。1948年10月经过500里急行军，他们成功突出敌人包围圈，浴血奋战65个日日夜夜，歼敌55.5万余人。1949年1月10日，淮海战役告捷，同年2月部队被改编为第三野战军第十兵团。部队为解放全中国奋渡长江，占领江阴，接着攻占了无锡市、苏州市，继而又占领南京、杭州，结束渡江大战役。5月12日，乘胜参加解放上海的攻坚战。7月，在叶飞率领下，打回福州、厦门，解放福建全省，朱国营留第三野战军第十兵团荣军管理局。1952年6月，他转地方工作，调任柘荣县司法局局长、县委监察委员会主任，1956年调任福鼎县县委委员、县总工会主席、县茶厂党支部书记兼厂长，1971年因旧伤复发办理离休手续，为正厅级离休干部。

朱国营于1985年12月17日病逝，享年71岁。

闽东新四军群芳谱（管阳籍）

朱石娇（1918—1983）　又名朱学桥，管阳镇花亭村人。1944年12月参加新四军，任11纵36团团部通讯员。1951年复员回乡。

朱仲光（生卒年不详）　管阳镇唐阳村人。1946年7月参加新四军，为6师54团3营8连战士。1948年8月加入中国共产党。1952年5月复员回乡。

朱国营（1915.11—1985.12.17）　管阳镇金钗溪村人。1933年11月参加革命，1938年加入新四军2支队4团1营3连北上抗日，历任副排长、副指导员、指导员、教导员。荣立过二等功。离休前任福鼎市茶厂副厂长。1984年加入中国共产党。

陈春生（1906.2—1966.7）　管阳镇管阳村人。1935年7月参加革命，中共党员。1938年3月参加新四军3支队6团北上抗日，荣立一等功三次，二等功两次。离休前任福鼎县公安局城关派出所所长。

陈家智（1908—1940.4）　管阳镇乾头村人。1936年8月参加革命。1938年2月加入新四军3支队6团2营4连北上抗日。1940年4月在江苏水甸县作战中牺牲。

汪月昭（1913—?）　管阳镇茶阳村人。1936年9月参加革命。1938年2月参加新四军3支队6团北上抗日，后失踪。1958年被追认为烈士。

汪晶昭（1917—?）　又名汪维昭，管阳镇广化村人。1936年7月参加革命。1938年2月加入新四军3支队6团北上抗日，任班长。1939年7月随部队开往江苏如皋县一带活动时失踪。1958年3月被追认为烈士。

汪棉昭（1911—?）　管阳镇茶阳村人。1936年4月参加革命。1938年3月加入新四军2支队4团北上抗日，任排长。1941年1月在"皖南事变"中失踪。1958年5月被追认为烈士。

汪懋响（1905—1938.8）　管阳镇茶阳村人。1938年2月加入新四军3支队6团北上抗日。1938年8月病故于安徽南陵五村乡。1954年10月被追认为烈士。

汪基昭（1911—?）　管阳镇茶阳村人。1935年8月参加革命。1938年2月加入新四军3支队6团北上抗日。1941年1月在"皖南事变"中失踪。1958年5月被追认为烈士。

汪懋榴（1911—? ）　　管阳镇茶阳村人。1935 年 8 月参加革命。1938 年 3 月加入新四军 2 支队 4 团北上抗日。1941 年 1 月在"皖南事变"中失踪。1958 年 5 月被追认为烈士。

汪懋皮（1911—? ）　　管阳镇茶阳村人。1936 年 9 月参加革命。1938 年 2 月加入新四军 3 支队 6 团北上抗日，在 1 营 1 连任班长。同年在江苏某地作战时失踪。1958 年 5 月被追认为烈士。

吴凤明（1907—? ）　　管阳镇西阳村人。1936 年 9 月参加革命。1938 年 2 月参加新四军 3 支队 6 团北上抗日，后失踪。1958 年被追认为烈士。

吴立批（1914.11—1977.4)　　管阳镇西阳村人。1934 年 4 月参加革命，1935 年加入中国共产党。1938 年 2 月加入新四军 3 支队 6 团北上抗日，历任排长、指导员、连长、营长、副团长、团参谋长、军分区副司令、副师长等职。

张建福（1918—2001.6）　　管阳镇晏溪村人。1934 年 3 月参加革命，1937 年 6 月加入中国共产党。1938 年 2 月加入新四军 3 支队 6 团北上抗日，任侦察员、参谋。先后参加韦岗战斗、夜袭虹桥机场、常熟福山伏击战、淮海战役等。离休前为管阳镇干部。

张石宝（1914—? ）　　管阳镇广化村人。1936 年 6 月入伍。1938 年 2 月加入新四军 3 支队 6 团北上抗日。1941 年 1 月在"皖南事变"中失踪。1958 年 3 月被追认为烈士。

张存细（1919—? ）　　管阳镇广化村人。1936 年 6 月参加革命。1938 年 2 月加入新四军 3 支队 6 团北上抗日。1941 年 1 月在"皖南事变"中失踪。1958 年 4 月被追认为烈士。

张细弟（1910—1939.3）　　管阳镇章边村人。1936 年 9 月参加革命。1938 年 2 月加入新四军 3 支队 6 团 2 营 4 连北上抗日，任班长。1939 年 3 月在江苏某地战斗中牺牲。

张宗和（1912—1939.5）　　管阳镇章边村人。1936 年 3 月参加革命。1938 年 2 月加入新四军 3 支队 6 团北上抗日。1939 年 5 月在江苏水甸与日寇作战中牺牲。

林贞年（1912—? ）　　管阳镇茶阳村人。1936 年 9 月参加革命。1938 年 3 月参加新四军 3 支队 6 团北上抗日，后失踪。1958 年被追认为烈士。

林贞赞（1913—? ）　　管阳镇广化村人。1935 年 10 月参加革命。1936 年 3 月参加中国工农红军挺进师。1938 年 3 月加入新四军 2 支队 4 团北上抗日。1941 年 1 月在"皖南事变"中失踪。1958 年 3 月被追认为烈士。

卓国狮（1910.11—1998.10）　　管阳镇西坑村人。1934 年参加革命，同年加入中国共产党。1938年2月参加新四军3支队6团北上抗日。1949年12月因伤残复员被安置在江苏省东台市。离休前任许河人民公社社长。

卓国产（1922.6—?）　　管阳镇天竹村人。1946年6月入伍，1946年10月加入中国共产党。曾任班长、中国人民志愿军某部连长，参加过山东泰安、淮海、舟山定海等战役，荣获三等功、解放奖章、朝鲜军功章各一枚。离休前任福鼎市印刷厂厂长。

（本文摘编自《闽东新四军英名录》）

文物古迹

管阳古道

✎ 张大罗

在 104 国道未开通之前，福鼎至福安、寿宁等地都须从管阳后溪、岩皮、大山、唐阳、花亭、金溪、管街、章边等村经过。这条古道由桐城柯岭排头的圆盘亭进入管阳，翻越岩皮、大山、唐阳、花亭、金钗溪、乍洋等 6 座山岭，过金朱廊桥和锦棚街石桥，至管阳与柘荣交界的草鞋亭，全长 30 千米。古道路面由乱毛石砌造，宽 1.2 米左右，由于来往行人多，踩踏时间久了，路心石头表面磨损呈光滑状态。古道每间隔 3—5 千米就建有一座单层三榴砖木结构的简易栈亭，供行人歇息或避风雨。一路上有排头圆盘亭、后溪岩皮亭、大山岭头亭、唐阳花亭、金溪岭头亭和乍洋草鞋亭等，沿途的外后溪、里后溪、金溪、管街、锦棚街等地分别设有多个客栈供行人歇息食宿。

福鼎桐山经管阳的这条闽浙陆路干道，长期以来是闽浙边界地区数县百姓往来的主要通道之一。据章峰《李氏族谱》记载，在 1004 年，汀州（今长汀）胡景魁为首的一股盗贼，就是从这条通道流窜。又据管阳碧山《张氏宗谱》记载，清咸丰十一年（1861），"金钱会"起义军部分队伍从此官道经过，至今碧山祖厅大柱上还留下其头领大刀的砍痕。民国期间，福安专署何震专员带随众乘八抬大轿经官道来福鼎审理管阳粮案。

1949 年端午节，国民党兵败溃不成军，顺此官道南逃，沿途百姓深受其害。紧接在后面追歼的中国人民解放军，扛着步枪或机关枪，也有骑马、骑骡的，纪律严明，秋毫无犯，受到沿线人民的热烈欢迎。

1955 年福温公路开通，从桐山岩前至点头下厝基入管阳，经亭边、唐阳、花亭、金溪、管阳、章边等村从坑口里石段坑出管阳。1984 年 9 月，并入 104 国道。改革开放后，许多古道沿线村庄的村级公路也得到开通。至此，古道所剩路段无几，留存下来的如外后溪等几段，也已是野草丛生，面目全非。

西阳古道及沿线人文古迹

🍃 陈岩圳

管阳镇，有管阳、西阳两条古道。管阳古道，为东西走向，从福鼎一中的陈仪岭，经后溪、金钗溪，直至章边村的草鞋亭，与柘荣县乍阳乡接壤。

西阳古道，为南北走向，起端于浙江省泰顺县柳峰乡墩头村，至管阳镇沈青村、陡下天竹村、西阳村、乾头村、元潭村的官路洋，与乍阳乡五蒲村交界。全长约13千米，路面由荒毛石铺砌，宽1.2米左右，路心则用较大的宽、平块石嵌在正中，显得很有特色。现全被水泥公路覆盖，原貌荡然无存。

这条古道，虽称不上"大马官道"，然而，沿途的古建筑文化，无疑是多彩的：

一座城

沈青古城堡   建于明正德六年（1511）。在古官道越西向城脚，明代曾于此设巡检司。城堡的修建与巡检司的设立与抗倭有关。据《福鼎县乡土志》载："葫芦门距城堡数里在极北交界，明代以之驻兵。""清道、咸间，海宇多故，官路洋时有寇警……天竹设汛以防之。"

一座山寨

天竹寨   相传北宋靖康年间，有位武艺高强的侠女袁三娘，在海拔约800米、酷似埃及金字塔形的游家山巅安营扎寨，自称寨主。她因不满朝廷无能，贪赃枉法，奋起反抗，劫富济贫，到此落草为寇。现寨顶的战壕沟遗迹犹存。古道从其山麓凤里坡穿过。

两座寺

天竺寺   位在天竹里自然村。行经古道，可隐约听到其钟鼓声。

后塔寺   位于西阳、溪头交界处的安下村。建于清康熙年间。雁溪陈姓诗人曾为其吟咏6首七绝诗，其中一首为陈世桢所作："谁云禅室有知音，只听钟声不见人。儒释本来为异处，劝君休向此中寻。"官道上可见到寺之全景。

三座亭

天竹观音亭　　建于清朝，为后湾吴氏、北山徐氏、天竹里张氏、坑门头卓氏和长社李氏等五姓筹资共建，常为旅客提供免费茶水。亭为砖瓦结构，三榴，因正龛安着一尊观音菩萨而得名。20世纪50年代改为供销社。

西阳茶亭　　2012年拓宽水泥路时拆除，建于何时失考。清朝时西阳就有小集市，该亭的避雨、纳凉、休憩条件为诸亭之冠，吴家的好心人长年累月为行客提供免费茶水。

小拱桥凉亭　　在乾头村水碓洋。

三座桥

沈青火烧桥　　石板桥，短小，曲径弯栏，典雅多姿，是古道必经之桥。

西阳老人桥　　拱木廊桥，建于明朝。《福鼎县乡土志》载："邱阜，瓦洋人。有齿德，为遐迩排难解纷者数十年。有某甲，妇悍甚，小忿涉讼。阜劝谕弗听，自耻德薄，赴水死。闾里感其诚，建桥设立以祀，至今呼为老人桥。"

元潭大桥　　与西阳老人桥均是福鼎独有的拱木廊桥。清康熙九年（1670），总兵吴万福率部到雁溪河段元潭，为暴洪所阻，经报奉御旨批拨库银兴建元潭大桥（已毁）。该桥位于管阳溪、西昆溪、西阳溪的汇合处，高大雄伟。雁溪清岸生陈德薰以"三水环桥"为题，诗赞："三水归来绕廊边，巍桥济步建何年。灵鼋命驾腾波浪，司马经题落墨烟。独抱濛洄和地气，着咏霓裳聚众仙。"古道大桥的佳话，至今流传。

碧峰犀牛望月

🍃 张忠盟

　　"犀牛望月"为管阳二十景之一，位于管阳镇章边村碧峰域内。

　　从天星岗直至碧峰里的山脉山形似一只犀牛匍匐于地，前方棋盘洋中央有一块直径 1.5 米的圆石，俗称"石月"，故名"犀牛望月"。

　　犀牛肚子位置即碧峰里前往康安宫的石阶，旁有一山泉，当地人都叫它"牛母乳"，该泉即使在大旱年月也清泉长流，是碧峰里饮用水源。山下有多口古井泉皆出于此。

　　"石月"相传为仙人对弈时留下的棋盘，棋盘洋地名也因此而得。"石月"面朝犀牛，每当月光照在其上闪闪发亮，称"石月夜闪"。

犀牛望月（张忠盟 摄）

围绕"犀牛望月",古人留下了不少诗篇。摘录两首如下：

犀牛望月

张光炜

山势如犀镇碧峰，东方月上阜形同。

特钟水秀流双乳，蜀爱琼光注两瞳。

遍体丰色松郁郁，淋身茗汗雨濛濛。

几回天晚人遥看，问是谁家牧此中。

犀牛望月

张作桢

文犀称目自何人，望月奇形果逼真。

莫讶洪流心不竟，碧蟾光里即前身。

天竹寨遗址

✎ 张大罗

福鼎市与浙江省泰顺县交界的管阳镇天竹村村后耸立着游家山，山顶就是北宋天竹寨遗址。

游家山方圆约 5 平方千米，海拔约 800 米，从东、南、北三个方向瞧，均呈金字塔状。山的东侧是悬崖峭壁，人不可攀；北侧都是陡坡；唯独山的西侧是群岫起伏、层峦叠嶂，逶迤连绵，一直延伸至浙江省泰顺县仕阳镇，地势险要。山脚下环绕着一条路，自古就是泰顺通往福鼎、柘荣等地的必经之路，人来人往，络绎不绝。

相传在靖康年间，有位姑娘人称袁三娘，性格倔强刚烈，精通十八般武艺，功夫十分了得。因不满贪官污吏的横征暴敛，她奋起反抗，被追剿而落草为寇，一路退却流窜至穷乡僻壤的天竹村。她见到游家山地形险要，易守难攻，便在山顶上构筑栅栏扎寨，取名天竹寨，自称寨主。

袁三娘豪爽侠义，专门劫富济贫。她为山寨订下规矩：上京考试者、妇女、清官等路经此地一律放行，有困难的还予以接济；不骚扰周围老百姓，有特殊困难的给予救助。天竹村后湾自然村《吴氏宗谱》记载着一首赞颂山寨的诗："柳营戎马属何年，犹见旌旗日月玄。如是太平真公子，龙文照耀满山村。"从这首诗里可以想象当年山寨旌旗林立、兵强马壮的兴旺景象，也可以看出山寨与老百姓的良好关系。

群众称天竹寨营盘遗址足有铺开的 10 张谷簟那样大，有 160 平方米左右。从山顶向西顺山势转北，山坡至山脚下有一条崎岖小路，据说就是当年山寨人马上山下山的通道，寨门设在半山腰的一个小平地上，西边两山夹嶂的路上设有隘门，天竹与西阳交界有处跳步口，均派喽啰把守。

山顶缺水。不过比游家山还要高的牛埕岗有一清泉，山寨将一节一节的陶筒连起来埋在地底下，从山上沿山坡而下，经足有 0.5 千米远的天竹洋水田，再从游家山脚下把泉水引到山顶。有一年大旱，天竹村田洋的水稻几乎枯黄，唯有从山寨山脚下到牛埕岗山脚下一条数百米长的水稻还是青青的，原来是埋在水田地底下的陶筒渗透出来的水分滋润了禾苗。不久以前，人们在平整土地时还挖到过陶筒的碎片。

宋高宗绍兴年间，袁三娘被朝廷招安，皇帝敕封她为将军，山寨从此消失。遗址

天竹寨日出（魏高鹏 摄）

上有一块高达数丈的岩石，传说袁三娘临走前曾把 18 把金关刀埋在这块大石头下。为了纪念这个寨主，人们在山寨遗址上建了座小庙，供奉袁三娘神位，至今还有群众去烧香祭拜。

陈桷的墓和宅

✿ 陈岩圳

据《福宁府志》载："宋侍郎陈桷墓，在十七都广化寺后。"

广化寺后的陈桷墓，是福鼎市级文物保护单位。墓斋取形"金凤上山"，墓体呈"凤"字形，坐北朝南。右边墓有一组石雕小群体，墓道的石将军撑剑傲立，望之俨然；石虎坐而仰望，令人敬畏；石羊伏而跪姿（吸乳报恩），呈圆弧状，肌肉富有质感，表情温柔娴静。石雕充满南宋风韵，石雕群与宁波外东湖古墓群的风格毫无二致，是上承汉唐，下启明清的南宋独特产物，堪称八闽珍稀文化遗产，具有很高价值。

清嘉庆年间，该墓碑被毁，墓被盗。现存的墓碑，是溪头武举陈大魁勒石复立的。1992年1月上旬（农历除夕），陈桷墓又一次被盗，放供品的酒桌塌了，圹墙被挖，发现圹内一块很不规范的石碑上刻有"陈公侍郎坟"字样。之后，溪头陈桷后裔以"修旧如旧"的原则，将其修复起来。

《陈通直墓志铭》载："公美……宣和二年五月甲子以疾卒于京师（今河南开封），明年某月甲子葬于福州长溪县广化寺后山。"据住在广化寺附近梭罗地村的章继周说："相传跟陈桷相关的墓还有一座。"这也印证了以上记载。陈懿（字公美，桷之父）之墓今何在？数次派人探寻：广化寺后山和左边有好几座荒冢，其中一座墓被姓汪的

陈桷墓（朱国库 摄）

改葬所取代。其余墓样虽存，但不见墓碑，也就无从辨认。

　　陈懿父子都葬于广化寺后，有其历史渊源。据传，陈桷仕途顿挫，隐居广化，几度报国无门，只好移情山水。有人猜想，他或许潜心研究过《易经》，掌握堪舆之术。陈桷墓面前群峰林立，最高中峰为武曲峰，水尾左右两条龙脉迎面相对，中间平地岩石突兀似珠，故称"双龙抢珠"。

　　2008 年春，我到缙阳村亲戚董廷卫家做客，无意中聊起陈侍郎。他说："根据上代和周边的传说，陈侍郎墓有三十六葬之多。"在他附近就有 3 座侍郎墓（按西阳溪左岸顺流排序）：第一座位于马营上游不远处的贝口墓群中，第二座位于马营祠堂水尾老妈潭尾碇步头里边的山坡上（现被民房遮掉），第三座位于缙阳水尾牛狮洋下游。此外，又据凤里陈姓介绍，西阳东瓜兰村的杨梅山岗上也有一座陈桷墓，现几乎被黄土所吞没。这些古墓，一直得到周边村庄吴、董、张等主要家族的尊重和保护。

　　民国《福鼎县志》记载："侍郎陈桷宅，在西阳，侍郎由平阳迁此。宅旁有花园六亩许，旧址犹存，今呼为侍郎园。"

　　不久前，我带着问题去求教西阳老农吴勇昌。他说，侍郎园旧址位于附近下陈村，并亲自引领我到实地察看。后门墙不高，有特色，采用鹅卵石横排砌叠，宅基轮廓分明，屋檐边缘条形清晰。经丈量，上台外长 30 米，内长 23.5 米，宽 13.3 米，面积共计 356 平方米；下台长 30 米，宽 10 米，面积共计 300 平方米；门口场地，总面积约有 4000 平方米，与其花园占地面积相吻合。现在是一片茶园。

　　古代大官薨后异地多葬，或是衣体分葬，除了一穴真实外，其余均为疑冢，陈桷亦然。广化的陈桷墓和西阳的侍郎园，是宋代爱国名人遗留的珍贵文物，应得到人们的珍惜、保护。

芦门巡检司

🍃 黄宝成

　　巡检司为我国古代掌管地方关隘、治安的机构，含缉捕盗贼、治安巡防、镇压寇乱等职能，始于五代，兴盛于宋朝，元、明、清相沿，多设于距城稍远处的关隘要地，以武将镇守，隶属州县指挥。元代升长溪县为福宁州，废县尉司，设巡检司，其一在桐山（今福鼎城关），后迁芦门（今管阳龙青芦门），以武官充任巡检，隶州尹指挥。据《福鼎县乡土志》载："胡芦门在极北交界，明代以之驻兵。清咸丰间，海宇多故，官路洋时有寇警，前明于沈青筑堡、天竺设汛以防之，诚要地也。"胡芦门位于管阳左岭高处，周边有一个村地处隘口之外，故名"隘外"，域内又有吴社尖一峰，峻绝万仞，为闽浙天然屏障，地势险要。据清嘉庆《福鼎县志》载："左岭自下望之，宛若天台。至巅，数里坦道，不见危险。"沈青芦门地控闽浙咽喉，地理位置得天独厚，险隘天成，素有"葫芦三个口"之称，历来为兵家所重视。

　　芦门巡检司原设于桐山，明正德六年（1511）迁芦门。嘉靖末，倭寇横行，福宁廉江诸里遭蹂躏最惨。乡民议筑堡守御，呈请芦门巡检署第八任巡检史纪善亲临督工。筑堡告竣，便是沈青堡。堡筑成后，巡检司复迁桐山。自芦门巡检司移驻桐山后，沈青堡便成为单纯的乡村防御城堡。

　　在沈青芦门设巡检司之前，此地曾发生过一次寇乱。明正统戊辰年（1448），江西邓茂七作乱。乱兵途经浙江泰顺直抵沈青胡芦门，烧杀抢掠，危害地方。福建都司参将府佥事蔡长溪率部指挥平乱，临境御寇，驻兵胡芦门。金钗溪人朱岁同其弟朱祐、子朱兴及朱琬率领乡勇奋力鏖战，因敌众我寡，屡攻不克。朱岁兄弟祷告土地爹，恳求庇护，次日辰时率领乡勇扎寨胡芦门，其时电闪雷鸣，旌旗遍野，各山头喊声雷动，杀向敌阵，敌寇见势仓皇逃窜。一时云开日朗，破敌奏凯。战后论功上奏，钦赐朱岁冠带正五品，赐俸岁五百两，给匾"御寇功成"褒扬。

　　民国《福鼎县志》把朱岁列入"义行"人物，其文如下："朱岁，金钗溪人。正统戊辰，邓茂七作乱，官兵临境御寇，驻胡芦门。岁出饷以给，复同其弟祐、子兴及琬领乡勇杀贼有功。是役也，马营人张琅与有力焉。"

沈青古城堡

陈岩圳

　　沈青古城堡，又称芦门城，位于管阳镇的小高原沈青村，距泰顺县柳峰乡所在地——墩头仅1千米。《柘荣县志》载："明朝正德六年（1511），城郊乡山后人郑文灏奉州令，筑芦门城（在福鼎县）。"相传郑氏父子在浙江当官，子为金华知府，父为兰溪知县，故有"小小金华府，大大兰溪县"之说。沈青城南城北有"葫芦门""隘外"等自然村。在福鼎邑内，自古流传着"金天竹，银象山，铜广化，铁西昆，千里元潭，万里晏溪，葫芦三个口，出入上下排"的民谣，其中的"葫芦三个口"指的就是芦门城。

　　该城堡依山面田，坐东朝西，城高3.5米，顶厚3米，基宽4米，周长588米，均为毛石块砌造。西半城处平地，东半城依山峦，亦称"沈青半爿城"。城之靠山，峦头宽展雄壮，5条山岗陡峭齐下，俗称"五猪落槽"，故南北分别设侧门，正面西向不设城门。

　　在冷兵器时代，选择距县城僻远、地势形胜的沈青筑城堡，有其战略意义。竣工后曾在此设巡检司。巡检以武官任之，属州或县指挥。

　　清初有陈、黄两姓村民迁入城内居住。村民以陈姓居多，出了贡元陈庶才、陈镛等。

　　现在，西向城墙已不复存在，新建了民房。

东峰马营鼓楼

 张文平

　　东峰马营张氏先祖张乾一，于明洪武二十九年（1396）迁居马营，不久后择本村龙手岗峦外辟地建造书楼，以供子孙习读。高僧智水和尚幼时曾在这里念书。书楼建筑五楹双层，建筑面积360平方米，造型独特，结构别致，风格简朴，布局典雅，今称"鼓楼"。楼前空埕两旁分植罗汉松、水松各一棵，现今罗汉松树围6.2米、高约15米，水松树围4.4米、高达35米。林业部门考证两树树龄均达600多年，与先祖传说种植时间相吻合。鼓楼后院又分植银杏、罗汉松各一棵，银杏树围5米、高20米，罗汉松树围6米、高17米。以上古树为鼓楼增添了古趣，均被列入国家名木保护名录。鼓楼几经修葺，现为砖木混合结构，宏伟壮观。四周爽朗宜人，周遭古树掩映，夏可乘凉，冬可议事。族人常聚，休憩间漫谈古今事，小孩在埕上嬉戏，实为乡村休闲场所。

西阳月刖井

✑ 吴吉烛

西阳两个月刖井，在水井坪呈南、北分布，井的形状均是半月形，朝向一致，大小相当，半月弦的直径约 4 米，弧长约 12.56 米，井深 2 米。其中，南井为饮水井，哺育了一代又一代的西阳人；北井是防火井。南井位置高出北井 0.3 米左右。有 36 个方石墩摆放在北井边上，东边 6 个，西边 5 个，北边距井角约 2 米远的地方置一座石棋盘，其余石墩摆放石棋盘四周，其阵势宛如棋弈，旁边坐满旁观者。

月刖井建于明朝永乐年间，也称"双流古井"，其实有三口，二明一暗，三口井井源连环相通，形成对流，互为补充。由于这个原因，月刖井呈现出许多奇特之处。

首先，月刖井井沿低于地平线，井里泉水源源不断地涌出，但是就算一瓢不舀，井水也不会满上来，水平面总是停留在一个高度。而另一方面，井里的水又总是挑之不尽。西阳村几百人时，井里的水够喝，几千人时，井里的水依然能够满足人们的需求。

其次，井水水温能顺应寒暑季节而交替变化。炎炎夏日之时，井水清凉如冰水，喝一口沁人心脾，凉透心间；而到了冬天，井里却冒起了腾腾热气，井水淋到手上，丝毫不觉得冰冷。

月刖井井底有 5 口泉眼，分别占据着东西南北中 5 个方位，四季不停地冒泉水，有时其中一个水流会大些。据村里的老人们说，哪一个方向的泉眼水流变大，哪个方位就吉利。这种说法没有科学依据，但是泉眼的水流会不断变化也确是一种奇妙的现象。

后来，月刖井曾两次进行大规模的修建。一次是在 1976 年，由村人自由集资，从井底到井面进行修建，并在井周围栽花种草，美化环境。另一次则是在 2000 年，在原来修建的基础上，加建了围墙，在西、南边各辟两道大门，以便村民取水。经过这两次修建后，水井坪渐成格局，东西宽 24 米，南北长 25 米，占地总面积约为 600 平方米。

如今，人们已经不再到井里挑水喝，但是月刖井作为此地的生命之源将永远被人们铭记。

西阳老人桥

🍃 陶开惠

　　西阳老人桥始建于明代，为当地民众纪念邱阜老人而建，至今保存完好。

　　桥位于管阳镇西阳桥头村，是一座单孔木拱廊屋桥，横跨于溪潭之上，规模颇为壮观。桥长30.8米，宽8米，主体（桥架）结构为五段三层交叉衔接，用整条木筒135根（不包括横架木筒），其中两端4根"地龙木"直径为0.85米。桥架顶部架枕木铺钉桥板，上造桥亭（屋）1座，竖柱56根，其中4根直透地龙木衔接，上架梁钉椽盖瓦为栋，桥亭两侧架木栏，设坐凳，全桥外侧均用木板披钉，以御风雨。桥梁设计合理，建造牢固。

　　桥亭形似长廊，中央设神龛两间，供奉泗州佛、水官大帝、真武大帝石像各一尊，雕艺精巧，神态逼真，前置石香炉一口。调查获悉，这些石像、香炉是在老人桥落成时从潘坑桥（在乾头店对面，今已不存）搬来的。一龛供奉邱阜老人，龛中置一"明排难解纷邱阜公神位"木制浮雕双龙戏珠的裱金神牌，前放一口历史悠久的石香炉，镌有"邱老人公"字样，背边有破损缺口。

　　据当地老者告知，此桥曾经3次维修。首次维修是在清代同治年间，因为岁月

西阳老人桥（朱国库 摄）

悠久，风雨浸淫，结构严重损坏，由当地民众捐款修缮，竣工时勒有"重修老人桥碑"一面立于桥头显眼处。1958年，石碑连同桥上两侧御风板壁、栏杆和两间神龛被拆光，搬到中村炼铁厂充为基建用材，桥亭仅存柱梁桥板和瓦栋。

第二次维修是在1964年。因老人桥柱歪梁斜、栋倾瓦破，实有倒塌之危，西阳村商人吴立馥、吴凤邦发动各村群众捐款修缮。由于当时村民刚度过艰难岁月，初步恢复温饱，经济力量仍很单薄，所募之款甚少，只够修葺其重要部分，即添补桥板、重造桥栏、神龛和披钉御风板壁，其他修缮暂搁一边。竣工时将神佛石像、邱老人神碑和石香炉供奉如故。

1967年，破"四旧"风暴骤发，桥上石佛、神像和邱老人神牌以及石香炉摔落潭中，有关构设也受到一定的破坏。村人暗中捞起被弃的佛像、神牌、香炉隐藏于偏僻之处。尔后，老人桥倾颓状况更加严重，桥头一根直透地龙的大柱下半截及地龙的一端已经腐朽，严重威胁桥的安全。

第三次维修在1987年夏秋之间。由西阳村民庄孝盛等发起，各村有关人士协同募捐，备料鸠工，进行换柱、更梁、添瓦加灰，重立神龛等，还重新制造了邱老人神牌（原来的神牌被白蚁啃坏，不堪再用，故仿老样再造），将原来供奉佛神石像、邱老人神牌、香炉依序安置，于同年农历八月初二竣工，恢复了老人桥的本来面目。

老人桥历来是西阳及周边地区交通要道，尽管现在有了"管沈"公路，但路过此地的行人仍然川流不息。

元潭桥

◎ 陈海亮

　　管阳元潭村原有座木构大拱桥——元潭桥，高大壮观，蜚声遐迩，因毁于洪，故今人多不知。

　　元潭原名鼋潭，因传巨鼋潜迹潭中得名。其地毗邻柘荣，在管沈公路通车前，为浙江泰顺周围群众往来闽东通道，也为管阳、西阳、西昆三溪奔汇处。山光水色，风景颇美。有清光绪间秀士陈德薰《咏元潭诗》为证：

> 三溪至此汇源流，众注潭边把钓游。
> 鼋伏水中常绕雾，客行桥上暂停骝。
> 梨坪赏月光真淡，龙井听泉韵独悠。
> 神宇波腾鱼影泖，花园浪暖鸟言啾。
> 谷山臻雨轻烟霭，虎壑生风盛气留。
> 厥有灵龟机预识，辛同蛇墓显千秋。

　　惟溪面宽阔，每当山洪暴涨，两岸交通中断，行人苦之。康熙九年（1670）总兵吴万福率部过此，亦为洪阻，乃发心就地建桥。经报奉御旨批拨库银首事架建。众称元潭桥名透北京，源即本此。皇帝拨款建桥，在山乡自属盛事。

　　潭在村之中心，北岩岩壁峭直，为天然桥头堡，遂在潭上建木构大拱桥。桥成，行旅称便，咸感戴吴总兵造福者达130多年。至清嘉庆十四年（1809），里人不戒夜灯，桥被焚毁，交通复被阻断。时乾头乡有例贡生李春芳，号世川（1774—1839），毅然矢志重建元潭桥。"其仲史调举亦太学生，首捐青蚨十万，由是多所输助。"（乾头《李氏谱序》）因工程浩大，社会捐款远不敷用。李春芳夫人乃柘荣柳阳陈氏女，贤而明大义，既敦劝丈夫捐田，又动员柳阳家庭捐献材木。由是鸠工，请擅长建木拱桥之寿宁名匠就旧桥址于清嘉庆二十三年（1818）正月二十日午时开工，重建元潭桥。桥梁分三层搭架，下层3堵，每堵梁长约18.7米，梁围约2.4—3米，直径0.67米，每堵梁10根。上、中、下三层相互交叉。桥顶复青瓦桥屋。桥两边设木栏围护，栏外再

172

钉一层护桥板，以避风雨。桥屋内边设两排长凳，供行旅歇息。桥高约 20 米，长约 46.7 米，宽 6.7 米，其结构造型类似老人桥，但桥面中央更隆起。远望有如彩虹飞空，蔚为壮观。凭栏俯瞰桥下，常见金眼红鳍的大鱼成群结队嬉戏碧波。

清光绪间有秀士陈熙然咏元潭《三水环桥》诗云：

> 三川挺秀绕村边，砥柱鼋潭几万年。
> 水德潆洄开泰运，波澜壮阔起祥烟。
> 身临鳌背青云路，步履虹腰紫气天。
> 九曲源流千里迹，巍桥景致类神仙。

阅上诗可以想见元潭桥的巍峨气派。桥成，依习俗请村中年高德劭者带领儿孙先行桥上，谓之蹈桥，甚似今日的剪彩典礼。当年梨坪周逊、周孝兄弟及李、曹、郑各姓族长均被邀蹈桥，传为佳话。

元潭桥重建成，商旅称便达 104 年。至 1922 年夏，忽降特大暴雨，三溪洪涛同时呼啸奔汇元潭，用巨石垒成的南桥头堡难御巨洪冲击，终被摧垮，偌大巍桥，一声巨响，顿时倾覆，随洪飘散。

桥毁，只余两岩桥头堡残址，行人望潭兴叹，济涉无术。村中素孚众望的长者陈卧云先生乃出面把从溪岩拾回之桥梁数根一剖为二作为桥板，于元潭上游浅滩上架设便桥，暂渡行旅。但便桥狭窄，不利于行，一遇发洪则过客仍阻，乃复造渡船一艘浮众潭中，备洪涨时渡客。然便桥、渡船时坏时修，均非一劳永逸的交通措施。1959 年，元潭热心老农陈振珠、陈步超凭借集体力量，于便桥原址建石板平桥，方使元溪两岸交通复畅通无阻。

碧山里"半爿城"

✎ 张大罗

　　管阳碧山里古墙垣，坐落在张氏祖居地碧山里，建于清雍正年间，首倡和主事均为张可明。墙长250多米，高8.3米，随地势起伏。墙身上宽3米有余，下宽4米左右，两面石砌透顶，中堆碎石黄土，垣上种植风景树。墙垣坚固实用，至今近300年，仍坚实如旧，亦颇壮伟，近观似一袭古城墙，围屏碧山里古民居丛筑，远看顺山势延伸如一道天然屏障，被称为"半爿城"。

　　传说此墙垣曾引起一场官司：时管阳有5位很有能耐的绅士，人们称之为"五虎"，管街后章坪朱仲永为其中一个。因碧山张可明是管阳德高望重的有名人士，朱仲永便把一女嫁给张可明长子张其煜为妻。这样，朱仲永与张可明成为亲家。朱仲永见亲家张可明建造了规模宏大壮观的墙垣，就戏谑说是"偷筑皇城"。张可明也不示弱，称朱仲永把原来从后章坪山脚下经过的通往桐山、福安的弯曲大道改直从田洋通过，乃是"私改官道"。一个是"偷筑皇城"，一个是"私改官道"，二人相互指摘，各不相让，弄得满城风雨。不久，此消息传到县衙，县太爷潘鸣谦以为管阳地方发生大案，派差吏到现场查看，并传两事主对簿公堂。朱仲永和张可明见事态闹大，便如实禀告原委，县太爷才知是因玩笑引起的一场误会，当堂训诫几句也就不了了之。此后，有"半爿城"之称的管阳碧山里墙垣名闻遐迩。

管阳

金钗溪金朱桥

朱国璋

　　金溪原名金钗溪，宋末元初朱氏始祖朱梦环从浙江三桥徙此立基，至今已有700多年的历史。此地四面环山，溪水穿流其间，行人往来须绕山道而行，甚为不便。

　　560多年前，朱氏九世祖朱岁、朱佑兄弟发动族人献工献料，兴工架设木桥，以便行人过往。不久，木桥被洪水冲毁。

　　清乾隆二十年（1755），首事朱仲锦、朱仲魁、朱仲继、朱仲志、朱肇珩、朱元起等发起构筑石拱桥之倡议，在本村及邻村和亲朋好友中募捐集资，号召大家有钱出钱，有力出力，共得数百金。择吉日于农历十月间破土动工，开采青石料，砌筑石拱桥，次年春告竣。桥高4.2米，长28.24米，宽4.27米，名为"金朱桥"。

　　当年，金溪村地处闽浙两省交通要道，从浙江省到福建等县市必经此桥。石拱桥落成之后，过往行人络绎不绝。为便于行客憩息，清咸丰五年（1855）首事朱可佳、朱可京、朱可谦、朱可志等筹资兴建桥面亭宇，设13间榴式凉亭，桥面边沿架有木栏杆，亭宇内南、北面两侧均设固定木坐凳，亭北面中央塑有玄天真武大帝、袁天罡、九天玄女、桃花女仙娘神像。亭东侧有店房3间，供护亭者居住，常年沏茶，供路客解渴。店内有面点、酒果、糕饼等食品，供路客充饥，并有草鞋、斗笠等行路必备物品。朱氏宗祠拨给补贴金资助护亭人。

金朱桥（朱国库 摄）

附:

金钗溪桥记

郭家治

鼎之金钗溪，导源于罗汉坑，流派长、水势大。在昔架木为桥，屡经毁坏，非长久计。每当春流暴涨，大雨时行，湍急澜迴，倍益汹涌，进退不可，客常病涉。朱君仲锦等，心焉戚之，爰集族众商议，倡捐共得助资数百金。遂筮日鸠工。经始于乾隆乙亥年（1755）阳月癸卯日，砌筑虹桥，数月告竣。并架栋宇以便行人憩息，如慈航宝筏之于众生，厥功伟哉。朱氏阖族之仁厚可风如此，知将来方兴未艾也。敬书数语以志弗谖云。

章峰万古亭

朱国库

万古亭，地处古代闽浙交通要道，始建于明嘉靖五年（1526），迄今已历 5 个世纪。

明清时期，南北交流渐盛，来往行人日渐增多，但沿途歇凉避雨之处甚少，行人多受日晒雨淋之苦。管阳章峰李氏十六世李枝发聚族议事，欲于水北溪村虎头山岔口建亭，得族人鼎力支持。

相传，透埕王氏赠送亭基，但要求须在 5 日之内建完亭子。章峰李氏动员全族、全村上阵，果于 5 日之内完工，并于亭内壁正中嵌石刻泗洲文佛。

族人有山歌曰："两省来去万古亭，此亭有意万千人。章峰李家祖上建，子孙代代得传承。"村人还拟一谜语：有"古"没鼓声，人走鼓里过，鼓外名声透皇城。

万古亭第二次修建于清乾隆十年（1745），首事是李氏二十一世李其麇、二十二世李自朋等人。前两次所建皆四方骑路亭，规模较小。

清道光十七年（1837），亭毁于大火，李氏族人不忍废之，乃重建万古亭，增其旧制，建宫庙式亭堂廊廓。亭里外两厅，中有天井，内厅供奉华光府五显灵官塑像，外厅长廊正中仍立泗洲文佛（佛像已被窃，只留香炉），亭左右两侧又建两榴客舍，供行人歇息借宿，内供米粥茶水，以便路人。因亭占地面积扩大，引发纠纷，无法施工。经有司裁决，得批文：念章峰前人积善好施，后人承前人遗志，准章峰再建万古亭。万古亭第三次重建终得以实现。第三次建亭首事为章峰李氏二十三世李开馨、二十四世李朝果和李朝崇。

第四次建亭正逢经济困难时期，但李氏族人不忘先志，在二十七世李俊曹、李俊煜、李俊扬等人的首倡下，克服种种困难，终在 1963 年上梁落成，赢得四方赞誉。

万古亭内壁上曾有一联：一年春送一年客，万古亭留万古名。此联虽消失了，但章峰乐善好施的美德却一直留在人们的心间。

（本文参考了李丹生提供的资料）

长乐亭

✎ 黄 河

　　管阳大山与唐阳两村之间原有古道相通，出大山村仅数百米便有一座茶亭，即长乐亭。这座亭的外观很漂亮，山墙基座垒石，上叠砖，嵌以拱门，瓦顶是常见的硬山结构，五脊二坡，清爽简洁。亭内有一块石碑，虽残破断裂，文字依然完整可辨，上书"长乐亭碑记"。落款为光绪三年（1877）。此即该亭创建时间，距今147年。

　　早年乡里修桥筑路建亭造宫庙等，都会立功德碑。内容主要是罗列捐款名单，开头一般会简略陈述事由，大都言简意赅，惜字如金。长乐亭碑却写得文采飞扬，字字珠玑，读来口齿生香，令人拍案。

长乐亭碑记

　　盖闻连州燕喜，滁州丰乐，并醉翁诸亭，皆古名宦贤宰经营倡建以为游骋之区也。今吾长洋之东，山高岭峻，介两都之间，上通霞安，下达浙平，距桐城三十里。其间四方宾客车马往来无停止焉，但少一幽亭。行道者难免风寒暑雨之忧耳。

　　朱君等家居此土，登斯岭者，心甚戚焉。爰于光绪三年春三月，鸠集族众商议建造，幸蒙族众同心协力，乐助资钞，集腋成裘。随即相度基址，鸠工庀材，不数月而亭落成焉。因颜之曰长乐亭。且虚檐小径，虽不壮遨游之观，而清雅幽闲，足以为憩息之便。嗣后高轩戾止，大驾频临，又何忧无驻足之地也。

　　其族内乐助姓名不可以无纪，爰书数语勒之于石，以志不朽云，是为记。

178

　　燕喜、丰乐、醉翁，都是名亭，当然，也都不是平常乡间茶亭可比，作者一起笔便毫不客气，纵横睥睨，大气磅礴。乡野古道之上，往来只会是短褐麻履，作者却又是"四方宾客车马"，又是"高轩戾止，大驾频临"，莞尔之余，非但不觉虚妄，反显疏朗旷达，气度不凡。

　　仅此短短的一篇碑文，便使人对百余年前这个偏僻乡村的文化底蕴刮目相看。遗憾的是，碑文没有署名，作者无从稽考，谅必亦是妙人。平素周游，每到一处，首先会看看对联碑刻，往往一联得趣，纵然是寻常屋瓦廊柱，亦觉满目生辉。若门联俗陋，则连大门都懒得跨入。文字最能体现主人的品位，即便不是亲笔所为，至少能证明主人具备鉴别良莠的能力。这种品位自然也会体现在其他细节上。

长乐亭系管阳金钗溪朱氏所建，其始祖朱梦环，系南宋咸淳年间进士，家学渊薮，世代传延，亦一大望族。

长乐亭碑文中言"朱君等家居此土"，可见作者非朱氏族人。朱氏乃书香门第，定不乏能文者，却延请外人题碑，足见礼贤，而此碑之文采，亦能反映出朱氏的审美品位。

由此可以想见，早年未翻建前的长乐亭，定然有其独到的美感，可惜再也看不见了。据周边村民说，原先的长乐亭是毁于意外失火，甚憾。

雁溪大夫第

🍃 朱国库

大夫第坐落于溪源来龙岗山脚下，门临雁溪。

该建筑属明清两层楼四合院，占地面积 1840 平方米，建筑面积 2300 平方米。院墙高大气派，青砖修砌，墙有花纹，后毁，重修如旧，花纹不再。门楼飞檐翘角，外书"大夫第"，内有"云蒸霞蔚"，字体庄严厚重。门楼内的天井与四围的重檐相称，更显古宅的气势。天井对着大厅，大厅轩敞，厅头悬一匾，书"宾荣奕世"4 个鎏金大字，落款为"太学生陈世梁立　嘉庆十八年岁次壬申腊月吉旦"。两旁柱子上，有一副对联，上曰"海内数十百名家皆由积德"，下曰"世间第一等好事无过读书"。此联可见房主人把积德和读书作为做人行事的最高标准。

厅堂两旁的楹柱上有一副五字联，曰："九万里而上，八千岁为春。"联板年代久远，显得古朴庄重，下联联板已经开裂。大厅还有几副对联，联板已被蛀蚀，有的已多处开裂且字迹模糊，看不清书写的内容。

天井左右两边是厢房，厅堂两旁各有 3 间榴房。后厅有一个天井，左右榴房各有一个天井。天井之后是厨房。整个建筑共有 30 间房，房开小窗，雕刻精细，饰以琉璃。窗上的绦环板、木雕图案细致精美，雕刻人文气息浓厚。大厅和门楼上也有精细的雕镂，

雁溪大夫第（朱国库 摄）

就是在最细微之处，也可见房主人的品位和木匠的追求。

大夫第始建于清嘉庆年间，由雁溪陈氏二十世陈世樑出资建造。陈世樑又名得渭，字滨友，号灏庭，生于乾隆辛卯年（1771），国学生，诰封武冀大夫。有三子，步青、步云和步元，分别官授州同、游击和布政司理问。陈氏子孙讲耕读，重礼义，敦亲族，睦友邻，家风和畅，家业兴旺。大夫第悬挂的联匾昭示着家族的荣耀。

2015年，大夫第外墙颓圮。二十六世陈家强出资10万元，以旧修旧，基本恢复大夫第的原貌。陈家强秉承陈氏好善乐施的家风，乐心家乡公益事业，近年来为家乡的教育基金会、修路建桥等公益事业做出贡献。

2020年1月20日，溪源陈氏大夫第民居被确定为"福鼎市文物保护单位"。保护完好的古宅，现已成为管阳山地文化的一枚徽章，在青山绿水间，在淳朴的乡风中，熠熠生辉。

大山古宅

🍃 朱国库

    大山村地处闽浙交通要道上。大山李姓繁衍至今已传 25 世，人丁兴旺。李姓宗族文化积淀深厚，以大山古宅就可窥见。

    大山古宅，保存比较完好的主要分于三处，一处曰下新厝，一处曰康湾，一处曰半岭垅。三处古宅，皆为明清建筑风格的古民居。当前，下新厝古民居有所损毁，半岭垅古民居保存较好，康湾古民居经过仿古修缮，重现古宅魅力。

    下新厝古民居至今已有 300 多年历史。古宅背依青山，坐北朝南，面前开阔，为四合院建筑，通计有房 36 间。古宅门楼巍峨，上书"函关紫气"，古朴庄严。木门厚重，右刻"神荼"，左刻"郁垒"，遒劲有力，原为浮雕，"文革"间被刨平，但仍见书写之精气神。古宅窗花雕刻精巧，为艺术上品。古宅始为李道回所建，后经十七世李执璜和十八世李惟榎扩建，终成规模。《李氏宗谱》载，李执璜，例贡生，名廷珖，字在璧，号瑀台，生于清道光二十九年（1849）。素性敦朴，孝友慈和，兼而备之。礼接儒者，无分大小，咸敬若父师，有陈蕃下榻之风。福建提学使为其题额曰"望重成均"。

大山康湾古宅（朱国库 摄）

康湾古民宅至今有 200 多年历史。古宅坐北朝南，环境幽美。四合院建筑，有门楼，围墙垒石为基，黄土为体，上覆黛瓦，颇具古色。院内建筑皆为木质，有房 13 间，廊庑厅堂，古朴美观。古宅经复古修缮，在四围绿茶翠树映衬下，堪为山里明珠。古宅为李道国所建。李道国，字得家，号正亭，生于清嘉庆九年（1804）。为人忠厚持己，礼义律身，待人和气，人皆敬之。长子李允球，耆宾，字志玉，号鸣冈，为人生性刚正，好为人排难解纷，人皆折服。族中举他为董首，综理族事数十年，诸事皆决于公。福建提学使姚文倬题其额曰"望重宾筵"，今仍悬于厅堂，保存完好。

半岭垅古宅至今也有 200 多年历史，坐北朝南，一字排开，共有三进。门楼、大厅、天井、厨房，布局有致。古宅内共有 9 栋房子，52 间房。古宅柱头雕刻精美，意蕴深远。古宅为李焚执所建。李焚执，太学生，字在燔，号将台，生于清咸丰二年（1852）。立心忠厚，不扬人短，不没人善，治家严肃，而训子以义方。福建提学使姚文倬题其额曰"古道是敦"。

大山古宅，历经风雨，更显历史之厚重，人文之悠远。

溪头村水碓

✍ 陈岩圳

碓，是舂米的器具。在农村，不外有三种：一是利用桥滩或碇步滩蓄水而转动车轮的水碓，别称"流碓"；二是修砌渠道，利用溪涧流水或池塘蓄水，引到木质斜槽借助落差冲力而转动车轮的水碓，又称"冲碓"；三是在屋内搭起四柱八梁的长方形框架，将石臼、石杵安装于架内地面，手抓两旁的拉手，左右脚轮换踩踏碓柄而起伏舂米的，称"踏碓"。

溪头全村有 3 座水碓，都建在左岸靠山。

上座水碓，位于碇步头、上汾自然村，是清嘉庆十三年（1808）修建碇步时配套建的。清末民初，楼上建研麦磨粉和榨油坊，靠水碓带动。

中座水碓，位于长坑尾对面，利用碇步落差发力，碑载建于清道光十六年（1836）六月。该水碓为溪源、岭尾、水碓面、外厝、溪头里和七斗岗等自然村共用。

下座水碓称"下碓"，位于溪头里村，约莫建于元、明年代，利用"纬丝潭"潭头天然坝的石脊梁凿孔立墩，以鲜松木拦截流水而建碓。水下岩石墩孔尚存，潭尾至今还呼"下碓濑"。

水碓，由进水闸门、挡洪墙（底下暗渠）、调节明渠及闸门、碓坪（底下暗渠发力出口）、车轮、4 排埋入地下与碓坪持平的石臼、石杵连柄及立座条石和碓坑依序组成。车轮、闸板、碓柄为木质，主体车轮 20 年左右就得更新。车轮轴长 4 米左右，直径 0.6 米左右，圆形轮廓（有 6 条支撑）直径 2 米左右。以上部件均以鲜大松木为原料。

上座水碓和下座水碓，于 1985 年溪头水电站发电后被废弃。

溪头、楮楼古碇步

✎ 陈岩圳

碇步，又称"碇步桥""踏步桥""堤梁式桥"。碇步定址后，必先定坐向（坐空朝满），接着，选择良辰吉日动工。整座碇步的齿数绝对是单数。这样，口念"进退"二字念至最后一个数时，肯定是"进"字声，以示"进发安详"。竣工时，还要请村中声望较高的人士"第一次走完全程"。

碇步造型看似简单，但砌造有其技术特点。碇步滩，是用鹅卵石堆成拦水坝毛坯后，用鲜松木纵横排列滩脚，形成榫卯互锁的连环框架。采用扁形块石以松木框架为支撑，从滩脚起砌，把整个碇步滩表面包封起来。滩的砌法为顺水流，呈鱼鳞状。碇步齿一半插入滩底，一半露出滩面，为纯手工工程。碇步两端起步偏低，令冒险涉水行人望而却步。

溪头上汾碇步，碑载建于清嘉庆十三年（1808）十月初三。全长 51 米，共 83 齿，一齿双蹬，仰面长 0.8 米，宽 0.24 米，高 0.6 米，齿距 0.61 米。陈世桢、陈周监、陈文纬、陈文万等为首募建。

溪头门首碇步，始建于何时已无从考证。清嘉庆五年（1800）桂月重建完工。全长 44.6 米，共 73 齿，一齿双蹬，规格与角度最为标准。重修时陈文万、陈周典为首发动村民，从水碓潭底抬上滩石、碇齿，修复原貌。

楮楼碇步，为南北走向，双碇式，建于明成化年间（1465—1487）。全长约 60 米，共 103 齿，仰面长 0.8 米，宽 0.23 米，高 0.56 米。无立碑。

楮楼飞阳碇步，建于 1966 年冬。全长 60 米，共 103 齿，仰面长 0.8 米，宽 0.24 米，高 0.56 米。马立七、马立九、马立强为首筹建。无立碑。

楮楼溪美碇步，据美湖碇步碑记载建于清同治四年（1865）春月。全长 40 米，共 73 齿，仰面长 0.72 米，宽 0.23 米，高 0.6 米。贡生陈凤岐、陈凤仪为首倡建，耗银 320 两。其中陈步衢捐银 40 两，凤岐、凤仪和陈峰卿各捐 20 两。

飞洋马氏炮楼

卓可庚

马氏炮楼坐落于管阳镇楮楼村飞洋自然村，建于 1864 年，距今有 160 年的历史，虽历尽沧桑，但古韵犹存，雄风依旧。

炮楼高 12 米，宽 10 米，三层楼房，土墙黑瓦，古朴庄重。炮楼主人曾专门邀请温州泰顺籍技艺精湛的师傅建造。其建造过程和使用的材料非常讲究，炮楼的四壁都是用黄土砌成。建造师傅选用黏性强、纯度高的上等黄土，精挑细选本地优质新鲜稻草和生长 3 年以上的毛竹，将稻草和毛竹削成 50 厘米长，准备好食盐，这样和出来的泥巴更有黏性。万丈高楼，平地先起，地基用本地质地最坚硬的石头砌好，高度达 1 米，起到了天然的防水防火作用。然后把事先准备好的材料按一定的比例混合搅拌在一起，放进专门砌墙的木格子里，用力锤打夯实，一段一段、一层一层不断地移动上升。这些建筑材料看似简单，但结合起来非常牢固。

炮楼与它旁边的 3 座楼房，都是同一个人建造的，3 座大宅院和 1 座炮楼共同组成了一个建筑群落，是马氏家族几代人聚居的地方。马家几世行医，医术高明，医德高尚，方圆百里颇有名气，历经数代，积累了比较殷实的家底，自清乾隆三年（1738）开始，10 年间盖起了 3 座宅院。每座宅院都有主房，两边各有厢房、大门和围墙，属于一进四合院结构。鼎盛时期每座楼房住着 100 多人，虽没有乔家大院的豪华气派，也没有北京四合院的高贵典雅，但在大山深处颇显雄伟壮观。随着人丁不断兴旺，资产不断增多，原先的 3 座宅院外部都是纯木结构，极易发生火灾，再加上飞洋地处偏僻，盗匪时有出没，保护好家族生命和财产的安全迫在眉睫。主人因此精心规划盖起了这座炮楼，把所有珍贵的财产都集中在炮楼里。第二座宅院和第三座宅院的一楼和二楼的走廊都与炮楼连接相通，便利人员往来，也有利于家族管理，大事小事可以及时通知，实现互联互通，资源共享。

炮楼的设计别具匠心，飞檐翘角，追求雅致。墙身厚实，四墙周围共有 57 个炮眼，炮眼既是瞭望口也是射击口，一旦有盗贼和土匪来犯，可以第一时间进行还击。炮楼的主要门窗为拱形，融合中西建筑艺术，带有鲜明的伊斯兰教建筑风格，炮楼内部一条木质楼梯伸到楼上，通往左右两边的房间，套房式结构，使用方便。

飞洋马氏炮楼（卓可庚 摄）

　　炮楼和与之相连的房子共同组成一个有机整体，建筑设计独特，雕刻精美，工艺细腻，明柱花窗，别具特色。大厅正中摆着一张雕刻精致的几案，左右两边的墙上挂着多幅牌匾，一进来就令人肃然起敬，顿感不同于普通人家。建筑内雕梁画栋比比皆是，丰富多样。在当时，有如此多的雕刻图案的炮楼并不多。鲤鱼图案，寓意着连年有余；麒麟图案，代表着吉祥如意；海浪图案，寓示着福如东海；松鼠与鹤同框，代表着松鹤延年；凤凰图案，寄托着炮楼主人希望子女成龙成凤的美好愿望；牡丹花图案，象征着锦上添花；一片翠竹，代表着竹报平安，衬托主人的高风亮节。最有特色的是厅堂上的雕刻，一位笑逐颜开、鹤发童颜的老爷爷坐在正中间，子孙们簇拥在两旁，其乐融融……一幅幅图案，蕴含着中华民族的传统美德，凝聚着工匠们的点滴智慧，也彰显着炮楼主人的文化修养和审美情趣。

　　2018年6月3日，福鼎广播电视台"视野"栏目对飞洋马氏炮楼进行了深度报道，百年炮楼得以走出深山，惊艳亮相于世人面前。

雁溪陈氏宗祠

 陈岩圳

雁溪陈氏宗祠，位于管阳镇溪头里自然村。元大德二年（1298）始建，清乾隆甲寅年（1794）重建，清同治九年（1870）扩建，2001年再修，2018年重建。宗祠占地面积由原来的1041平方米扩大到1880平方米（含停车场），建筑面积为540.8平方米。宗祠采用砖木结构，四面交井，灰墙环护。

前厅设戏台，大堂古匾满悬，书写千年厚重。上有清光绪皇帝御赐陈金超德配蔡氏"节孝"皇匾，匾眉嵌"圣旨"，金字璀璨，显先人之贤德；下有著名外交家凌青（林则徐嫡孙）为陈庆章德配孔老孺人百岁题写"五代同庆"新匾，彰后世之兴盛。

祠埕贡生旗杆林立，杆高约12米，杆围约0.9米，顶端嵌有尖端向上的桃形锡帽，其中"五经魁"一对"鲤鱼穿心"。现6副旗杆碣尚存。

2001年重修时，"陈氏宗祠"4个大字为陈立夫所书，门联"舜祖功高崇世代，桷公德懋范昆孙"为陈海亮撰并书。后山松篁交错，庭前古树参天，长溪为玉带，水竹作翠堤。

溪头，古称雁溪。据宗谱记载，陈桷居长溪县二十四都魏化（今管阳镇广化村）时，得如来梦示"随雁北徙"，因追梦失向，暂居西阳下陈村。此地西行数里，水竹湖畔野雁成群，年迈的陈桷指引裔孙陈广金于南宋淳熙丁酉年（1177）拓荒迁居溪头，成为雁溪肇基祖。

清乾隆至光绪年间，雁溪陈氏人才辈出，科甲蝉联，据统计，共有武举1人，贡生13人，庠生18人，武庠10人，监生16人，太学生15人，增生1人，佾生3人。

附：雁溪楹联集萃

1. 宗祠联

舜祖功高崇世代，楠公德懋范昆孙。

源出颍川泽滋华夏，祠傍雁水裔衍浙闽。

颍川流长泽沛育才宏祖业，雁溪润广水能化电展孙谋。

—— 陈海亮

派衍广佥文脉盛，宗传诸域子孙昌。

雁导祖迁祥发地，溪延公衍善德人。

鼻祖河南祖迁厦材，宗由宋代公徙雁溪。

——陈希立

祠对椅山，祖德如山千派仰；门临雁水，宗恩似水万孙霑。

——张文彬

椅山供座雁邀徒，水竹成城溪惠情。

七星拱照诗文盛，笔架凭临礼教兴。

米磨岩流丰美食，长潭鲤漾润含章。

承传舜孝侍郎弘祖德，继武文明翰墨厚家风。

观榜山佳，霈泽拥邹鲁；麒麟岗丽，风流护祖祠。

——陈岩坝

雁水扬音歌孝悌，椅山遗爱毓英才。

登山览胜怀故土，饮水思源念祖恩。

家乡胜景收眼底，烈祖深恩记心头。

至今蓝天留雁影，自古溪畔尚书声。

桑梓犹悬南宋月，汗青永载侍郎功。

椅山虚上位，久待贤哲就座；雁水漾文波，诚邀士子评章。

——陈师波

2. 总厅联

祖迁雁水，裔衍闽浙；泽滋华夏，原出颍川。

——凌青（林则徐五世孙）

云龙载福东山顶，屏障生财美人山。

雁溪九曲多情丁口旺，椅岳三嵌聚祚德才兴。

纬丝潭水潆回生态美，三窟岑岩峻峭圣功奇。

纳膴绿水，如来垂示迁福地；骋目青山，始祖拓荒结祥庐。

——陈岩埘

椅山宝座虚千载，雁水文波泽一方。

山岚暖暖景如画，水韵潺潺音若琴。

——陈师波

3. 元潭亭联

元潭亭内人休憩，官路途中舁云来。

——陈希立

4. 雁溪大桥联

旅雁来宾，秋山峻秀；清溪催醉，春水澄鲜。

——李　仁

雁水源流远，溪桥福泽长。

——陈岩埘

5. 上汾大桥联

九曲回流，西奔造福；三峰护椅，北障长安。

千峰遗雁韵，百载贯溪桥。

——陈岩埘

管阳

190

大山李氏宗祠

　　大山李氏祖先于宋室南渡后，从处州缙云县迁到东瓯（今温州），再迁福建安溪、福清，又迁长溪。赤岸（今霞浦）始祖李百豪有5个兄弟，二弟李百亮迁景宁，三弟李百庆迁大均，四弟李百福迁福清，五弟李百朋迁赤岸上洋。李百豪生两子，长子李应枢迁浙江，次子李应机随父移居福鼎十七都姚洋半岭居住，传至二世李福荣、李福贵，迁大山胡炉坵。三世李缘满迁松洋，四世李贞娶项氏从松洋迁大山下厝基，为大山李氏肇基之祖。繁衍至今已传25世，1500多人，分布桐山、店下、溪美、秦屿、点头、白琳、霞浦等地，大部分仍居住祖居地管阳大山，世代勤恳，俭朴持家。

　　大山宗祠位于管阳镇大山魏罗岗，以魏罗岗和赤岩顶为靠山，后有犁舵寺山发起至大牛塘直下盖头，前左面有秀丽的亭边尖峰为鼓山，右边有刘庄旗山为旗山，正是旗鼓出两边。外左边有马夫赶马形象的马鞍山，清秀朝来；右边有雄伟的高长山护来。后有一井清水泉。

大山李氏宗祠（李永雄 摄）

大山李氏宗祠建于元大德七年（1303），原是一厅简单木结构，只供神主牌位，至十四、十五世时，李允球、李廷珑二公带领族人将一厅改为二厅，加门头，内为砖木结构，门头是石门框，上是木构八角天，青石门框。刻联："陇西启始宗功远，柱下嗣微世泽长。"正厅悬挂"柱史流芳""江左遗风""进士""文魁""武魁"等匾额。

民国期间，大山设大山保，于祠堂右边建筑炮台，驻兵几百人，办公设在祠堂内。1949年设立大山乡，辖西洋尾、果阳、后梁、唐阳、亭边、后溪、章峰、沿屿等村。

1995年，宗祠多处遭破坏，众首事整修宗祠，重修谱牒。2011年，族人重建宗祠，拆旧建新，新宗祠为石木结构，设二厅、两走廊。内设各龛，每龛有新龙头牌。壁上有油画，梁上有花雕，栋上有双龙喷水，石柱刻名人诗联。龛雕花屏，地铺石板，大厅面有八角天，石门头左右帖二十四孝图。前埕广大，塘藏鱼水石栏杆。原增旧制，光彩一新，焕然气茂。有诗为赞：

陇西之地多仁风，族大铝旺布四方。
大唐盛世四万载，李室江山十八君。
青莲酒醉千古诵，后主词章万世传。
李纲宋相尽忠主，飞将龙城惊胡邦。
东风春草绿满地，李氏世代吉荣昌。

相传，李氏传至十世，出了个李凤仪。当时柘荣魏家争大山田地，李凤仪只身上省告状。官司打了两年，终得到省府批示：田地山归还李家。李凤仪智勇过人，得到宗亲的敬爱。

张光翼先生赞曰：

翁德宏敷不世勋，才各卓越震斯文。
承先启后真超俗，睦里和邻宝出群。
时际颠连身不屈，事当排解力犹勤。
福星高照天增寿，仁看芝兰护锦云。

又有张烈先生论李凤仪："公为人浑厚正直，邻里有隙，藉其排解，乡党事务悉为领袖，仔肩里役支持门户亦一时之翘楚也。"

（本文摘编自《大山李氏族谱》）

金钗溪朱氏宗祠

朱民雄

金钗溪自古以来是闽浙交通之要道，104国道亦从此地经过。该处山岭险峻，峰高林密，溪水清澈，泉鸣铮铮，有"金钗插地""玉岭裁云""文笔插天""潭隐蛟龙"等十六大景观，环境幽静，气候宜人，乃避暑胜地。

金钗溪，为鼎邑沛国郡朱氏发祥聚居之地。朱氏始祖朱梦环，字符庆，南宋咸淳十年（1274）甲戌科进士，官授中正丞。元兵犯境时同陆秀夫护驾南下至崖山。元兵追迫甚紧，陆秀夫不愿受辱，负帝投海尽节而宋亡。朱梦环悲愤誓不仕元，由浙江三桥退居山林，避隐金钗溪，迄今已有700余载。传至五世祖朱癸二，于明洪武十二年（1379）筑宗祠于后山之骆驼峰下，占地面积9亩，建筑面积2008平方米，砖木结构，系保存完整的明代建筑物。祠呈三厅四厢四面交井布局，有148根大柱和雕刻精湛的大梁木。祠内文物有刻着明代万历丁巳年铭文的天井石条，明清两代雕刻精美的朱熹、朱梦环等先祖的贴金龙头灵牌，正厅悬挂的不同朝代匾额，厅中安放的明正德年间雕刻精湛的大几桌，清道光年间的石雕天地炉等，反映了不同时代的艺术风格，具有历史和艺术研究价值。迨至清道光二十年（1840），祠宇遭风雨剥蚀，桁椽破烂，几经修葺。该祠是鼎邑存留的明代古建筑之一，与金朱桥并列为县级重点文物保护单位。

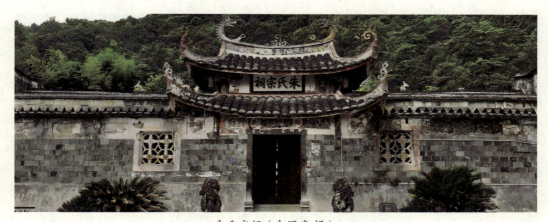

朱氏宗祠（朱国库 摄）

金钗溪众厅

众厅原称"崇本堂",后来乡人取名"圣贤堂"。2018年宗族理事会决定恢复为"崇本堂"。该厅原为族中训议公事、聚首办宴之所,逢年过节聘请剧团演戏或举行祭祀活动,曾十分热闹,社戏不断。附近有多家客栈,专为往来客商服务。

众厅创自明代,迄今已有500多年。至道光癸未(1823)十月十二日卯时重建,首事朱奇诗,襄事朱士森、朱奇桐。

霞邑柘水陈奇元于道光己丑(1829)孟夏撰写的《金钗溪大厅记》全文如下:

> 厅之设,原以宣圣训、议公务,族中诸父老,时得聚首以行豆觞之宴,敦礼让之风也。斯厅建自明代,迄今数百余载,历时久远,未免有栋折榱崩之虞。道光癸未岁,阖族商议,重新修建。经始于八月十五日,上梁则在十月十二日卯时。综所费以计实千金有余。一时建楼阁、新屋宇、缭垣墙、施丹垩、涂塈茨,美轮美奂,足壮厥观。斯厅工程浩大,不久遽告落成者,良由族人同心协力,不惮艰辛,故经营虽艰而易也。余谊属葭亲,因不揣固陋,额之曰"崇本堂",并掇俚言以为之颂云。

道光癸未以来,众厅曾作为金钗溪村朱姓家族启蒙摇篮和教育基地,曾设私塾、族塾和小学。

据《宗祠碑记》记载,明万历三十一年(1603)族人对宗祠春秋祭祀费用就有长远安排:捐购设立宗祠蒸尝田。朱可墀、朱可佳、朱德魁、朱赞辉、朱绵銮诸公几代人从清咸丰六年(1856)起,陆续捐购设立"书灯田"(亦称"养贤田"),设立族塾,勉励资助子孙奋志功名者。

清光绪年间,金钗溪朱氏家族以宗祠公租为经费,设立族塾,延聘西昆村岁贡生孔广敷为塾师,教授朱姓子弟,专攻《四书》《五经》及诗词歌赋,习作"八股文",还以朱熹家训和朱柏庐治家格言为朱姓家族子弟的言行准则。当时首期就塾子弟有朱腾芬、朱筱徐、朱承斐、朱泽敷等10人,其中先后有7人考中秀才。族塾地点就设在众厅。

崇本堂（朱国库 摄）

从众厅走出一批学生如朱肇珩（法政一届）、朱学画（法政一届）、朱景芳、朱光彩、朱醒民、朱腾芬、朱岳灵等，他们在法政和教育领域担任要职，如朱腾芬为首任福建公立法政专门学校校长，朱辅良留学日本东京工业大学后归国任教。

朱观涛于光绪丙午（1906）同族兄朱亦严、朱亦洲，胞侄朱光熙，遵钦定章程，各自捐资以作经费，创设金钗溪初等小学校。据1990年版《福鼎教育志》说，"金钗溪初等小学校"是福鼎县最早成立的小学之一，可见族人对启蒙教育的重视。县令黄鼎翰派朱观涛任本校总理。光绪二十二年（1896）县令丁芳公派朱亦洲为本都联董。光绪三十二年（1906）县令黄鼎翰派朱亦洲为本都学董，指导创办金钗溪初等小学校。朱光熙于光绪庚戌后继任本乡初等学校校长，再后由朱光治任金钗溪小学校长。本村太学生、贡生比比皆是，迄今以来，培养了很多人才。

众厅前面是一个大广场，广场上立着石碑。门前立有两对笔架山旗杆碣和一对石狮，旗杆碣刻有"清同治辛未科贡生朱功超立"字样。

众厅呈二厅二厢二层四面交井砖木结构。前厅筑戏台，后厅塑3个圣人像，供奉孔子、孟子、朱子。众厅建筑面积为540平方米。大门为木构，门额书"崇本堂"。前厅中门只在重大节日开启。中有天井，左右有回廊；众厅后厅为三开间，深三格，中设祭祀案桌，人由两侧中门进出。门厅由三跳斗拱承托出檐，转角斗拱上角梁雕刻成龙头形状，活灵活现；顶部中间上铺八角藻井，南六跳斗拱承托；屋顶雕刻有龙、凤等精美图案。

众厅内设云霄宝殿，下有瑶池。出众厅大门，上七星，转八斗，过二十八宿，出南天门，下六十三级台阶，台阶转九转，称为"九曲"，这些形成完整的众厅古建筑群。

碧峰张氏宗祠

✐ 张忠盟

　　碧峰张氏旧祠在章边村后坑岭里弯，即康安宫后座，明洪武二十一年（1388）四世祖张龙建。到清乾隆四十五年（1780），因祠基狭隘，族内人多，祭祀拜献难以成礼，合议于管阳碧峰里祖基再建新祠。清嘉庆五年（1800）族人重新围地增建。1908年再次扩充规模，添建栋宇，具五楹三进四合院规模。1936年再建厨房和修谱间，宗祠功能齐全完备。宗祠前两进1943年被国民政府借为粮仓，1949年后被人民政府接管为粮库，1992年还归本族。之后经2005年、2017年两次修葺，宗祠既保持原有建筑风格，又排除安全隐患，增添新的时代元素，做到传承与发展并进。

　　祠堂背倚天星岗乘脉犀牛伏地，面朝棋盘仙迹、七星风洋月旁墩，左案群山绵峦、叠嶂俊秀，右沙天马回峰、石鹤凌立，为"犀牛望月"之地。祠堂前方约30米处有一株树龄700多年、树围约5.5米的柳杉，树下立八角台1座，安置石囤15个为本族认宗暗号，左沙龙岗尾植雌雄银杏各一株，以作张姓寻根访祖标记。

　　祠堂占地面积4500多平方米，建筑面积1500多平方米，为砖木建筑，明清构式。大门前立有清岁贡张炳章的旗杆一副、石狮一对。门楼为亭式结构，两旁镌联"碧光耀管阳犀牛眠福地，峰秀营家庙神马奔长天""杉台夜月光家庙，仙迹棋盘荫裔孙"。前进为戏台，两厢楼廊，中间为天井。

　　沿厢廊登三台级为二进中厅，厅堂上高悬"碧峰张氏宗祠纪念堂"字匾，两边挂8幅历史名人画，中厅木柱上书"东山拱庙贤孙广，鹳水漾堂秀士多""天马回峰峰更秀，犀牛望月月常园""东迎旭日辉家庙，西逗晚霞耀碧峰"等10余副楹联，颇能概括祠堂前后形势。

　　中厅身后采光天井设鱼池，鱼池呈花生形，池中置汉白玉假山一座，水储满池，与后堂形成一道防火隔屏。后登九台阶为三进廊亭，廊亭前后挂"碧宇生辉"和"慎终追远"二牌匾，廊两壁配置二十四孝青石画雕，亭廊沿及后堂天井廊沿配辉绿岩青石画雕护栏。

　　沿厢廊再晋三台级至后进祖厅神堂，祖厅主建双层翘檐构设，堂前挂"孝友堂"匾额，堂上高悬"祖德光辉"字匾。神龛祖龛奉大宋仆射令尚书讳载公暨历代世祖考妣神位，神龛下青石浮雕装饰堂皇气派。每年三月三、中元节、除夕，张氏子孙都会在这里祭拜祖先，寄托哀思。

随着时代的发展，张氏在履行祖训的同时，结合时代特色充分发挥宗祠的育人功能。自2006年开始，每年8月底，族首召集考上重点本科院校以上本族学子在此集中，开展奖学活动。学子们与本族长辈

碧峰张氏宗祠（张忠盟 摄）

交流心得，互勉共进，光耀门楣。2016年，碧峰张氏宗祠成立"碧峰张氏宗祠助学、奖学基金会"，进一步规范助学、奖学活动，引导族人遵纪守法、遵守社会公德，尊祖敬宗，弘扬祖德意识，为国家为社会多作贡献。

西阳吴氏宗祠

🍃 楚 云

　　西阳吴氏宗祠坐落于西阳村后垱山脚。攀至后垱山顶，可俯瞰宗祠全景，瓦上太极，玲珑别致，气象庄严。据说吴氏宗祠坐居"灵蛇下山"之宝地。宗祠整体规模宏阔，前后三进，层次分明，古色古香。围墙内外，松柏森森，秀竹郁郁，芳草青青。"远山晨云重雾，近台暮雨轻烟"，蔚为大观。

　　吴氏宗祠始建于清雍正甲寅年（1734），距今近300年。祠堂共五楹三进，占地面积为2809平方米，由大门、门楼、思贤楼、议事厅、神龛厅等组成。

　　大门居中正对马营东峰山尖，冠似官帽，视野开阔，大气磅礴。大门前路两旁坐着吴氏乡贤吴可裕先生赠送的一对石狮，威武雄壮，大有"有朝一日狮入林，我要气吼山河震"之雄风，为宗祠平添几分肃穆气氛。

吴氏宗祠（吴吉烛摄）

　　走进宗祠门楼一进，映入眼帘的是左边台基上方一根十几米高的青石华表，上书"弘扬泰伯精神，造福子孙后代"鎏金大字，中间方斗四面依次镶刻"诚明祖德"篆字。右边是一座风格独特的六角亭，亭顶内壁美人像壁画栩栩如生，姿态万千。走上拱桥，廊雕十二生肖活灵活现，左右鱼池中央，童男童女石雕惟妙惟肖，生趣盎然。站在拱桥上，抬眼便可看到宗祠正门楼上书"吴氏宗祠"4个大字，庄严威武、气势逼人。4根巨大的盘龙石柱整齐排列在门楼下方，明柱素洁。门楼两侧石柱上有吴子南老先生自撰草书的"龙腾天竹寨声九天惊宇宙，虎踞岩兜峰回六境接江山"楹联，构思工整严谨，书法行云流水。门楼两旁墙壁镶刻着精美绝伦的二十四孝石雕，门楼上方内侧挂着"三让流芳"的大匾，彰显吴氏传统美德。

　　走进宗祠二进思贤楼前，半拱圆小桥两旁的鱼池边上依序摆放石象、石马、石斗牛等。思贤楼上方镶嵌着著名书法家李树明先生题写的"光宗耀祖"。楼内整齐有序地排列着18根石柱，犹如雨后春笋林立。藻井和天花板上镂饰鲜艳、富丽堂皇，两边墙壁上分别装饰《姜太公钓鱼》和《紫气东来》壁画。

　　通过思贤楼便是宗祠的三进，三进为吴氏每年祭祖盛日用厨场所。

　　三进过后便来到宗祠议事大厅，厅宇楼阁谨依"祭祖有祠，议事有厅"的格局建造，简朴大气。通过议事厅的厢廊再绕过天地炉，最后来到宗祠的核心区神龛大厅，这里是吴氏后裔子孙每年"三祭节"（三月三、七月半、除夕）摆放供品供菜、焚香烧纸、鸣炮祭祖的中心。正厅中间伫立一张珍木制作的四方供桌，右上方悬挂着萨镇冰赐"受笃慈帏"匾，字体端庄优雅，弥足珍贵。神龛里供奉着开基始祖吴旺三的神祖牌。神龛两边壁画下，左右两方分别是"孝、悌、忠、信""天、地、兴、发"八房先祖神牌。神龛后房供奉着肇基西阳的祖妣苏氏以及赵保、赵赐二宗神像，这就是"一祖二宗"的由来。每年农历十月初九始祖诞辰日，众多吴氏裔孙从四面八方云集而来，朝拜圣祖先贤，热闹非凡，场面颇为壮观。

管阳寺庙述略

广化寺

　　广化寺位于管阳镇广化村马鞍山，始建于隋开皇二年（582），几度兴废。广化寺旧址 50 米处，墓前现存石将军一尊，石凳、石马各一只。1989 年 1 月 27 日，福鼎县人民政府下发《关于公布审批全县重点文物保护单位的通告》（鼎政〔1989〕11 号），广化寺被列入其中。宋侍郎陈桷留有《广化寺》诗一首："山高不受暑，秋到十分凉。望外去程远，闲中度日长。寺林投宿鸟，山路自归羊。物物各自适，羁愁逐异乡。"

广化寺遗址（朱国库 摄）

象山寺

象山寺原名"象山堂"，位于管阳镇徐陈村，因临象山穴而得名。寺建于唐朝天祐二年（905），开山祖师为藏石和尚。宋绍熙二年（1191）重建，改名"白象湖寺"。元末改为"永国寺"。至清康熙三十四年（1695）再建，不久又废。光绪十二年（1886）秋，天成禅师与高徒碧崇、碧岳集资诹吉复兴于旧址，重建大雄宝殿、三官厅、报恩堂、祖师祠等。时为兴盛，有僧众百余人。旧时为福鼎六大寺之一，素有"银象山"之美称，当代名僧智水出家此寺。

1943年，寺被国民党泰顺县民团焚毁。1947年释世淳重建大殿。中华人民共和国成立之初，被村小学借用，延至1992年。1993年，释世匡重建寺宇，初具规模。寺院占地面积17亩，建筑面积1000多平方米，内有大雄宝殿、天王殿、观音楼、关帝殿、地藏殿、闭关楼、僧寮等。

天竺寺

天竺寺位于管阳镇天竹村，地形雅秀，环境深幽。地处闽浙交界，与浙江省泰顺县毗连。相传在唐中宗时，印度僧伽东渡，寻山问水至此立足，搭篷下榻修寺，天竺寺由此得名。清嘉庆《福鼎县志》载，天竺寺"宋建隆元年（960）僧碧岩建"。明代进行修整，1939年重建。1949年后释立宽主持寺院期间不断修葺，面貌一新。殿中佛像俱全，法器尤新，画栋雕梁，金碧辉煌；四面交井，院中花卉争芬斗艳，不愧"金天竺"之美称。

近世，深澈和尚、立宽法师曾先后主持该寺。立宽法师道行兼优，深得僧众拥戴，于1993年圆寂。1994年，释悟平继承佛法，诵经布道，筹资装饰寺貌，为振兴该寺努力不懈，佛法日盛。

鼎清寺

鼎清寺，又名"河山古刹"，其建造历史在《重建河山古刹碑记》均已交代，兹录如下：

河山古刹始建于唐大顺元年（庚戌），即公元890年。开山祖师天然和尚在此搭棚苦修并播教传经。檀越主詹旭为弘扬佛法，施舍了广阔山场、森林、竹、木等，并施舍寺宇周围数百亩田地建造佛殿、僧寮等。詹家檀越为创河山寺立下了不朽的功绩，广为后人赞颂。开山祖师乃得道高僧，传有一灵豹经常到此听经闻法，日复一日，从不间断，受佛力之感应，灵

鼎清寺（张忠盟 摄）

性大增，终成正果。此为家喻户晓的一段佳话，可见凡尘芸芸众生只要一心向佛，至诚念佛无有不成就者。灵豹之墓安葬寺右侧，以供后人瞻仰。开山祖师享年八十有八，无疾圆寂，墓在外湾。玉琳长老圆寂后建墓水尾。

　　此寺从唐昭宗朝起至宋末，香火一直旺盛，僧侣甚众。元初兵荒马乱，寺遭贼寇焚毁，后有张永真、郑开侃居士倡首募集资金，其他信徒乐助重建。后于明末乱世遭劫，殿宇被焚，僧侣被戮，变成一片废墟。至清康熙三十年（1691），有檀越主后裔建盖殿宇，佛光重照。清乾隆八年（1743）有孔富五公倡首会同张、郑等信徒，重建寺院，寺址移坐东面西后。寺庙经嘉庆、道光、光绪、民国等多次修缮，雄伟庄严。"文革"期间遭毁。1977年，僧人释荣平二人来此搭茅苦修，发大慈悲心，四方募化，重建河山古刹，原檀越主后裔詹肇祢居士等继承乃祖弘扬佛法之大德，大力资助此次重建。在当地董事及十方信徒大力支持和乐助下，1998年宝殿终落成。

观世庵

　　观世庵位于管阳镇管阳村骆驼山下，建于明洪武年间，由金溪朱明甫施田施资、碧山张世盛施山施资共建而成，名为"坑底禅庵"。清同治年间重修，1929年改称"观世庵"。

观世庵名僧辈出。开山祖师日高和尚，曾为南京灵谷寺方丈，又称"田螺祖师"。日高和尚之后，有碧嵩和尚、天成和尚。民国时期，有笃山和尚、妙莲比丘尼、净荷比丘尼和青芝长老。

该庵古时过往香客甚多。明知府黄乾行诗《骆驼峰》云："水流滩上急，桥傍竹边凉。石壁依云立，骆驼插汉长。敲棋惊舞鹤，狎客竞称觞。司马重来日，成诗百和香。"

1949 年后，释妙莲任住持。"文革"期间，寺宇为当地大队所用，继改为农场。"文革"后，由释世超主事。1982 年后，释晶云承师业，重修宝殿，为四合院式木质结构。寺内有明代鱼池一个，《西游记》图画一幅。

改革开放以来，寺宇有所扩展，2001 年建有观音阁一座，雄伟壮观。

极乐寺

极乐寺原名"清云洞"，坐落于管阳西岐南山之麓，坐南朝北，面朝骆驼峰，视野开阔，寺后有天然石洞，洞面巨石上有邓宗海题刻"清云洞"，陈立屏题刻"洞天佛地"，县长吴锡璋题刻"顶天立地"等。室内冬暖夏凉，风景优美，不失为避暑胜地。

清宣统元年（1909），飞锡法师见管阳南山下山势险峻，垒石巨岩，有巨大洞穴，且周围环境幽静宜建僧院，便由其徒增光法师（张若建）向碧峰张氏宗亲购得山地，开基定址，结茅为寺，名"清云洞"，又称"极乐寺"，穴取狮颔悬铃形建构。后增光法师同释志愿、李大托三人同在此寺修行。

1929 年，净观法师、真心法师主建大殿、厨房，并于同年 6 月 13 日卯时上梁。1930 年，由磻溪后坪籍棠园施主张廷忠买田施租 100 担，施银 1000 两（分 6 年布施）盖两庑两厢房两层各四楹，并塑大殿佛像。

"文革"期间，殿宇被毁，改为管阳公社知青农场。

"文革"后释妙果、释妙善相继任住持。1989 年增建宿舍楼、藏经阁、观音楼及陵墓，建筑面积为 1300 平方米。2001 年广兴法师任住持，创办闽东佛学苑，来自全国各地 50 多名学员在此学习。2002 年由德云法师捐资铺设水泥路面约 2 千米。2004 年至 2006 年创办内观禅院，学员达 100 多人。2006 年至 2008 年由善利法师任住持。2009 年至 2015 年释界广任住持，2012 年 8 月至 2015 年 8 月，比丘尼释照德、释照莲、释法德三位法师在藏经阁闭关阅藏 3 年。释妙修于 2015 年 9 月任住持至今。

（本文摘编自《福鼎佛教志》）

兴福寺

❀ 陶开惠

简介

兴福寺位于管阳镇西坑村。隋朝大业年间，开山祖师天然和尚于此结茅栖身，后建寺于唐贞观八年（634），至唐咸亨年间开堂说法，至今已有 1300 多年历史。至宋代，玉琳长老圆寂后，建墓塔于寺水尾佛塔岭，迄今塔址犹存。寺院建筑面积达 3500 平方米，现由悟邦法师主持。此处地僻山幽，人迹罕至，千嶂密布，山水秀清，形似三宝跏趺莲座，又像 5 朵莲花，莲蕊花叶节藕宛然，四面环山云霞结彩，狮象双对水月包围，水尾龟蛇盘结，水源观音净坐，中有龙潭，为一大胜境。

主要事件

隋朝大业年间，开山祖师天然和尚到此，观其胜景，遂结茅栖身。唐贞观八年（634）建寺，至唐咸亨年间开堂说法。时有堂、院、僧寮数十座，常住僧众 300 余人。

南宋末，寺被寇焚，所有僧寮、龙池、器具俱毁，仅存大殿，寺僧多离散。

元初，广添和尚与陈绍郎、张胜德发起重建恢复。

元末，寺院又废，云昙和尚与郑天良见寺宇倾颓，慨然重修大殿，修茸僧舍，扶持复兴，僧众复集。兴福寺初无檀越主，后因郑天良施田乃认郑姓为檀越主。

明洪武年间，寺一度受殃，僧人遭戮，寺宇内外，一派凄凉。

明成化年间，郑姓与吴姓联姻，将本寺产业山场作随嫁带归吴姓，为吴旺三一族所有。后郑小泉出为交涉，由吴姓出纹银 140 两向郑姓买断，寺产山场即归吴家。

明万历四十四年（1616）到清康熙三十年（1691）间，吴姓后裔多次发起重建。

清道光二十四年（1844）住持融灵重建大殿并塑佛像，往生之后继由深水禅师为本寺住持。

清宣统元年（1909），深鹭和尚为住持，时仅存大殿及厢房数间。深鹭和尚矢志重整寺容，重修大殿，添建横楼两所，前厅一处，重塑三宝、罗汉、天王等佛像。复于 1940 年建大殿于莲花峰之麓，营造放生池两个，筑石路一条，寺容大为改观。

1963 年，立西和尚承师志，建大殿一所，皈依弟子多人。

"文革"期间，大殿被拆，寺僧惊散，余房为当地生产队放置杂物之所。

1983 年，悟邦法师任住持，经诸方善众资助，于 1983—1986 年重建大雄宝殿，内塑一尊释迦牟尼佛像，迎请一尊地藏菩萨大型铜像及护法神塑像等。1987 年后，又建山门、天王殿、藏经楼，两侧僧舍共计 6 栋、100 余间。

历代祖师

天然祖师　长安人，俗姓不详，生于后周武帝天和元年（566），享寿八十有八。他于隋大业年间行脚至此，大兴佛法，广度众生，收徒 5 人，世称"五流芳"。临终示曰："生死事大，悟道事真，一心念佛，三昧稳成。"祖师一生慈悲为怀，持戒精严，屡以禅定神通折服众生，生弘佛法，死归净土。

五流芳　天然五徒，一曰兴宝，二曰兴慈，三曰兴缘，四曰兴了，五曰兴德，俱能善超诸有，故被时人号为"五流芳"。兴宝和尚以创寺功德，号曰创启。兴慈和尚以化缘度众、举意成就，号曰缘熟。兴缘和尚精通经义，善能说法，号曰无疑。兴了和尚参禅精进，日夜不睡，心身寂然，常入不思议境界，号曰无碍。有客问道，兴了曰："不禅在今不在观，本来面目虚无间，若能了得此消息，自然而然合本参。"客默然而去。兴德和尚戒行严净，待众谦合，凡遇贫苦灾难求解脱者，无不慈悲照顾，满其所愿，号曰无畏。五徒在天然和尚往生后同发誓开丛林。演说三乘妙法普度群迷，参禅净传戒律大振宗风。常住僧 300 有余，来宾听法者常集满堂，计 500 余人。"五流芳"弘扬教化下，兴福寺达历史鼎盛时期。参观者言："山虽未高而圣僧演说经法梵音清妙真实为高，寺虽不大乃能容多僧闻法变化无穷可称为大。""五流芳"圆寂时个个跏趺坐脱，合示一偈曰："西方净土本不难，全在外功两相参，尽世苦功未曾宿，拜念佛号不离唇。"后同葬于外湾普同塔。

深水禅师　果聪和尚圆寂后由柘荣东源吴建满居士接管住持计 16 年，至宣统元年（1909）将寺交与深鹭和尚接管。吴居士当日收过深鹭手原交堂 40 银圆并将在寺历年积蓄余资移建黄柏天星寺。完竣后，从泰顺明山寺融原老和尚剃度，取法名深水。1920 年，他变卖个人家产及在天星寺积蓄余资计小洋 800 角，悉交深鹭和尚以塑兴福寺罗汉之用。深水禅师从此因果愈明，道行愈坚。1936 年悟彻五蕴皆空，遂于天星寺自行堆积柴塔，次于佛前上供并向诸道友告假，端坐火化，至火烬时空中尚有念佛声音。

深鹭上人　法名宗灵，号智山，俗姓张，福鼎县十七都广化鸪鸠亭人，生于清光绪二年（1876）。20 岁持斋，30 岁出家，投拜泰顺县明山寺融原长老为师，

兴福寺（张忠盟 摄）

1918年二月十九日诣浙江温州头陀山妙智寺，于谛闲老法师前受具足戒，并往宁波普陀山天童育王观宗各寺，参学后回来住持兴福寺。兴福寺经深鹭上人30余年苦心竭力整顿，事业中兴。上人且研究医理，善能针灸，救人无数，不取酬谢。1940年秋，上人染疾，身体大不如前。十一月十七日卯时坐于客堂面向西方，忽大声称念佛号，时众僧正作早课，闻声而至，上人遂召集众人道别往生，时值阿弥陀佛圣诞，后葬于虎手岗。

心照法师　立西和尚生父，俗姓梅，名阿武，点头镇浮柳村人，生辰不详。出家前乃福鼎一大商贾，后因投资不慎，血本无归，失意时往福州鼓山寺请古月圣僧指示前程。圣僧开示："汝妻儿俱已吃斋念佛，汝还求钱财为何？何不赶快放下出家为僧？"阿武惊叹圣僧未卜先知，遂把身上所余钱财供斋及僧，发心出家并请圣僧为其剃度，被告之其因缘在北峰林阳寺，后往之剃度取法名心照，并传受修十六观法。此后闭关3年专精禅观。后因林阳寺戒律松弛、众僧散漫无人管理，遂应常住之邀出关3年主持寺院。经心照法师不懈努力，林阳寺重振宗风，期间法师不忘修习本业，终日法喜充满，经高僧指点改修持名念佛。后法师善观缘起，见寺院恢复往日道风，众僧能自律精进，遂继续闭关持名念佛达10年之久。

立西和尚　法名琁方，号立西，俗姓梅，点头镇柽柳村人，生于1919年二月初六申时。少时识字不多，但能吃苦耐劳。19岁出家，20岁剃度，23岁西诣福州鼓山寺于达本和尚前受具足戒。师时常夜不倒单，纵偶有睡眠，亦在醒觉之后立刻坐起持佛名号师。曾多次闭关坐禅诵经，后智慧大开辩才无碍，接众皈依，收徒无数，继承师志光大宗门。后因庙宇被毁遂得大病，但道心不退坚守戒律，一生历尽坎坷但心志坚定，卒于1979年六月初六申时，享寿61岁，戒腊38年。

悟邦法师　　法名升兴，俗姓朱，名悌邦，管阳高洋坪人，生于 1944 年正月初十亥时。1963 年，19 岁的他投拜兴福寺立西师父座下出家。1979 年宗教政策恢复，立西师父往生后他于厦门南普陀担任维那一年，1980—1982 年于鼓山寺培训班学习，并于 1982 年诣福州鼓山涌泉寺普雨和尚前受戒，后前往浙江普陀天童各丛林参学，并在天童寺担任书记一年。1983 年冬日回兴福寺担任住持，1984 年重建大雄宝殿，重振宗风，恢复寺院各类设施，延续法脉至今。悟邦法师凡事以身作则，待人和蔼，下心接物，令人敬仰，有口皆碑。

后塔寺

 陈岩堋

　　后塔寺，位于溪头与西阳交界的安下村。清康熙年间，溪头外厝园庵前的古庵移建于此，以后山麒麟岗之古塔基遗迹命名。该庵为砖木结构，造型简朴。清道光二十五年（1845），雁溪陈光善等因该庵濒颓而重建。

　　迨至 20 世纪 90 年代，庵又临颓，释悟凤率先外出募捐，为重建打好基础。

　　2001 年初，德生法师主持重建大雄宝殿，于 10 月 19 日完竣，改称为寺。同时又建柴楼，塑三宝佛像及佛堂器具等。后又建右边两庑。

　　2007 年，住持门喜法师营建地藏殿、放生池、环山水道和围墙。工程历时 7 年，耗资 70 余万元。首事陈振愉、陈振雪、陈丹复、陈家菁、陈家吉和陈郑忞等热心助建。

　　2017 年 7 月，重建大雄宝殿上梁。门喜法师购来石龙柱 2 支，重建后大殿有所改观。

　　2018 年至 2020 年 4 月，因左右两庑不适用，先后被拆，由释门喜、释思德两法师依次策划再建。

广福寺

🌿 张水亮　张忠策

　　广福寺位于管阳镇章边村望里坑里仔,始建于明末清初。民国初年,碧峰张氏亨房先祖张辟子孙在此建屋,居住 60 余年,发展人口 200 余人。1986 年大水冲毁房屋,居民移居他地,遂将原宅基送于三宝建为禅寺,面积 4000 多平方米。

　　1987 年,悟进法师带领信徒一同筹建观音楼、宿舍。1989 年悟进法师弟子释戒华接任住持,修建大雄宝殿。大雄宝殿里供奉释迦牟尼佛、文殊、普贤、伽蓝、达摩祖师,后面三圣铜佛、左右十八罗汉,殿前立二身铜童子。1993 年后,先后建成天王殿、宿舍、厨房、祖师堂、莲池海会塔、放生池等,寺院初具规模。

　　该寺坐西朝东,背枕龙虎山,面向西门村,南靠南山,北邻望里村,主体建筑为歇山顶式砖木结构,雕梁画栋,飞檐翘角,琉璃红瓦,气宇轩昂。其布局依次为山门、天王殿、天井、大雄宝殿,左右两侧为宿舍和斋堂。建筑严谨壮观,错落有致,背倚秀丽丛峰,面对三峰朝堂,右有南山护卫,山腰处一溪如碧带流淌,风景清秀。寺以道场广大之意,称广福寺。

法觉寺

🍃 张忠盟

法觉寺，原名"澳里寺"，又名"澳底庵""美盾庵"等，坐落于管阳镇章边村美盾 26 号。据 1999 年侯传烛主编的《福鼎佛教志》载，美盾庵始建于清乾隆三十九年（1774）。但根据寺前的石碑推测，澳底庵（美盾庵前身）始建时间至少可追溯至明万历年间，更远或可追溯到宋朝。

据老僧妙果法师回忆，寺前石碑原嵌在寺墙之上，后因重修寺庙，碑与墙分离。碑文记载内容虽部分已经模糊不清，但碑上刻着的名字清晰可辨。碑上的第一个名字是"张碧峰三十两"。据《张氏族谱》记载："碧峰公，字国谕，号碧峰。于咸淳四年戊辰（1268）迁管溪（即管阳）碧峰"。如是张碧峰捐钱建寺，此寺在宋朝就已建立。可碑上还镌刻明朝万历年间点头郑氏家族的惟智、惟知，清朝乾隆年间的日暄、学卿、开灼等，还有其他不同时代的张氏、孔氏、朱氏、杨氏等人名，年代相差几百年，其中缘由有待进一步考证。

清嘉庆三年（1798），澳里寺坏于风雨，碧峰张氏族人将佛像香火寄在张氏旧祠奉祀。后张氏族人重修澳里寺，再塑诸佛新像。

1920 年至 1949 年，等妙、律山、绿山、净禅、净机等法师曾在此住持苦修。1949 年后，寺庙由当地百姓居住打理。"文革"时期，寺庙被当作房屋分给百姓居住。

1980 年，郑周义复办寺院，改名美盾庵，重塑一佛三弟子、三圣、地藏、伽蓝、祖师、土地等佛像。1986 年至 1990 年，悟妙法师任住持，建右厢房。1990 年至 2007 年，悟仑法师任住持，于 1998 年重建大殿。

2007 年，戒辉法师任住持，与圆融法师、定修法师三人同心共建，扩大原有寺庙规模，将土地面积增至近 20 亩。2008 年，新建左厢房 3 榴。2011 年开始在原寺西南面新建大殿 5 榴，塑释迦佛、文殊、普贤、伽蓝 4 尊佛像。2016 年 6 月，更改寺名为"法觉寺"，建新大殿的左厢房 8 榴及寺院四周围墙。

清乾隆年间修纂的点头《郑氏族谱谱序》记载"斯时人丁微弱而壔底屋基舍与僧家为寺"，所指"斯时"为郑氏八世祖十九公迁离澳底（美盾）之时，即明万历三十八年（1610）。因此，明朝万历年间肯定已建寺。

金峰宫

✎ 陈维新

晏溪距管阳集镇近 2 千米，村西向 0.5 千米处，巍然矗立一峰如笔，称金峰山。金峰山麓有一张边村。南宋时期，村民在此建一亭宫，置于道旁，称"金峰亭宫"。宫内安座观音菩萨、真武大帝、泗洲文佛 3 尊石像，故又称"石佛亭""石佛宫"。清同治九年（1870）九月重新修建，将亭子改建为 3 间砖木结构的殿堂，始改为今名。清末、民国年间，金峰宫受到一定损坏。"文革"时期破坏更为严重，3 尊神像被砸损，宫观建筑仅存残垣断壁。1977 年前后，村民自筹资金重建了一座面阔 5 间的金峰宫（下殿）。1999 年，又建起一座飞檐斗拱、琉璃瓦栋的观音阁，称上殿。四方往来商贾行人经此祈祷，祈保沿途平安。

金峰宫风景清幽，背有金峰卫护，前有笔架拱朝，峰上绿树繁花，百鸟争鸣；宫座脚下溪流潺潺，宫内岩中山泉甘甜。

康安宫

🖋 张忠志

　　康安宫位于管阳镇章边村碧峰后山后坑岭里弯。有上、下两座建筑，上座原为碧峰张氏宗祠，乃碧峰四世祖张龙于明洪武二十年（1387）创建；下座乃碧峰六世祖张万鹄于明正统二年（1437）创建，奉祀"白衣土地、灵相公爹"二位主神。张氏宗祠于清乾隆年（1780）因祠基狭隘，改移碧峰里。清嘉庆三年（1798），澳里寺坏于风雨，碧峰张氏族人将佛像香火寄于张氏旧祠奉祀，自此上座改为佛殿。1939年碧峰张右梁增建。"文革"期间被占为种药场，1983年由族人收归，经清理后，复迎二位主神升坐中殿。2003—2005年，张忠余倡建水库栏墙及停车场，又续建餐厅一座。至此，康安宫总建筑面积约2500平方米，停车场面积2800平方米。

　　斯宫地处幽静山中，四面竹荫掩映，远朝石鹤屹立峰巅，气势凌霄；近临水库，碧波荡漾，月印鱼跃。故有楹联题曰："倚阁望鹤山有意，放眼观湖水多情。"四周峰峦叠翠，森林飘绿，景色宜人。

　　每逢农历正月十五和八月十五，白衣土地、灵相公爹的诞辰佳期，皆举行庙会。

康安宫（张忠盟 摄）

文教卫生

管阳办学年表

管阳私塾始于何时，历代办了多少私塾，现已无法查考。在管阳，比较早办私塾的有缙阳董姓、广化梭罗地章姓、金溪朱姓、碧峰张姓、西昆孔姓、溪头陈姓、章峰李姓、茶阳汪姓等。清末民初，乾头、碧山、鱼池、长社、元潭等村也办有私塾。以下，对教育机构办学做个罗列：

光绪三十二年（1906），金溪初等小学始办，址设金钗溪兴文阁。

1913 年，缙阳初级小学始办，地址在董氏宗祠。

1920 年，茶阳汪惠缵等创办茶阳初级小学。

1922 年，区立管阳初级国民学校始办，址设管街坤德宫。

1926 年，私立长社、元潭初级小学始办。

1932 年，西阳初级小学始办。

1934 年，安阳乡管浮中心小学始办，址设柏柳。

1936 年，西昆国民校始办。

1938 年，溪头国民校始办。

1940 年，金阳国民校始办。

1942 年，安阳乡沈青、金阳乡亭边国民校始办。

1944 年，章峰国民校始办。

1949 年，成立安阳中心国民学校（在西阳）、金阳第一中心国民学校（在管阳）、金阳第二中心国民学校（在柏柳），还在西昆、沈青、溪头、长社、茶阳、元潭、亭边、金溪等地设开明初小。

1949 年 10 月，管阳中心国民学校改称管阳区中心小学，西阳中心国民学校改称西阳小学，其他国民校则改称初级小学。

1950 年，秀贝、天竹、楮楼、徐陈、七蒲、广化、唐阳、大山、后溪、南贝、钰阳、坡里等村开办初级小学。

1951 年，各办冬学，组织青、少、壮年学文化。

1958 年，村村开展扫除文盲工作。

1958 年 3 月，碧山、鱼池、料山、晏溪、澳岭、后塔、上汾、飞洋、面前山、长社、白坑、吴社、月朗洋、松木臭洋、刘庄、古厝等村设民办初小。

1958 年，西山里、往里、当头周、澳岭、柘岩、七蒲里、八斗、水碓洋、厝基里、山头、北淀、青田、大园、桥头、南山岗、中村、金山、坑元头、梅仔湾、下楼坑、秀洋、山头顶、上窑、花亭、大段、溪里、顶头坪、山外、狮头、南亭岔、东坑、外山、金尖下、岩皮等自然村设民办小学。

1959 年，公办学校兼办初级耕读小学。

1969 年 9 月，管阳小学附设初中班。

1970 年 3 月，西阳小学附设初中班。

1972 年 3 月，管阳小学附设高中班；9 月，管阳小学改名为福鼎县管阳公社管阳学校。

1973 年，广化、茶阳、唐阳、沈青等小学附设初中班。

1975 年 10 月，管阳小学附设初高中部独立，成立福鼎县管阳中学。1997 年改称福鼎市第八中学。

1979 年，全日制学校兼办夜校，缙阳夜小学被列入福建省重点联系校。

1982 年，西坑小学附设夜初中。

1985 年，西阳小学附设初中班独立，成立福鼎县西阳初级中学，1997 年改称福鼎市第十二中学。

1985 年，管阳区宣布普及小学五年义务教育。

1995 年，管阳镇宣布实施初级中等义务教育。

1993 年，成立福鼎县唐阳初级中学，2003 年撤并管阳中学。

1998 年，管阳镇基本普及九年义务教育，基本扫除青、壮年文盲。

1999 年，管阳镇文技校建成投用。

2000 年，福鼎十二中综合楼建成并投入使用。

2000 年，福鼎八中恢复普高招生。

2001 年，由沈炳麟捐资 16 万港币兴建的西阳逸夫教学楼落成，西阳小学从吴氏宗祠搬迁至西阳凤里新校区办学。

2001 年，福鼎八中通过首轮"实施素质教育工作先进校"评估验收。

2003 年，福鼎市管阳学区更名为福鼎市管阳中心小学。

2004 年，由邵逸夫捐资 16 万港币兴建的七蒲逸夫教学楼落成投用。管阳中心校由管街搬迁至文技校办学，挂牌福鼎市管阳中心小学，原校舍给幼儿园使用。

2006 年，福鼎八中暨福鼎市管阳职业高级中学恢复职高办学，设置会计电算化、茶叶生产与加工、农村经济管理、计算机应用、农村经济综合管理等专业，并开始招生。

2011 年，福鼎八中通过省级"高水平高质量普及九年义务教育"验收。

2010 年，福鼎十二中被福建省教育厅评为"福建省教育系统先进集体"。

2011 年，福鼎十二中被授予"福建省义务教育示范校"。

2012 年，福鼎十二中新教学楼建成并投入使用。

2013 年 1 月，福鼎八中被公安部、教育部联合授予"全国消防安全教育示范学校"。

2013 年，福鼎八中创建"义务教育标准化学校"通过省级验收。

2013 年，在福鼎十二中召开"福鼎市素质教育推进会"。

2013 年，管阳小学附设幼儿园独立，成立福鼎市管阳中心幼儿园。

2014 年，福鼎市管阳中心幼儿园被评为福鼎市示范性幼儿园。

2014 年，福鼎八中通过"县域义务教育发展基本均衡"国家级检查。

2014 年，福鼎十二中图书馆被福建省教育厅评为"福建省中学示范图书馆"。

2015 年，福鼎八中被宁德市委、市政府授予"宁德市第十二届（2012—2014 年度）文明学校"。福鼎八中成为福鼎职业中专教学点，与福建漳州科技学院联合办学，主要招收茶专业五年专学生。

2018 年，福鼎十二中新宿舍楼建成并投入使用。西阳小学完成塑胶跑道建设。

2019 年，福鼎八中被教育部授予"全国青少年校园足球特色学校"荣誉称号。

2019 年，福鼎十二中评为"福建省义务教育管理标准化学校"。

2021 年，福鼎八中获评"宁德市 2018—2020 年度市级文明校园"荣誉称号。

2021 年，管阳中心小学位于管阳道南的新校建成并投入使用，占地 30 亩，同年通过省级"义务教育管理标准化学校"宁德市级评估。

（本文由张大罗、孙福清、林珊珊整理）

管阳的贡生旗杆

 陈岩埘

清代中下叶，管阳考取贡生且又树立旗杆的有 23 人，分布在溪头、章边等 10 个村。溪头村有 3 副在祠、房前双重分立，3 副立于祠前；西昆、沈青、西阳、乾头、广化、金溪、章峰等村均立于祠前；章边村有 1 副立于祠前，其余 5 副立于房前；缙阳村祠、房前各立 1 副。部分旗杆碣尚存，章边村 4 副被拆，用作修建石桥。

贡生，是科举制度的产物。在过去，考入京师最高学府国子监读书的秀才，称贡生，意即贡献给皇帝的人才。明清贡生名目有所不同。明代有岁贡、选贡、恩贡和纳贡；清代有恩贡、拔贡、副贡、岁贡和优贡，又称"五贡"。每三年在各省省城举行乡试，若遇庆典加科为恩科，即恩贡。

旗杆是为褒扬贡生学业而树立的。以左右并列木质圆柱形，高约 12 米，杆围约 0.9 米，顶端嵌有尖端向上的桃形"锡帽"。据说，进士及第的旗杆中上部套有仰天状方形拱斗，称"双斗"旗杆。溪头村的五经魁，其品位略高于贡生，旗杆中上部雕有近一米长的木质鲤鱼横穿杆心，号称"鲤鱼穿心"。旗杆根部触地底盘呈"凹"形的，为科班出身；底盘为平板的，则是用钱捐来。"凹"形底盘有方有圆，深 0.04—0.05 米，直径 0.28—0.33 米不等。

科举时代，莘莘学子，十载寒窗，皓首穷经，而高中者甚寡。清制，乡会试中式人员，按照举人、进士例发给银钱立匾、树旗杆的银两（称"旗匾银"），及表里缎疋。树旗杆那天，要择黄道吉日办酒席庆贺一番，花费颇大，它标志着家族对教育的重视，鼓励学生勤奋读书，并有耀祖荣宗的浓厚色彩。

管阳的贡生旗杆虽早已朽烂，但保留下来的石质旗杆碣，已成为福鼎市颇有价值的文化遗产。

旗杆碣及镌刻字样分布如下——

溪头村：清嘉庆戊辰恩科乡试中式第五名陈大魁立

大清道光己酉科岁贡陈步元立

大清道光己酉科庠贡生陈芳桂立

咸丰丙辰科中式附贡陈明经立

雁溪贡生旗杆林（朱国库 摄）

咸丰己未科中式岁贡元陈凤岐立

大清咸丰辛酉科贡生陈步青立

章边村：清光绪甲午科碧峰岁贡张炳章立

嘉庆二十五年大洋贡生张启罴立（已拆）

咸丰七年锦棚街贡生张淑纪立（已拆）

道光八年大洋贡生张启尧立（已拆）

同治一年锦棚街贡生张淑钏立（已拆）

同治庚午年晏溪贡生张志舜立

西昆村：大清宣统己酉科恩贡孔昭崧立

大清宣统己酉科拔贡孔昭淦立

沈青村：咸丰己未年鼎邑贡元陈镛立

皇清光绪戊寅夏四月穀旦乡荐中式贡元陈庶才立

缙阳村：大清光绪岁次丙申桂月谷旦增贡生董桂芳立

大清光绪己亥科贡生董德同立（已拆）

西阳村：大清宣统己酉优增贡中式时宪选元吴建楷立

乾头村：大清嘉庆岁庚午科恩授贡元李春芳立

广化村：清道光己酉科梭罗地贡生章锦耀立

金溪村：清光绪癸卯科贡生朱亦严立

章峰村：清咸丰丁巳科贡元李朝资立

金钗溪朱姓家塾和奖学金

✎ 朱挺光

　　金溪为福鼎市沛国朱姓发祥集聚之地。1890年，族人为继承和发扬祖先南宋大理学家朱熹的文化遗产，在金溪父老商议公事的众厅设立家塾，延请才学渊博、众望素孚的清贡生西昆孔广敷先生任教。金溪家塾人才辈出，树立了福鼎家塾的模范。家塾学生中有朱腾芬、朱少徐、朱承裴、朱泽敷、朱岳灵、朱醒民、朱光熙等7人先后考中秀才。特以朱腾芬聪颖过人，18岁时府试拔置案元。后科举废，他考入福建全闽师范学堂，归充福鼎县视学兼劝学所所长。复留学日本，毕业于日本东京法政大学，参加孙中山先生所组织的同盟会，致力革命，被选为国会议员，历任福建公立法政专门学校校长、政务院参议、总统府顾问、福建民军宣抚使等要职。

　　金溪宗祠颇有财产，有田租数百担，森林数千亩，作为宗祠春秋二祭和学租之用。所谓学租，就是奖学金，由宗祠执事公议，规定用途：

　　　　一、家塾经费包括塾师束脩及在学学生的部分津贴。
　　　　二、奖学金按等级逐个发给。
　　　　　　1. 秀才：发给大洋30元；
　　　　　　2. 拔贡或举人：发给大洋100元；
　　　　　　3. 进士：发给大洋200元；
　　　　　　4. 三元及第者加倍给奖。

科举废，学校兴，对新制毕业生奖金重作如下规定：

　　　　1. 小学毕业奖给大洋10元；
　　　　2. 初中毕业奖给大洋20元；
　　　　3. 高中毕业奖给大洋30元；
　　　　4. 大学毕业奖给大洋100元；
　　　　5. 出国深造者(如朱辅良留学日本)奖给大洋300元，并加匾额以示鼓励。

中华人民共和国成立后，祠堂田产不复存在，奖学金遂告终止。

清末拔贡孔昭淦及其朱卷

陈海亮

孔昭淦原名昭薪，字冠廷，号桂舲，出生于清同治年（1866）二月，世居西昆，为孔子第 71 代孙。光绪甲申科取进县庠，庚寅科取录补廪，丁酉科乡试荐卷，福鼎知事黄鼎翰聘为乡土志协修。宣统元年（1909）己酉科取中拔贡，同年被公举为福建省谘议局议员。翌年（1910）一病不起，终年 45 岁。

孔昭淦幼失怙，在家事母孝，弟早死，抚其子如己出。进入社会，热心公益，关心地方兴革，任省谘议局议员时，力提裕国利民议案，除衙蠹、禁缠足等皆切中时弊。科举废后，先后出任玉琳小学堂暨官立高等小学堂堂长，均循循善诱，上司嘉其热心教育，委充县视学兼劝学所长，极意改良私塾，士民仰若泰斗。县产名茶，商界佥举为总理，与洋商交涉，争运载利益。由其倡议建福鼎会馆于福州南台上杭街，便士商聚会焉。昭淦还工诗词、书法，著有《海棠窝小草》及《太姥山纪游》诗行世。其所书福鼎会馆楹联"绿榕城廓，红荔江村，好景话三山，客地相逢新旧雨；岭北春云，关南秋水，轻舟泛千里，乡心时逐去来潮"对仗工整，情景交融，其神韵、气质、置辞均冠群联。逝世时，福鼎知事周赓慈曾亲书悼文以祭之，备致痛惜之情。

孔昭淦功名至拔贡。他所居屋大湾里，自 1909 年拔贡树立旗杆之后，就更名为"旗杆里"，其原名则湮没无闻。

从前福宁府所辖各县选取拔贡，由福建提学司提学使到府治福宁考取，然后荐报省巡抚批准发榜。霞浦西关有条岭叫江西岭，福鼎十六、十七两都及柘荣等地的学子赴考，都须取道于此，人称爬江西岭。能爬江西岭，表示士子前途有望，能取得上拔贡，即为前程发轫之起步，飞黄腾达，平步青云可期。孔昭淦自然是爬江西岭的佼佼者。士子中了拔贡、举人后，常把取中的文字刻印分送亲戚族友，谓之朱卷（本意为科举时代为防闲阅卷者受请托，辨笔迹，专门设置誊录的人，将考生用墨笔书写的墨卷，交付誊录者用朱笔誊写，不书姓名，只记号码，然后进于考官，称为朱卷。会试中进后所选刊的文章则另称闱卷）。

我少年时曾在家中书箱翻见孔昭淦的朱卷，至今还记得其中两句。后负笈外地，归觅其文已不知去向。今春缙阳敝业师董乐业（字世衮）先生之孙董培德（养根）

君过从，晤谈间知他尚保存有孔之朱卷，因获观摩，此殆为福鼎仅存之科举中式文卷矣。读此卷不难窥见昭淦之维新进步思想，兹特录原文两篇，加以点校，实诸文史，俾珍文永存。

孔昭淦中式第二名选拔贡卷第一篇《为政莫若至公论》点校如下：

自开辟后，万数千年，帝降而王，王降而霸；世运既递嬗而不同，政体复错出而歧异；求其大中至正，为五洲万国所遵行者，莫如立宪；宪法者以公天下为量也。然古无立宪之名，而有立宪之实：爵人于朝，曰与众共；刑人于市，曰与众弃。大公无我，与天下相见以心。有功者益奋勉以图功，有罪者且涕零而感激，无偏无党，王道荡荡。君子观至治之世庶政修明，知公是公非之理大有可恃也。唐太宗时，原无此思想，然论"为政莫若至公"一语，实与宪法有隐合焉。且夫，刑赏，天下之公理也；恩怨，一人之私心也。天子渺渺一身，臣妾亿兆，懔乎若朽索驭六马，怨岂在明，不见是图，使徒作福作威，谓莫予毒，挟雷霆万钧之势，矜鞭笞四海之能，功罪不明，予夺任意，始则天变于上，召水旱之偏灾；继而人怨于下，致干戈之暴动。晚近来国家之败，覆辙相寻，大抵皆坐不公弊也。太宗不世出令主，史称其除乱比汤武，致治几成康，考其平日所为，虽未免杂以权术，然有功则赏，无忌以椒房之宠而不嫌；有罪则刑，承乾以东宫之亲而不宥。惟明克允，至公无私，举错本直道而行，刑赏皆忠厚之至，盖得宪法精意也。况乎，开诚心，布公道，集众思，广忠益，一时海内豪杰，攀龙鳞，附凤翼，奋夷险芟荒之略，成拨乱反正之功，非诚足服人，乌能及此？迄今读贞观政要，犹想见光明磊落之怀焉。使其后世子孙克守成宪，公则生明，辨李林甫奸邪，投诸荒裔；察安禄山狡黠，靳以兵权，则朝廷清明，万几咸理，何至有天宝之乱乎？考之书说命，惟天聪明，惟圣时宪。宪，法也。言王者法天以为治，天无私，王者亦无私。雨露风雷，足验恩威之用；冠裳斧钺，不参好恶之私。选举公诸民，咨议公诸民，凡有大举动大政策，无不谋及卿士，谋及庶人，公之至也。夫而后君民一体，上下一心，民之爱国家，甚于爱身家。将见国无私勇，吏无私智，民无私利。犹埴在埏，惟陶所为；犹金在炉，恣冶所铸。泰西今日所以富强者在此，中国异日所以富强者亦在此。嗟夫！自专制胜，三代下无可观之政，秦尚刑名，汉杂王霸，魏晋六朝，每况愈下。凡以私得天下者，莫不以私治天下，谁复知大道为公，可以久安长治乎！何幸唐太宗早见及此，片言居要，万古不刊；奉为大政治家也可，即奉为宪法之祖也亦无不可。

孔昭淦选拔贡卷第二篇《经正则庶民兴义》点校如下：

　　圣经首重明新，大书特书，开千古学术，即开千古治术。然经常不正，或昏本体之灵明；民行未兴，莫睹维新之雅化。三代盛时，其君子得自治之要，其小人蒙至治之休。正本清源，要不外明德新民，别求上理。孟子生当战国，世衰道微，尝以正人心自任。日者辨乡愿乱德，申之曰：经正则庶民兴。窃味斯言，实与《大学》相发明焉。且夫经之大原本于天，天命之谓性，与生俱来，具五常，备万物，大中至正，此理自在人心。特习与性成，气拘物蔽，不能明善而复初耳。设有扶持世教者出，修其天爵，教以人伦，父子之经正，则父慈子孝而有亲也；君臣之经正，则君令臣恭而有义也；夫妇、长幼、朋友之经正，则内外有别，先后有序，声应气求而有信也。伦常内大有事功，黎庶中非无知觉。康诰曰：克明德，又曰：作新民，皆可以证经正民兴之义。盖经与民源流合一，正与兴气息相关，岂无顽梗，纳之于轨物，靡不革面而洗心；岂无愚蒙，教之于党庠，自必闻风而向化。此中感应之机，实有不期然而然者。是知明德新民，此心同，此理同。尧、舜、禹、汤、文、武、周公所以治天下，孔孟所以教天下，胥是道也。或曰：经，经学也。考经解、温柔敦厚为诗教，疏通知远为书教，广博易良为乐教，絜静精微为易教，恭俭庄敬为礼教，属辞比事为春秋教。古王者以经学教天下，道德一而风俗同，在上皆博古而通今，在下无离经而叛道，允执厥中，会极归极，虽有异教，无所施于吾民矣。后世治不古若，失大学教人之旨，于是曲学俗儒，小言破道，一切权谋术数，与对百家众技之流，纷然杂出，簧鼓一世，几令先王经训，晦盲否塞，又何怪蚩蚩者氓，见异思迁乎！呜呼！转移世道，端在人心，人心不明，世道益坏。始则厌常喜新，终必舍其旧而新。是谋不至，三纲沦，九法执，不止所愿。圣人在上，明大学之教以教之，庶几经正民兴。约之在六经之中，扩之即九经之治，千古之学术正，千古之治术亦正，治国平天下，胥在乎此，以君子贵反经。

　　第一篇姚氏提学使原荐批："以为政至公在立宪，不免有意求新，妙在唐太宗时无此思想，而所论适与隐合，入手提明，以上诠发谛当，不脱不粘，论有思议，策亦赅详。"巡抚松寿取中批："切实诠发，语无虚设。"

第二篇原荐批："前后清畅，中幅反复推勘，题义毕宣，次理明词达，结段解亦确当，意义周治。"

孔昭淦生当甲午中日战败，庚子清廷利用义和团扶清排洋、八国联军侵略进攻割地赔款丧权辱国大事件之时，又正逢康梁变法、孙中山先生倡导革命之际，他平素最关心国家大事，对于当时国事蜩螗有切肤之痛。故第一篇中试题《为政莫若至公论》，借题尽情发挥，以"古无立宪之名，而有立宪之实"发端，并旁征博引，举例以证唐宗施政，实际符合宪法措施，如"爵人于朝，曰与众共，刑人与市，曰与众弃""选举公诸民，咨议公诸民，凡有大举动，大政策，无不谋及卿士，谋及庶人，公之至也。夫而后君民一体，上下一心"达到"民之爱国家，甚于爱身家"，极力托出唐太宗以公治天下之大政治家作为。又如"使徒作威作福，谓莫予毒，挟雷霆万钧之势，矜鞭笞四海之能，功罪不明，予夺任意""晚近来国家之败，覆辙相寻，大抵皆坐不公弊也"隐以抨击昏庸的慈禧只为一族一人之私利而陷整个国家于万劫不复惨境之腐败统治，辞切时弊，入情入理，慨乎言之。

孔昭淦这两篇实为八股文范例，虽多受限制，但有其鉴赏价值，从中可以客观地认识孔昭淦忧国忧民的情怀和爱国爱乡的深情。如假以天年，其成就盖难限量。吾人读此文，想见其为人而伤其不寿，咸为吾鼎惜斯人矣！

"秀才古村"设塾史

✎ 张　鸿

"西昆孔，缙阳董"，流行于管阳这句俗语，反映了西昆孔氏和缙阳董氏文化能人的闻名遐迩。

缙阳村历来尊师重教，人才辈出。清朝时期有贡生、文武秀才70多人，有荣获宦绩载入董氏族谱的50多人，素有"秀才古村"的美誉。

缙阳村尊师重教传统缘于开基始祖董方彤。据《缙阳董氏宗谱》载，董方彤"精儒通武研易"，元初授陕西西安华州府同知。时逢宋末元初天下扰攘，遂解甲归乡（浙江泰顺吴屿村），后迁至缙阳村定居，设塾教授子孙读经、研易、习武、学医。

至十八世董文庚，"善治产业，又置田以为读书膏火，志培育子孙造就人才"（引自《缙阳董氏宗谱》，以下引文同出处），购置沈青八斗岗等地"十石"田产为书灯田，"抽四石请先生为束脩用"，"六石为子孙读书者、文武入泮者、有志出外从师者照名均分"。书灯田的购置大大激发了董氏子孙读书求学的热情。

名儒医董方山，明天顺年间举考拔入选处州府（今浙江省丽水市）任职，因不满时政朽腐，于明成化十二年（1476）弃官回乡。回乡后济世为民。"边行医济贫边携有志后裔学习传授医业之术"，培育了一代代精通医术的族内后人，当时十里八乡誉缙阳董氏为儒医世家。有名者如二十二世董邦炼、董邦睿兄弟，二十三世董德同（原名董肇协），二十五世董策纯（原名董廷净）、董廷款兄弟等人，还有名医董世余（专儿科）、董启齿（专伤寒）、董启月（中医）等等。

清朝时期设办私塾，教授"四书""五经"等经典，有名者多人。门生除了本村学生，多来自周边村庄，还有来自外乡镇、外县，甚至外省的。

清嘉庆道光年间，董振钫、董大道父子在缙阳设武馆教授武艺。学有所成者如董大道、陈国荣（道光年间曾任福宁府府试主考）等。

董桂芳（清贡生）、董肇孔（清贡生）在象山寺设私塾。

董启潭、董肇田、董肇挺等人在缙阳宫后、匏坑、安垱岗等地设塾。学有所成者如名医董策纯，民国时曾任福鼎县政府秘书的董乐诗，民国时曾任屏南县秘书的董策远，清末闻名闽浙的讼师范文书（《徐陈范氏族谱》编撰者）等。

私立缙阳初级小学（亦名"开明小学"）于1913年在缙阳上水尾（后迁至董氏宗祠）成立，第一任教师是董世衮（清朝最后一届贡生，因辛亥革命回乡办学）。学有所成者如本村的董世余、董启齿、董启月（民国时毕业于福安师范学校，后学医从医）、董廷斌（毕业于福州乡村师范学校，后被匪杀害）和西阳村的吴锡璋（1932年毕业于南京中央政治学校大学部法律系，后任闽侯第二区区长、尤溪县教育科科长等职）。

缙阳武馆

张 鸿

东方微白，五六米高的围墙内便传出一阵阵呐喊声，一二十个腰粗膀宽的年轻小伙在扎马步、练拳脚、舞石锁、掇武石……这是百年前缙阳武馆常见的热闹情景。

习武者有来自本乡镇的，有来自柘荣、霞浦、泰顺等周边县的，甚至有泉州等更远地方的（如泉州学徒陈国荣，曾任福宁府府试主考）。

缙阳武馆位于缙阳村董氏宗祠左侧，是缙阳董氏二十一世董大道习武及传授武技之所，创办于清嘉庆十五年（1810），至今有200多年的历史。据《缙阳董氏宗谱》记载，董大道生于清嘉庆辛未年（1811），卒于光绪甲申年（1884），字步衢，讳云亭，出生于武略世家（其父振钫精于武略），少时聪颖，身壮肌达，好学武功，师从浙江泰顺仕阳佐岭村董氏大师。在其父的熏陶和名师传授下，董大道的武艺很有长进，迷于骑射、舞刀，不论风雨烈日，族人每天都能看到他骑马奔跑于马路（原屋前有一条南北走向1千米左右的土路，后人称此路为"马路"）上，手持120斤大刀挥舞于坐骑上，或左右骑射于马背上，甚是威武，常吸引民众围观。

董大道于清道光庚寅年（1830），取进县学第三名，后参加武拔贡府试，完成各种武艺科目。他本可入选，离场时心情激动，自行添加了3招大刀舞姿（本已违规），不幸大刀失手落空，董猛用脚勾接，大刀碰伤右脚大拇指，被判违禁，不得进拔。后因父母先后去世在家守孝，又失去后两届府试机会。自以为仕途无望，遂回乡致力于授徒传艺。有志青年拜师其门下，或聘邀其前往传艺者甚多。又因其平生"见义勇为、乐

石锁（张鸿摄）

善好施”，族人尊称其为“武馆公”。

　　缙阳武馆占地面积 1000 多平方米，有 9 榴木质结构房屋，有 3 面 6 米高围墙，后有 8 米高墙，屋前是 600 多平方米的练武场。今仅存遗址。据董氏后裔回忆，20 世纪 50 年代，馆内尚存武馆公使用过的 120 斤重的大刀、弓箭、鞍具、箭柜、武石礅和石锁各一对，大碗一个。大刀刀柄于 20 世纪 50 年代用作西阳村凤里水碓的轮轴，后不知去向，刀叶遗失。据传，董大道在福宁府（今霞浦县）门生家中传授武术期间，因露辞职之色，门生及父母以为碗小进餐不饱，特往德化之地定制大碗一个，赠他三餐使用。其碗口大约 0.4 米，高约 0.3 米，重 5 斤，可盛“年粿 10 斤，炒米粉 6 斤”，碗面画写蓝色篆体“寿”字。大碗曾被武馆公后裔用来喂养小猪，使用中不慎打碎，遗物无存。

　　如今，武馆内仅留存两个石礅、一个石锁，能供人遥想当年武馆的盛况。

福鼎市第八中学

　　福鼎市第八中学创办于 1969 年，是一所有着 50 多年办学历史的、融职教与普教为一体的农村完全中学。自开办以来，为适应教育发展的需要，学校先后易名为"管阳附设中学"（1969 年）、"管阳中学"（1974 年），现名"福鼎市第八中学"，加挂"福鼎市管阳职业高级中学"（1995 年）牌子。

　　学校坚持"育人为本、德育为先、突出特色、全面发展"原则，明确"广学强能，修智达远"办学目标，形成并完善"博纳八方，以智健行"办学理念。学校紧密结合校情，确立"敏而好学，情智共生"校训，采取"格物致知、集智化育"的育人方式，进一步落实"技道并进、大智有成""大爱厚德、睿智清心""弘毅笃实、开智悦纳"的校风、教风、学风。

　　在全面实施并积极推进教育教学改革过程中，学校取得了一些成果。学校承载省级"十二五"立项课题《陶行知教育思想在农村家庭德育教育中的实践研究》教科研工作取得阶段性成果；学校新媒体新技术教学应用不断创新发展，其中吴秋月老师的

福建省福鼎市第八中学（朱国库 摄）

新媒体应用教学课例荣获国家级奖励；近几年学校中考综合成绩稳居宁德市二类校行列，学科竞赛成绩取得突破，高职学生在全国物理奥林匹克竞赛荣获二等奖。学校先后荣获福鼎市安全工作先进集体、德育工作优秀学校、实施素质教育工作先进学校、党建工作先进组织、首届绿色学校，宁德市五四红旗团委、优秀青少年维权岗、文明学校，全国交通安全教育示范校、消防安全教育示范校、青少年校园足球特色学校等称号。2015 年，学校职高部与福建漳州科技学院联办五年专圆满成功，依托联办优势资源共享，确定茶文化作为学校创建特色。

（本文由福鼎市第八中学供稿）

福鼎市第十二中学

张　鸿

　　福鼎市第十二中学创办于 1969 年，原名"西阳学校"，1984 年改名"西阳初中"，1995 年被福鼎市政府命名为"福鼎市第十二中学"。学校位于素有"秀才村"之称的管阳镇西阳村，曾被时任福建省委副书记的贾庆林誉为"闽浙边界一枝花"。学校地处闽浙两省交界，鼎、柘、泰三县之间，离管阳镇所在地 12 千米，离县城 37 千米，是一所中等规模的农村独立初中。校园面积达 20000 平方米，校舍面积为 9106 平方米；有 200 米的标准塑胶跑道及 7 人制足球场，并有省级示范图书馆，藏书 25000 册；有一座可容纳 200 多位寄宿生的宿舍楼和一个可容纳 200 多人的食堂餐厅。现有 9 个教学班，学生共 400 多人，其中寄宿生将近二分之一。

　　学校现有在编教师 40 人，均为本科学历，学历合格率达 100%，其中，有高级职称 10 人，中级职称 17 人，初级职称 13 人，有福建省优秀教师 4 人，宁德市优秀教师 5 人，宁德市骨干教师 8 人，福鼎市优秀教师 12 人，福鼎市教坛新秀 8 人。

　　学校始终坚持"以德育为首位，以教学为中心，以学生为主体，以教师为主导"，坚持"面向全体，全面发展"的办学指导思想，以培养学生创新精神和实践能力为工作宗旨，以全面推进素质教育为出发点。在更新教育观念、提高教师素质、改革教学方法和培养学生自主、合作、探究学习等方面大胆尝试。根据长期的摸索和实践，提出"教育就是培养良好的习惯""没有学不好的学生"的办学理念，确定了"明理明性，尽善尽美"的办学目标，以"十二分自信，十二分努力"为校训，全校上下同心同德，阳光自信，励精图治，奋力拼搏，共同创设"守方致圆，高明行仁"的教风与"天道酬勤，阳光大气"的学风，形成了"光明自我，温暖众人"的校风。

　　学校教学质量长期稳定，是福鼎市农村独立初中的一面旗帜。中考成绩综合比率及升重点中学人数列同类校前茅。在教育部门举办的竞赛中，共获得宁德市级以上的奖项 30 多人次，其中获省级以上奖项有 4 人，获国家级奖项有 3 人。从我校毕业出去的学生中，获博士学位有 6 人（其中 1 人毕业于清华大学），获硕士学位有 50 多人（其中 3 人毕业于清华大学），合计大学生 1000 多人。

　　学校获得的荣誉称号有"福鼎市全市关心下一代先进集体""福鼎市平安校园""福

福鼎市第十二中学（张鸿 摄）

鼎市社会治安综合治理先进单位""福鼎市文明校园""福鼎市德育达标学校""福鼎市初中教学质量先进校""福建省绿化红旗单位""福建省教育系统先进单位""福建省义务教育管理标准化学校"等。

管阳中心小学

　　1922 年，管阳初级国民学校始办，地址在管街坤德宫。1949 年分别成立安阳中心国民学校（西阳）、金阳第一中心国民学校（管阳）和金阳第二中心国民学校（柏柳），还在西昆、沈青、溪头、长社、茶阳、元潭、亭边、金溪等地设开明初小。

　　1949 年后，管阳中心国民学校改称管阳区中心小学，西阳中心国民学校改称西阳小学，其他国民校则改称初级小学。1956 年，全日制完全小学覆盖全镇行政村（时称"生产大队"）。1969 年 9 月，管阳小学附设初中班。1972 年 3 月，管阳小学附设高中班；9 月，管阳小学改名为福鼎县管阳公社管阳学校。"文革"后，学校恢复正常的教学秩序。设立在人民公社里的"教革办"更名为"管阳学区"，"教革办主任"也随之改为"学区校长"。经过近 7 个年头的攻坚克难，"两基"工作于 1997 年通过省验收，1998 年通过国家验收。2002 年 11 月，市教育局下文将"学区"改为"中心小学"，"学区校长"改称"中心小学校长"。2004 年 9 月，管阳中心校由管街搬迁至文技校办学，原校舍给幼儿园使用。总投资近 3000 万元位于管阳村道南的管阳中心小学新校区项目，2019 年 12 月开工，2021 年 3 月竣工，同年 9 月搬迁至新校区教学，彻底改变了管阳

管阳中心小学大门（朱国库 摄）

办学条件落后的局面。

办学以来，学校全面贯彻教育方针，坚持以德育为首，以"育人为本、科研为先、质量为重"为办学指导思想，树立"以人为本、关注个体、大胆实践、勇于创新"的现代办学理念，努力实现"学校规范加特色，教师胜任加特点，学生合格加特长"的办学目标，注重教育科研，深化课程教学改革，建立"发展性师生评价体系"的激励机制，规范管理，锐意进取，不断探索，改善办学条件，优化育人环境，积极推进素质教育，取得可喜成效。学校曾获省、地、市"教育先进单位"和地区"文明单位"，学校合唱队曾获省、市比赛一等奖，体育运动队曾获市十五届运动会小学组团体总分第三名、市小学生乒乓球赛男女团体一等奖、市小学生象棋赛团体第三名，有百余名教师、学生在各级书画比赛中获奖，学校组织学生参加市综合素质比赛获团体第三名。学校还成功举办了福鼎市小学生乒乓球赛，组织召开了"小学毕业班工作""小学教学教研工作总结""家庭教育工作"等市级现场会。

（本文由管阳中心小学供稿）

民俗风情

管阳传统婚嫁习俗

陈维新

　　婚嫁为人生大事，管阳一带旧时遵"父母之命、媒妁之言"，讲究门当户对，礼俗冗繁。

　　选偶提亲要先请算命先生合婚，初定后男家要把女方"定时纸"（生辰八字）放在米缸内，三天内无不吉利之事发生始可议婚。然后男方在媒人和亲人陪伴下到女家看亲（相亲）。双方合意，女方送两粒红蛋给男方带回，即可进行定聘。聘礼视家庭情况而定，无一定之规。定下礼饼与结婚盒担用的猪肉数量，然后择吉日合婚书与一部分聘金送达，称"回帖头"礼，也称"小定"。定亲后双方家庭成为亲戚。逢年过节男方要备办厚礼奉敬"准岳父母"，女家适量回敬。端阳节时女家回敬粽子及给女婿的夏天衫裤布料。男家经女家同意后准备迎娶，选定吉日，确定婚期，男方合清（付清）聘金，俗称"下定"，并定制"日子包"给女家分发亲人，告知婚期。男女双方各行"开剪"（缝制新衣裤），有的男家还砌新灶，称"新妇灶"。女方的亲友向新人赠送金银首饰或衣料，称"添箱"。邻居送蛋、鱼丸等作点心。然后置办嫁妆，民国时期普通家庭嫁妆要8—10市担稻谷，另有马桶等房内用品。富裕家庭的嫁妆要多1—2倍，另有床上用品。新娘出嫁前，还要到舅父、姨母、姑母等主要亲戚家做客。

　　男方迎娶前一天要宰猪备办猪肉盒担并送至女家，当晚午夜举行"谢天地"仪。男女两家各自清洗门庭，张贴喜联，布置一新。当晚男方办"洗猪暝"（晚宴），宴请亲友，亲属好友都以红包送给新郎"压肚"，入夜请福寿双全的老妇人为"牵脚轿"，到洞房安床、斗灯与火钵。新郎、新娘各自分别由伴郎、伴娘陪伴过夜，女方当晚亦办"出门暝"宴请亲友。

　　迎娶当日，由男方聘雇花轿往女家接新娘，随轿带去肉面给女方，用作轿夫及迎娶人的点心。富裕之家还雇请吹班奏乐。新娘坐八抬大红轿，民国后期改为双人抬的青轿，轿顶围以红布。新娘坐轿前有"赖铺"不起、母女哭别场面，经亲人劝止后才梳洗装扮，后到大厅拜过天地、祖先，对父母各行三拜之礼，以谢养育之恩。上轿前新娘捧白米一盆，先抓一把撒内，又抓一把外抛，余下兄弟各抓一把留在家中，以示不带走风水。新娘上轿，娘家两扇大门先关闭一扇，兄弟环轿，儿童打锣送亲。女方随轿同行的除嫁妆外，还必备红灯一担，预祝人丁兴旺；红布袋一担，表示粮丰袋盈；布一捆，为新郎制衣裤，以励勤耕；围裙一条，勉励新娘勤理家务。还会放一些白米或红蛋在轿中，万一途中碰到另一顶轿或殡葬仪队，即从米袋中抓一把米撒去，以镇邪避煞；红蛋则用于途中逢桥、碰步扔撒。若碰到有人要一睹新娘风采，轿夫还必须停轿。随新娘一起去男方家的还有"送孙婆"与"大娘姐"，"送孙婆"随带红蛋、花生、果点之类给男方公婆，由公婆将这些东西挂在楼上，不久，再将这些东西放在新郎新娘喜床上。

轿到男家，红灯领先，小孩敲锣接亲，先将嫁妆搬入新房，牵轿脚带的孩童则打开马桶拉尿。先由父母双全的青年挂好帐，然后由牵脚轿老妇用贴了红纸的米筛遮护新娘下轿，传说这样可避邪镇煞。新娘下轿后与新郎互换戒指。孩童们争抢挂在新娘身上的一串宝圆（桂圆干），意谓"大仔拖，细仔垂"，子孙发达。新郎新娘进屋时，请一位父母周全的青年帮助挑来清水一担，倒入厨房水缸，婆婆点燃火把放入灶膛，家庭长辈全部回避，意谓新娘不越辈。之后，新郎新娘拜堂，一拜天地，二拜祖先，三拜父母。接着按内亲外戚，长幼顺序一一跪拜，受拜者必送红包祝贺新婚夫妇。最后夫妻交拜。接着举行"簪花"仪式，在新郎帽上左右插上两支纸制金花，如同科举中状元，故结婚又称为"小登科"。新娘头上两边也要插上两穗糯谷稻穗，然后到厨房洗锅灶、煎猪油，以示殷勤家务。中午办喜宴（民国间改晚餐），规模视家庭经济条件，多者数十桌，有的只办数桌简便饭菜会亲。新婚闹房时格外热闹，请吹班奏乐，青年朋友唱打房门诗，伴房婆引新娘新郎到大厅，除敬茶、敬烟、发果糖外，青年朋友还别出心裁，要新娘新郎表演各种滑稽游戏，观者起哄捧场，笑语满堂，直到凌晨鸡鸣散席。

婚后次日早，新娘用甜茶孝敬翁婆及长辈，表示"甜蜜"。早饭由新娘先用膳，俗称"新妇早"。中午还专门设宴请舅、姨、姑辈主要亲戚。婚仪到此结束。

管阳传统生育习俗

陈维新

　　生儿育女历来为传宗接代的头等大事。旧时管阳有诸多禁忌和习俗，如分娩时忌声响；将近临盆，则点香请菩萨庇佑顺产；碰到难产，家里人会把所有箱门、柜门打开；孕妇怀孕期间若做针线活，还需要将这些衣服线头拆开，以祈孕妇能顺利生产。

　　婴儿出生后家人需煮面蛋给助产妇及亲人吃，称为"落地肥"。同时在厅堂上贴红联，生男贴"弄璋志喜"，生女贴"弄瓦志喜"。头胎男家需用红酒2壶向娘家报喜，生男的在酒壶嘴插全株青葱，生女的则插韭菜；娘家将喜酒分发诸亲戚。娘家回敬女儿以全套婴儿衣帽。出生第三日，置办菜肴奉祀"房里奶"；在门窗张挂张天师符咒和米筛、尺、镜、布袋、黄历等物，以避邪镇煞；在外墙四周贴"莫高声""勿动土"等红纸条幅，称"忌冲票"，敬请乡里及外勿作突然震动声响，以免惊恐婴儿。

　　满10日叫"出冲"，备办礼仪敬祖，亲友开始送鸡、兔、蛋、面之类食物，以补产妇身体。管阳一带，分娩一个月内都叫"坐月里"，意指产妇产后身体虚弱，一个月内都要紧闭门户，还要头巾扎额、红兜紧围。即使夏天亦不打扇，以防受凉。产妇宜多吃炒姜、鸡蛋面、红糖、黄酒等温补食品，补血通络。满月后以一碗熟面配一粒红蛋，俗称"猴头鼎"，送给亲人与邻居，祝颂齐长寿、齐太平。富有之家还办"出月酒"。同时请先生定时辰八字，写"定时纸"。接着按本姓宗族规定名行字次，请有学问的人号名，并注意"定时纸"中五行缺什么，就在名字中补什么。有的男丁稀少之家，还与兴旺之家结谊亲，拜干娘，也有的拜圣母、仙姑等为干娘。

　　20世纪80年代后，计划生育提倡只生一胎，男女都一样，"少生、优生、优育"观念已为多数民众所接受。随着医疗卫生事业发展，孕妇安全顺产已有保障，有些禁忌亦正逐步消除。

金钗溪土地爹考

朱国丰

　　金钗溪土地爹宫位于福鼎市管阳镇金钗溪村西北 2 千米朱氏宗祠辅弼山门前厅。关于金钗溪土地爹最早的文字记载见《金钗溪朱氏宗谱》卷首："更于前厅崇祀诸神，俾世世受其余庆，亦我祖所以光前裕后意也。"土地爹宫为金钗溪朱氏五世祖癸二公建于至正十九年（1359）己亥岁。土地爹宫供奉的是白衣土地（文官，右）和灵相公爹（武官，左），至今 700 多年。

　　土地爹宫是民间信俗的活动场所，其信俗功能和文化内涵十分丰厚，土地爹信俗深深扎根在福鼎及其周边居民心中。其信俗功能和文化内涵在历史上可分为三个阶段：

　　第一阶段：至正十九年（1359）至正统十三年（1448）胡芦门一战。此阶段土地爹信俗的主要功能是保护迁居来的朱氏族亲家族兴旺，繁衍富裕，平安发达，稳定和谐，体现了朱氏迁居初期的艰辛，满足了社会信俗的需求，并成为族人的精神依托。

　　第二阶段：1448 年至清末。江西邓茂七作乱，途经浙江泰顺直抵福鼎沈青胡芦门。烽火所及，门户不宁，烧杀抢掠，为害地方。朱岁兄弟乃议办团练，发给军饷。福建都司刘参府佥事蔡长溪指挥御寇平乱，兵驻胡芦门。朱岁兄弟闻讯，复领乡勇奋力鏖战。因叛寇众多，屡攻不克，阵势危急。一日深夜，朱岁兄弟沐浴焚香，祷告土地爹，恳求神灵庇护。白衣土地和灵相公爹深感吾祖朱岁兄弟忠勇可嘉，遂显圣托梦。次日辰时朱岁扎寨胡芦门，立下总兵檄，躬领乡勇一战。其时电闪雷鸣，旌旗遍野，各山头喊声雷动，杀向贼兵，贼兵见势仓皇逃窜。一时云开日朗，破敌奏凯。朱岁兄弟跪地谢恩曰："世代铭记二神有求必应，立庙祭祀，宣诚神显。誓与朱祠全享慎之。"战后刘参府论功蒙恩上达，钦赐岁公冠带正五品，赐俸岁 500 两，给匾"御寇功成"荣旌。岁公胡芦门一战土地爹显圣后，民间更加相信白衣土地和灵相公爹的神威。清末管阳碧峰张氏（系金钗溪朱姓女婿），征得金钗溪朱氏祠首（宗族理事会）同意，在管阳上庵建"康安宫"，分祀之。"康安宫"实则是金钗溪"土地爹宫"的香火分炉。

　　第三阶段：民国以后。随着人口繁衍，经济开发和社会发展，民国以后十六都不再阴森可怕，虎蝎锐减，瘟疫消控，人气聚集，社会和谐。土地爹的信俗功能和文化内涵有所演化，重点在于祀求健康长寿，平安富足。

西阳墟日

✎ 陈维新

　　西阳村距离管阳集镇 12 千米，毗邻浙江省泰顺县雅中、仕阳等乡镇，因独特的区位优势，成为西阳片群众农产品和生活用品售卖的集散地。据清光绪《福鼎县乡土志》记载："西洋有小市。"可见，早在清代，西阳人便着手从事小商品活动。党的十一届三中全会后，福鼎县委采用"双边"（边界、海边）发展战略，努力开辟边贸窗口，建立边贸市场，实施了以贸促农，发展经济的战略。这样的政策为西阳边贸活动的繁荣打下了基础。

　　1984 年春，原管阳信用社退休职工陈超行看到县委对边贸的重视，便萌生了兴办西阳墟的想法，于是与西阳乡乡长吴昌快、副书记吴立刷和村民吴益祝、吴恒昌、吴子仲等人成立"西阳边界农贸市场"筹备小组，创建边贸墟市，规定每月农历逢"二"（初二、十二、廿二）举办集市赶墟。此方案得到福鼎县工商、税务部门大力支持，两部门制订了优惠政策，工商部门规定墟日开市头三年免收市场管理费，税务部门规定三年内牛、兔毛、木材及小商品一律免予征税，工业品的费率按成交额的 1% 收取。前期酝酿就绪后，筹备组进行了细致分工，包括开展宣传、组织货源、提供场地等。其中吴益祝等负责向外界宣传，在两省边界的 40 多个乡镇张贴布告，吴恒昌、吴昌快等人负责沿街张挂条幅、标语，吴立刷负责摊点布置，吴立钗等则去浙江台州购买猪崽等。

　　1984 年农历九月初二，西阳举办第一个墟日，人流量达 2 万多人次，车流量达 300 多辆次。上市耕牛达 300 多头，仔猪 800 头，木材 20 多立方米，兔毛 200—300 斤，还有紫云英、马铃薯、太子参、油菜、绿皮豆、茶叶等农副产品。小工业品、小商品遍街布摊。柘荣食品公司运来的 600 多头小猪，当日便销售一空，耕牛成交达 200 多头，日成交额达 50 多万元。《福建日报》曾于首版刊登了题为《农家缺耕牛，请到西阳买》的报道。

　　前来西阳赶墟的人，近的来自苍南、泰顺、柘荣、宁德、建瓯，远的来自安徽、四川、广东，涵盖 5 个省 10 多个县市。西阳墟日自此成为闽东第一个边界农贸市场。较之泰顺的几个乡镇，西阳墟市起步晚，但发展快。究其原因有四：其一，赶集时间偏前，赶在浙江泰顺的雅中、仕阳墟日前开市；其二，农副产品产地集中，20 世纪 80 年代西阳周边的几个村落都有特色产业，如楮楼村的棕制品加工、中村的白毛兔养殖、白坑的生猪养殖，再加西阳本村与周边的千亩太子参基地、万担马铃薯基地等，这些特色产业成为墟市交易的主要支撑；其三，政府部门支持，实行与边贸一样的信贷浮动政策；其四，西阳村交通便捷，毗邻泰顺仕阳、柳峰等地，易于人流集中和车辆往来。

富有边贸特色的西阳墟市引起上级领导的关注。1986 年 4 月，中共福建省委副书记贾庆林亲临西阳视察，对当地利用区位优势发展特色经济给予充分肯定。

西阳墟市经过 20 多年的发展，已经成为耕牛、仔猪的专业市场，上市交易的商品有服装、农具、电器、木材、家禽、水果、海产品等 10 多个种类，赶墟当日人流量达 1 万至 3 万人，日成交额 30 万元至 100 万元不等。边界农贸市场不断成熟，已真正成为"闽浙边界一枝花"。

西阳线狮

吴吉烛

西阳线狮制作精美别致，其表演动作灵活多变，栩栩如生，令观众赏心悦目，在当地颇有名气。

西阳线狮以单狮为主。线狮的构造主要由以下 4 个部分组成：狮笼、狮身、狮球和绳索。狮笼可以说是线狮舞表演的舞台，狮舞的所有表演动作都在狮笼里完成。狮笼是一个长方形的框架，顶上前伸一根梁木，梁木前端吊着一个狮球，狮球由一根长绳子连接，由专人操控。狮笼中间悬挂着狮子，狮子全身由多种材料制成，以竹篾为框架，里面填充棉花、布料等，狮毛则用特殊的彩色塑料丝制成，看上去色彩斑斓，狮头配以两个会发光的铜铃大眼，虎虎有生气。狮子身上连着几根粗大柔韧的绳索，这几根绳索可以说是狮子身上的"神经系统"，它穿出狮笼外，握在舞狮者的手上，

西阳线狮（西阳村委会 供图）

控制着狮子所有的动作。舞狮者大都由身强体壮、身手敏捷的人担任。舞狮的时候，由 4 个人抬着狮笼，走在前面，两个舞狮者紧随其后，后面紧跟着乐队，缓缓前进，边走边舞。在乐队的伴奏下，两个舞狮者通过绳索，一人操控着狮球，另一人操纵着狮子，有节奏地抽拉。在狮球的逗引下，狮子一会儿抖擞着身子，一会儿奋力前扑，一会儿又从空中一跃而起，一会儿又蹲伏不前。两个表演者配合默契，将线狮的各种动作表演得淋漓尽致。

西阳线狮始于清道光年间，已有近 200 年的历史。其首创者是西阳吴氏先贤吴居都。当时逢年过节之际，村人百无聊赖，便聚众赌博以取乐。吴居都觉得这样下去对村风民生大有伤害，便琢磨着开展一些有益的活动以娱村民。其时，狮舞、龙灯等表演艺术在民间很是流行，又因西阳村中有座狮子山，居都便联合几个志同道合的村人到浙江金华县学习线狮制作及表演方法，教给村人。之后，代代相传，一直到今。

如今，每逢喜庆节日，或是一些庆典活动，西阳线狮都会应邀表演，以助喜庆。

楮楼龙灯

孙福清　陈岩堋

楮楼村马氏家族擅长民间曲艺，其乱弹、平讲等为群众所喜闻乐见，在霞、鼎、泰一带，平讲戏班头马兆绪的大名家喻户晓，妇幼皆知。老演员马承会现已 80 多岁，仍然健在。龙灯更是该村主要的传统文娱节目，至今仍颇有活力，经常出现在庆典场合。

龙灯，亦称"舞龙"，历史悠久。明万历年间的马家木偶"郎郎爷"，系龙灯"师爷神"，从江西上饶传入楮楼村，至今已有 400 多年之久。

龙灯按传统制作分 9 节，第 2 节和龙尾节各 7.2 尺，中节称门中为 8 尺，其余均为 7 尺，全长 6.44 丈，以布为身。龙头、龙尾和每节的拉动撑杆身段均为竹篾编制。楮楼龙灯通常以"青龙"为主。舞龙团队阵容不小，有舞龙者 10 多人，加上乐队等近 20 人。前面带队者扛着牌旗或"师爷神"，尾随乐队。龙从"井"升腾，每到房前先行开龙作"起井""凿井"之状。若遇房主寿诞，加演"竖寿台""排八仙"等。

离开时必须要"回龙"（或叫"龙回首"）。撑龙珠者是指挥，龙珠晃荡，龙随龙珠起舞。舞龙连接互动，环环扣紧，首尾呼应，舞者步伐必须循规蹈矩，撑龙头跨 2 步半，持龙尾跳 7 步，不得有误。打过路龙，圆似车轮滚动，若在碇埠上表演，令人目不暇接；龙头舞者轮替自然，见龙不见换人，不得有破绽。乐队要伴随龙灯舞姿，旋律跌宕起伏，步调一致，默契配合。

楮楼龙灯花样繁多，共有 80 多种，如"吐珠""抢珠""洗珠""存珠""失珠""逼珠""喷珠过井""蛇过路""蛇蜕壳""蛇赶蟆""蛇翔竹杠""盘龙""下盘龙""龙哨尾""龙戏尾""龙抽狮""盖龙宫""盖龙屋""上龙门""下龙门""上太极""下太极""插段""跳段""编篱笆""双蝴蝶""排三角""穿五方"等，还能舞出"上大人""孔乙己""化三千""太平""和平"等字样，令人称奇。

楮楼龙灯传人为马传国。他 11 岁学舞龙，15 岁后到西昆、长社、点头、泰顺等地当教练。他博采众长，推陈出新，创新花样 40 多种，使楮楼龙灯技艺水平大大提高。

楮楼烟花节

✎ 朱国库

　　管阳镇楮楼村地处鼎、柘、泰三县市两省交界处，是福建省历史文化名村。村落拥有古街、古民居、古碇步、古碉楼等一批文化古迹，还拥有龙灯队、飞洋布袋戏、烟花节 3 个非物质文化遗产项目。

　　楮楼办烟花节，始于清宣统元年（1909），之后每隔 10 年举行一次盛大的烟花节，现已成为该村的传统习俗。

　　楮楼烟花节是马氏宗亲的一种祈愿活动。楮楼古称"樟地坪"，村中有棵九人合围的古樟树，被马氏视为风水树。有传言说，清光绪末年该树枯死，不久全村房屋毁于大火，随后村中诸事不顺，须请社戏放烟花舞龙灯，方保平安。为祈平安，村人坚持每隔 10 年举办烟花节，至今已有 100 多年。

　　烟花节的头人每十年一选，每一届都选出 10 名头人。这些头人都是经过严格挑选的马氏有威望的宗亲。他们的名单经当届头人严格保密并加以封存，直到 10 年后才开封公布。被选的头人具有神圣感，他们都具有责任感和较强的组织能力，能够确保烟花节顺利举办。

　　烟花节在正月里举行，烟花节之前先上演"还花戏"，即为偿还愿望组织上演的木偶戏（有时是越剧，俗称"大戏"）。"还花戏"结束后便燃放烟花。

　　楮楼烟花节的烟花架由泰顺能工巧匠制作。燃放烟花要搭竹架，竹子必须是粗直的花竹，且必须是生长环境洁净、富有灵性的花竹。架子一共 13 层，有 3 层楼高，每层放置的烟花不同，寓意也不同。燃放烟花是技术活，一般由泰顺工匠燃放，整个过程充满神圣的仪式感。

　　燃放烟花时，十里八乡蜂拥而来，盛况空前。古老的村落在璀璨的烟花中焕发出神秘多彩的活力。如今，烟花节已经成了楮楼村的一张文化名片，让更多人领略到了这个历史文化古村落的魅力。

仙屿大戏

朱国库

初听仙屿大戏，以为是一种民间的剧种。但到了演戏的地方，才知道仙屿是一个地名。开阔的溪滩上，有一处地势凸起，在这凸起的地方，可以搭台演戏，有时演木偶戏，有时演大戏，都叫仙屿大戏。

仙屿大戏是楮楼盛会。每年六七月间，为了祈求丰收，楮楼都要上演七八天的大戏。这场戏由 12 个村共同承担。为了演好这场戏，头一年各村就选好头人，往往由各村落德高望重的族人担任。这些头人负责募集演戏费用，然后汇集给总头人。总头人一般由楮楼马氏担任。

演戏的日子里，十几个村庄的乡民汇集到楮楼，热闹空前。据楮楼 60 多岁的老人回忆，那时楮楼的古街两旁商贩云集，各种山地小吃都汇聚这里，吆喝声，叫卖声，人们相互打招呼的声音，在古街上沸腾着。刚刚歇下第一茬农活的乡民们，都穿上节日的衣装，赶赴盛会。

这样的日子也是访亲问友的好时机。谁家都有外村的亲戚。在仙屿大戏开始前的一两天，楮楼的农户早就备好了乡醪，杀好鸡鸭，一派"丰年留客足鸡豚"的景象。

大人们相见，在戏后酌酒话桑麻，小孩子趁着这热闹的景象，更是快乐得不知东南西北。这样的日子里，谁家要是没有客人，那种失落与冷清，可以想见。

一场仙屿大戏结束，又有几家的亲事订下。那些小伙子和大姑娘，平日里忙着田间工作，而仙屿大戏让他们暂时歇下忙碌，在看戏的光阴里，寻找自己中意的人。有时小伙子和姑娘不曾相遇，他们的父母也会在看戏的间隙里谈起儿女之事，又有热心人在其中两边牵线，戏结束后，男方就叫人来看门（相亲），这就叫戏结良缘。

仙屿大戏在乡民的心中是神圣的。农人对雨的期盼，对丰收的渴望，对美好生活的祈盼，都寄托在这场戏上。人们以虔诚之心，以一种古老而庄重的仪式，迎接这一场盛会。锣鼓声在仙屿坪上响起，人们如潮般涌向溪滩，溪滩上是黑压压的人群。那种人头攒动的景象，是乡村的荣耀。

可如今，仙屿坪仍在，宽阔的溪滩仍在，而那人潮涌动的热闹景象却不在了。

沈青斗牛节

 陈维新

　　斗牛节是管阳镇沈青村与柳峰乡浙江泰顺农民的传统节日，已有 100 多年的历史。长期以来，山区一带用牛耕作，与牛结下了深厚的感情，山区人民形成了对牛的崇拜心理。秋收之后，村民为了感谢牛为农家犁田、耙田，使五谷丰登，便以斗牛的方式表达爱牛、敬牛、崇拜牛的情感。当地群众利用公牛天生好斗的特点，相约牵牛相斗，久而久之，就形成了斗牛节。

　　斗牛节由管阳沈青村和浙江泰顺柳峰乡两地农民联合举办。双方为了在斗牛中赢得胜利，特地派专人从外地购买强悍好斗的公牛，并给牛取一个响当当的名字，如"大碰王""牯牛王"等，赛前会进行简单的训练。选择斗牛的标准是：性别为公，牛龄要达到 10 岁以上，体重要达到 700—800 公斤，进行角斗的两头公牛的体格应相当。这些斗牛会得到主人的特殊优待，主人会每天割鲜嫩青草喂食。为了使斗牛强壮勇猛，还常用香喷喷的糯米饭喂牛，斗牛前甚至用米酒、菜油灌牛，以激发牛的斗志，在斗牛场上击败群雄。

　　斗牛场设在泰顺柳峰乡一个叫大岗坪的地方，场地面积为 2000 多平方米，场地中央铲平，形成椭圆状，平地周边用木头和竹子做成 1 米高的栅栏，防止斗牛冲击观众。圆形的斗牛场边上开一个口子，以供斗牛进出。斗牛的时间一般选在金秋之后农历逢三、六、九日。节日这天中午，随着三响铁铳声，参加角斗的公牛在锣鼓声中进入斗牛场，并在牛主人牵引下绕场一周，叫"踩场"，算是"入场式"。接着，各队牵着自己的"牛王"，严阵以待。哨子一响，他们便甩开牛绳，参斗的两头牛四蹄腾空，斗作一团，打得难解难分。场外人群呐喊助威，气氛紧张热烈，十分壮观。有时两头牛斗得伤痕累累也分不出高下，这时双方牛主人就进入斗牛场中，用大绳拴住两头牛的角，像拔河一样往后拉，暂停它们的搏斗，算是平局。若是一方斗牛战败，落荒而逃，斗胜的斗牛往往穷追不舍，牛主人则忙吆喝着把斗赢的牛王追回来，牵着斗胜的牛王绕场 3 圈，以示胜利，牛王的主人也倍感荣耀。一对牛相斗结束，另一对牛又开始相斗。斗牛时间短则几分钟，长则常持续个把小时，有的则一见面就各自撒腿跑走。

　　斗牛时，每小场会安排一对公牛进行比赛，比完换下一对进场，一般一次斗牛节

管阳

会进行七八小场。对获得冠军的牛，牛主人会在牛角上挂红花，给牛吃泥鳅、酒、鸡、菜油等好东西，牛主人还可以获得 1500—2000 元的奖励。现在，举办斗牛节的传统还在沿袭，每年比赛次数在 9—20 次之间。斗牛节成为闽浙边界农民相互交流、增进友谊的良好平台。

管阳尝新节

△ 卓可庚

　　"尝新"就是丰收节，是农民庆丰收的一种方式，其习俗在我国由来已久，是以稻谷收获时第一次吃新米饭为主要内容的祭祀活动，各个地方习俗不尽相同，管阳尝新节在历史的传承中形成了自己的特色。

　　择期　　活动没有固定时间，秋收后各家自行选择一个吉日即可，讲究一点的请阴阳先生推算定日，一般人家借助通书选择吉日。

　　祭祀神明　　仪式一般在傍晚举行。首先把当年收成的大米煮成米饭，而后装上一碗放在灶神面前，点上蜡烛，烧上香，祈求"灶暖人家旺，家和万事兴"。接下来放一张八仙桌或簸箕于堂屋外，摆上3碗米饭，前面放一个装满新米的竹筒，插上3支香，旁边点上蜡烛，然后焚香叩拜天地，祈盼风调雨顺，五谷丰登。最后燃放烟花爆竹。整个过程是表示对天地神明的感恩。

　　吃新饭　　吃新饭这个过程非常讲究礼节，不管桌上菜肴有多么丰盛，鱼是不能少的，因为鱼代表着年年有余。饭必须装满，但不能吃完，必须有剩余，表示年年吃不完，年年有饭吃。小孩子们最高兴，早早就坐在桌子上等候。家人围坐一桌，沉浸在丰收的喜悦之中。首先要让长辈动筷子吃第一口饭菜，以示对长辈的尊重。接着晚辈要说一些对长辈表示礼貌祝福的话语，以感谢长辈一年来辛苦的付出。长辈要教育晚辈，特别珍惜粮食。沟通完之后，一家人就可以尽情享用长辈用辛勤汗水换来的劳动果实了，周围弥漫着稻米的清香和家人的欢声笑语。长辈看到晚辈们乖巧懂事，脸上洋溢着满满的幸福感和成就感。一年来他们终于可以吃到新米饭了，也预示着从这一天开始，他们终于可以好好调节身心，蓄积体力，等待来年春天再发力，期望来年的大丰收。

"乞丐愿"信俗

陶开惠

乞丐愿是管阳乃至福鼎全市民间信俗活动之一。

传说，很久很久以前，张乞公和李丐婆夫妇迭遭厄运，深陷贫病交加困境之中，挨着一年又一年缺衣少食的苦难日子，出于万般无奈，厚着脸皮，拖着沉重病躯，沿门求乞生活。由于遍体糜烂，臭气难闻，受尽人们的冷遇。到了山穷水尽绝境，正在准备了却残生之际，意外地来了一位鹤发银须老者，对受难夫妇施以神仙妙术，治愈了他们的遍体疮痍。这位神仙给他们施术时，夫妇觉得浑身阵阵发热、瘙痒难忍。翌晨，肌肤变得娇嫩无比，他们起身窥视睡处，无数鱼鳞似的疮屑落满草堆。夫妇庆幸之余，猛然想起普天下还有无数同病苍生，应想方设法为他们解除疾苦。于是，夫妇双双望空拜谢，祈祷救命恩师授予疗疮灵方妙术。果然，那位神仙大受精诚感动，当晚降临，使夫妇俩如愿以偿。这对善良的夫妇，从此变行乞为行医，足迹所到之处，无不深受病家欢迎。更值得赞颂的是，他们对贫困病人格外关怀照顾，对无钱买药者，一一解囊相赠。

乞丐夫妇死后，当地城隍悯其生前功多于过，上报夫妇在三岔路口为神，玉帝恩准。夫妇俩虽为神享受现成香火，仍不忘黎庶疾苦，遇有疥疮脓疡患者，经医无效服药不灵的，必在冥冥中施以神仙妙法，无不术到病除。

所谓"乞丐愿"即源于此，内容主要为两大项：一是"讨圣米"，二是许愿还愿，称"许乞丐愿"还"乞丐愿"。"讨圣米"由许愿者本人或亲属，大多数是妇女进行。也叫"讨乞食米"，通常在立冬前后开始，冬至前几天为高峰期，冬至后不但无"讨圣米"者，也看不到有还圣愿的人。"讨圣米"者，手拎一只红漆木制的专用桶，桶的一侧下端系一支大红棉纱带，插着点燃的神香，桶里放一只小酒杯和少许大米，人们一看就明白她要"讨圣米"，也不用讨者自我介绍。

过去，非亲非故的，只给一小酒杯；有点往来关系的，给一大酒盅（约3市两）；有点亲戚关系、但属远房不常往来的，也给一大酒盅；至于内亲关系的，给2升乃至5升为止。

许乞丐愿时需点一束神香、两支蜡烛，有的增添两碗蛋酒，择初二、十六夜深人静时，在三岔口许乞丐愿。

　　过去，还乞丐愿，用一篮或两篮米粿、一小块猪肉、一碟豆腐干、一盘米粉、两碗廉价鱼类和两碗酒，并用糙钱印上墨汁画成的冥衣、冥钱、棕衣、斗笠、草鞋等，在三岔路口焚化给乞丐神和乞丐孤魂。还愿完毕，东家把敬神供品加些配料烹调，让还愿先生、帮忙人等饱餐一顿，这才事毕。

物華吟賞

孔爷爷麦芽糖

朱国库

管阳镇西昆村孔爷爷麦芽糖，是福鼎现存一家以传统手工技艺制作麦芽糖的老字号。因其精湛的手工技艺、纯正的麦芽糖味和深厚的文化底蕴，2018年被认定为"福鼎市第四批非物质文化遗产"。

孔爷爷麦芽糖传统制作工艺传承已有180多年。清道光年间，孔广荣开始制作麦芽糖，经过3代的经营，至孔庆弢（生于1936年），工艺更为精湛，声名远播四方。后因环境闭塞、交通不便等条件的制约，麦芽糖制作一度进入低谷状态。孔爷爷麦芽糖第六代继承人孔凯扬，在溪头阳祖宅重新树立孔爷爷这块老招牌，开始创业，让老招牌焕发新的生机。

孔爷爷麦芽糖在长期生产中形成了自己的工艺特色，其制作流程有严格要求，一般要经过以下几道工序：

选材　大麦芽要颗粒饱满，发芽率高的，培育出的麦芽品质才会好。制作前一周须把麦粒洗净，加冷水浸泡24小时后，倒入圆筛内置于阴凉处，每天需淋冷水两三次，等待麦粒发芽。

蒸煮　选用本地糯米。将糯米放入木桶，蒸煮40分钟，待熟后用10斤冷水浇淋冷却。将发好的麦芽捣碎，按10比1的比例将糯米和麦芽倒入锅中搅拌均匀。期间，灶膛须用红彤彤的木炭包住，让铁锅保持一定的温度，促进糯米和麦芽融合发酵。发酵需要12小时，每间隔一小时搅拌一次，让其受热均匀。

熬煮　经过12个小时的发酵，糯米的糖分已基本稀释。将糖水倒入事先准

甩糖（孔凯扬 摄）

备好的竹制榨篮，下方放置一镂空横杠进行过滤，过滤后将糖水倒入锅中熬煮。熬糖重火候，烧火须讲究经验。大约 2 小时，可熬煮完毕。放置 10 小时左右，待其冷却，凝固成黄褐色，才可甩制麦芽糖。

甩制　　用一双粗圆的糖筷卷起黏稠的糖浆，将其挂在树桩糖钩上，反复拉扯甩打，待黄褐色的糖浆慢慢变成奶白色，将其摊平，再放入事先碾碎的花生，捏出饺子的形状，后将其拉扯成细条形，按尺寸剪成段，放入稻壳中。经过这些步骤，麦芽糖已成形了。

孔爷爷麦芽糖制作过程严格遵循古法，制作工具追寻自然。石臼、铁锅、土灶台、竹制榨篮、压榨横杠、糖筷、糖木头……这些工具，都取之于自然。

（本文据孔凯扬口述整理）

管阳泥鳅面

朱国库

　　管阳泥鳅面，是管阳山地人记忆里的乡愁。一碗管阳泥鳅面，可以让管阳人在辛苦劳作后，尝到家的温馨。

　　泥鳅面好吃，但不好煮。一碗味道醇香的管阳泥鳅面，需要有好的食材，而泥鳅是所有食材中的灵魂。

　　管阳高山水田，出好泥鳅。好水质出的泥鳅不肥腴，个头较小，骨质软，肉鲜嫩。

　　煮泥鳅，先要喂泥鳅。用菜油喂泥鳅，让泥鳅吐出肚子里的杂物，这叫"清肠"。清完肠的泥鳅，可以整条嚼食，口感嫩香。否则，就会影响口感，甚至有苦味。

管阳泥鳅面（叶灵珑 摄）

将清完肠的泥鳅放入适量的菜籽油中醉上个把小时，能去腥味。再加上适量的红酒糟、米酒、豉酱，以猛火煮沸，佐以蒜头、葱头、辣椒、笋干，改用文火慢煨个把小时，等闻到泥鳅烂醉的香气，再加以适量的白糖，则腥气尽去，口感更鲜。

　　泥鳅面，讲究泥鳅的煨煮，也讲究面食的融汇。一碗纯正的管阳泥鳅面，重泥鳅，也重面。它是泥鳅与面的完美融合。管阳的面，是大口铁锅的锅边面，柔韧而鲜嫩，米香醇厚。将煮好的一锅锅边糊与泥鳅汤混合，搅拌均匀，泥鳅香和米面香交融在一起，就成了管阳人独特的味蕾记忆。

　　泥鳅面之所以被人们惦记，还得益于两样山里的菜。一是泥鳅菜，它是泥鳅面的绝佳搭档。泥鳅菜味苦辛，一能冲淡泥鳅的腥味，二能衬托出泥鳅的香味。一碗泥鳅面如没有泥鳅菜的衬托，一定是大打折扣的。二是绿苏，它是为泥鳅面增香的。它的香淡淡地融在泥鳅面中，轻轻地裹着舌尖，如薄荷一般唤醒味蕾。

　　泥鳅面原料要杂。一碗泥鳅面，可以有十来样的配料，但这些配料都是经过精心挑选的，各种配料之间相辅相成，共同衬托泥鳅和面的主味。十来样的配料，看似杂，却有章，在管阳人的手中，烹调出生活的好滋味儿。

　　泥鳅，人称水里人参，营养价值极高。它与米面的完美结合，成了管阳美食的一张名片。如今，随着绿色食品的走俏，管阳泥鳅面更是因其材质优、口感好而深受人们的喜爱。

康源米粉

卓可庚

　　康源米粉制造加工始于 20 世纪 60 年代。那时候中华人民共和国成立不久，第一个五年计划刚刚完成，城里已经开始用机器生产，但还没普及，农村主要还是以手工生产为主。

　　康源米粉采用手工，由农村的手工作坊制作，其加工制作流程很有讲究。首先应将生米浸泡几个小时，待生米吃水软化后，把米舀进石磨，磨成米浆。石磨出口下面放布袋，用来盛放米浆，装满后绑好放在漏桶里用石头压紧，经充分过滤后剩下六成的米浆团。接下来，将其做成浆条排放在蒸床里，等全部做成后，将七八个蒸床叠加起来，放在锅炉上烧火蒸熟。之后再把这些粉条放进米粉机里进行加工制作。这一加工过程非常吃力。当时的米粉机是用木头做的，选用最坚硬的杂树，在杂树里掏出一个大窟窿，并在另一端装上铁做的粉镜，利用杠杆原理生产。抓住木棍使劲旋转轮子，

康源米粉制作（卓可庚 摄）

动能即被转化为机械能，粉条由此被挤压成粉丝。米粉机下面应放转盘，随着转盘转动，一条条粉丝也就自然地盘旋在转盘上。最后把粉丝装进蒸床放在锅灶用大火烧，当水蒸气直往上蹿，散发出满满的米香气时，米粉就可出锅了。

加工好的米粉冷却了一个晚上之后，第二天就要挑出去售卖。那时没有公路，一切靠肩挑背扛，这项工作只有年轻力壮的小伙才能完成。天没亮时，大家就用箩筐装满米粉称好斤两出发，紧赶慢赶，走村入户，一路上不停吆喝，待卖完后回到家里已是筋疲力尽，疲惫不堪。不过数数钱物，有些赚头，所有的付出都是值得，大家第二天又充满活力，充满信心地上路了。最让人高兴的就是逢年过节，米粉供不应求，偶尔还出现抢购的现象。

改革开放后，农村发生了翻天覆地的变化，管阳章边农机厂制造出了用柴油机带动的米粉机器，加工米粉这一环节被机器取代，生产力水平大大提高。柴油三轮车的出现，使人们彻底告别了肩挑手扛的历史。

随着生产效率的提高，市场需求的扩大，康源米粉做起了批发生意，市场主要在西阳村以及邻村。立足本地，面向外围，康源人放开眼界，瞄准商机，不断开拓市场，村民纷纷出去闯荡。全村有 30 多人在福鼎城关和泰顺的仕阳、三魁、泗溪、雅阳等地创办米粉加工厂，生意做得风生水起，占据着泰顺米粉市场的半壁江山。

康源米粉以质量求生存，以信誉求保障，耐煮、耐炒，在周边颇有名气，长期受到人民的喜爱，具有很多"粉丝"。它不断丰富着人们的生活，滋润着人们的舌尖，在餐桌上扮演着重要角色。

管阳芋头丸

卓可庚

　　管阳人民用勤劳的双手创制出丰富多彩的美食，芋头丸就是其中的一种。

　　制作芋头丸的主要食材是芋头或马铃薯，还有番薯粉。首先把芋头去皮洗净，切成大小均匀的块，并把它们放进锅里蒸熟。熟透后把锅里多余的水除去，趁热用锅铲把芋头捣烂成泥。之后按一定的比例加入番薯粉，不断地搅动，让芋泥和番薯粉充分融合。事成之后用两个手掌心搓成球形，由内而外整齐地排放在簸箕中。

　　做美食最关键的一步就是让食材和辅料调料完美地结合。炒芋头丸是芋头丸的首选做法。做法是烧开火往锅里放适量油，放入五花碎肉和蒜头以及八角，加入少许食盐，等香气出来后，把事先做成的芋头丸轻轻地倒进锅里。炒制时应先用小火慢炒，因为刚开始的时候芋头丸还没有固定成型，而后再用大火不断翻炒，加入黄酒，随着酒精的挥发，黄酒的酯香、醇香和芋头的香气扑面而来，满座芬芳。而后放入管阳人自己

管阳芋头丸（卓可庚 摄）

做的又香又浓的豆酱以及少量水，盖上锅盖，让味道渗入其中。出锅前几分钟再放入胡萝卜、蒜叶及辣椒等，炒到感觉比较滑溜时，则表明已经炒熟，这时，一盆色香味俱全，富有弹性和嚼劲的芋头丸就大功告成了。

芋头丸在农村意为团圆、圆满、缘分。在那个物资匮乏的年代，芋头丸在婚丧嫁娶、逢年过节时是必不可少的一样菜，亦是平民百姓餐桌上一道美丽的风景。

管阳重片

朱国库

　　管阳重片，一直是管阳人记忆中的一道美食。

　　管阳重片的地道品质，源自管阳高山土园里的地瓜。这里的气候和土质决定了地瓜淀粉的纯正。经过淘洗和沉淀的地瓜粉，在太阳的暴晒后，色白味香，是蒸制重片的上好原材料。

　　并不是所有品种的地瓜粉都能蒸出好重片。好的重片，是有韧性的，用筷子夹住中间，两头能颤动，这样的重片，不管是炒是煮，都是舌尖上的美味。管阳重片选取高山土园出产的"白抗军"，是它成就了管阳重片的韧性。

　　管阳重片的韧性还来自火候的控制和把握。等水沸了，便在土灶大口铁锅开始上浆。上浆的过程中火势不能软，一软，蒸出来的重片就发白，冷却后会开裂，这样的重片无论是煮还是炒，都会发糊，口味不佳。

　　管阳重片的制作讲究上浆时间的把握和厚度的控制。第一层浆要在平底锅火候差不多时迅速地淋，淋大概 3 分钟左右，接着上后面几层浆，直到上完 7 层浆。后面几

管阳重片（朱国库 摄）

层浆的上浆间隔一般在 4—5 分钟不等，时间的把握，全凭经验的累积。整个过程用时大概 40 分钟。上浆不仅要把握时间，更要讲究淋浆均匀，每一层的厚度大致在 1.2 厘米。好的重片看起来色泽纯，切开能看到每一层的纹路。

根据喜好，在蒸制重片时可以加入牡蛎或是瘦肉，让重片味道更加丰富。

管阳重片，不管是汤煮，还是爆炒，都是舌尖上的美味。重片也可切成薄片晒干，便于贮存。无论是煮肉片还是煮火锅，重片都是很好的"搭料"。

管阳重片因其特有的品质和口感受到人们的喜爱。

西阳肉丸

🖋 吴吉烛

　　如果问来过西阳做客的人，西阳人待客最常用的菜是什么，他们一定会毫不犹豫地回答：肉丸。西阳肉丸的味道的确地道。

　　肉丸看似简单，内中工艺却是讲究，工夫不到，便做不出地道的味来。肉丸制作的主要原料有两种，一是精肉，二是淀粉。其他辅料有葱、姜、蒜、盐、味精、小苏打等。肉和淀粉的比例是 5 比 3，也就是 1 斤的肉要放 6 两的淀粉。肉最好是猪后腿上的瘦肉，这样做出来的肉丸松而韧，口感好，其他的瘦肉品质则要次得多。淀粉要用番薯淀粉，这种淀粉吸附性好，韧度强劲，能和肉很好融合。其工序主要有以下几道：

　　第一步为取肉。将瘦肉里面的肥肉取干净，只剩下精肉。再把精肉切成小长条或小块，便于剁成肉酱。接下来就可以把精肉剁成肉酱，或用绞肉机绞。在这个过程中，可以加入葱、盐、味精等辅料。

　　第二步为搓肉。把肉酱放在案板上，用手腕使劲地来回搓。大约十来分钟后可以往肉酱里放入小苏打和少许的水，水分几次放，然后继续搓，直到肉酱被搓得黏糊糊的，能自然粘手即可。

　　第三步为放粉。在搓好的肉里放入一定比例的淀粉，继续搓，直到淀粉完全和肉融合在一起，看上去只有肉色而看不到粉白。

　　第四步为煮丸。煮肉丸时，要先把水烧开，这样煮熟后的肉丸汤才会清澈。水开时，用食指和拇指将刚做好的肉丸揪成一小块一小块投入开水中，加盖烧两三分钟，当看到水中的肉丸全部浮起来时，再

西阳肉丸（吴吉烛 摄）

往锅里加入调料。煮肉丸时不可缺少的调料是：姜丝、醋、辣椒。少了它们，肉丸的味道会大打折扣。地道的西阳肉丸是从来不会缺少这些调料。另外，根据个人爱好，还可以在肉丸里加入紫菜、香菜等，味道更佳。

如今，西阳肉丸已成为福鼎名小吃之一，由于其形不像丸，也被称作肉片、肉羹。在不断的传承中，其制作方法得到改进，但是万变不离其宗，其主要的原料和工序还是一样。